中青年经济与管理学者文库

西安石油大学优秀学术著作出版基金资助

西安石油大学油气资源经济与管理研究中心资助

国家社会科学基金（批准号：15XJY022）资助

FENGXIAN ZIBEN ZAI QINGJIE NENGYUAN TOUZI ZHONG DE YUNXING JIZHI JI DUICE YANJIU

风险资本在清洁能源投资中的运行机制及对策研究

宁宇新　著

中国财经出版传媒集团

中国财政经济出版社

图书在版编目（CIP）数据

风险资本在清洁能源投资中的运行机制及对策研究/宁宇新著．--北京：中国财政经济出版社，2020.8
（中青年经济与管理学者文库）
ISBN 978-7-5095-9809-2

Ⅰ.①风… Ⅱ.①宁… Ⅲ.①风险资本-作用-无污染能源-能源发展-研究-中国 Ⅳ.①F426.2

中国版本图书馆CIP数据核字（2020）第077810号

责任编辑：潘　飞　　　　责任校对：李　丽
封面设计：智点创意

中国财政经济出版社 出版
URL：http：//www.cfeph.cn
E-mail：cfeph@cfemg.cn

社址：北京市海淀区阜成路甲28号　邮政编码：100142
营销中心电话：010-88191537
北京财经印刷厂印装　各地新华书店经销
880×1230毫米　32开　9.5印张　223 000字
2020年8月第1版　2020年8月北京第1次印刷
定价：43.00元
ISBN 978-7-5095-9809-2
（图书出现印装问题，本社负责调换）
本社质量投诉电话：010-88190744
打击盗版举报热线：010-88191661　QQ：2242791300

策划人语

题记：一个人的精神成长史，取决于他的阅读史。只有阅读能最有效地培养精神生活习惯，而好的习惯又培养性格，性格决定人生。

——我们自豪，因为我们就是创造这精神产品的人。

选择了飞翔，总能看到蓝天；选择了远航，总能感受大海。人生不仅要作出选择，也要坚持住自己的选择。学会计、当编辑是我的意外选择。人说编辑是为人做嫁衣，可是这一选择我坚持了27年，苦在其中，乐在其中，也算是有声有色。每当我把一本本好书呈献给人们的时候，我觉得我是“富贵”的人：富，不是你身上的钱财，而是你心里的满足；贵，不是你地位的显赫，而是你被人需要的程度。

书海探寻，情怀永恒

我要说，做编辑我幸运，因为我不仅是第一个读者，可以对作品“品头论足”，也可以对作品“生杀予夺”；更重要的是，这是一个很高层次的平台，在多年与名家的交往和名著的“对话”中，深深地为他们的人格和才学所感动，被作品的精彩所吸引，这不仅使我“下笔如有神”，更使我的思想和灵魂也受到一次次洗礼和震撼，得到一次次升华。对于我的作者我的书，如数家珍，作者中不乏才学和为人同样过人的多位泰斗和“颜值高责任大”的众多才子佳人；策划的作品不仅立足专业还兼顾人文，也是情怀所在，专业加人文路才会更宽。

多年的体会是，作为一名编辑，起码要“三心二意”，即“责任心、细心、耐心”和“服务意识、创新意识”。要多策划一些有分量的拳头产品，用一个选题推动一个系统工程，用一个系统工程培养一个出版社品牌。给新入职编辑讲座时我做过一个比喻：编辑两项基本功，审稿——甚至要比博导审批学生论文还要全面、细致；选题策划——要像电影导演一样做“星探”，善于发现优秀作者和挖掘好的原创作品。记不得27年来我策划和编辑了多少书，组织和策划了一大批教材、业务培训用书、通俗读物、理论专著等，有的获得过国家、省部级各类奖项，有的以其填补空白、社会热点、风格新颖、开拓尝试等特点受到读者的欢迎。20世纪90年代我开始自主策划选题，多年来每年都有新丛书问世。比如，21世纪初内部控制研究在国内刚兴起时，策划了《现代内部控制丛书》，其中《企业内部控制管理操作手册》是我鼓励作者将自己饱含心血的经过长期钻研和实践并证明卓有成效的成果奉献付梓，使得更多的人能受益于此，这无疑是对我国内部控制理论探索和实践发展的一种贡献，内部控制选题至今还是热点。2013年的《来去无尘——一位财政部长的生前事》所展现的吴波精神，与深入推进党风廉政建设相得益彰，得到中央领导同志的高度重视和重要批示。中央各大主流媒体纷纷连续报道，掀起了全社会学习吴波高尚情操的热潮。2014年至今的前沿选题《财务云丛书》等也越来越受到业界认可。

想是问题，做是答案

众所周知，目前的图书出版业在行业竞争和纸质图书受到严重冲击的情况下，出版人无不感到莫大的危机。在这种背景下，策划一套专业图书是颇感困惑的一件事，风险更大。但即使这样我们也不能因噎废食、停滞不前，还要积极应对，继续发挥纸质图书的固有特质，挖掘出版内容和形式都精彩的原创作品，适应新形势下读者的更高需求。2017年，我们接受新的挑战，开启新的征程，又策划《中青年经济与管理学者文库》《当代税收名家丛书》《中国税务律师系列丛书》《现代管理实务丛书》《高等院校应用型会计人才精细化培养系列教材》等，继续为扶持学术研究和总结最新成果，在高端研究与专业知识普及和应用之间搭建一座座有益的桥梁。

每一个时代的经济环境不同，理论研究和实务探索所需要解决的问题也有所差别。当前我国不仅处于经济结构调整和供给侧改革的攻坚期，同时也处于大数据和互联网突飞猛进的变革期，矛盾叠加，风险交汇，市场环境和组织模式不断演变发展、推陈出新，经济、管理、财税等领域的新理论、新思想、新方法、新工具也层出不穷。乱花渐欲迷人眼，击水三千浪几何？这些领域的研究人员被时代赋予了更艰巨的责任，也面临着更高、更多元的要求，我们不仅要具备更广阔的学术视野，而且要有更严谨的学术思维。

输在犹豫，赢在行动

《中青年经济与管理学者文库》的作者，都是我国经济与管理领域的中坚力量，也是未来的大家。他们中有些人潜心从事理论研究，有些人则深耕在实务一线，但无论现实身份如何，视野全都没有被拘泥在“象牙塔”内。他们从不同视角对市场经济的不同要素进行细致审视，然后汇聚于“财经版”这面旗帜之下，相互碰撞，彼此激荡，力求在市场经济转型升级的关键时期留下最新鲜的“中国印记”。

这些经济与管理领域的中青年学者，就是我国市场经济发展的潜力与优势，他们的研究成果，不仅将引领市场经济的各个组成环节向更科学、更先进的方向发展，而且将成为我国政府和企业在未来经济世界扮演更重要角色的支点与动力。祝愿这些中青年学者能攀上更高的学术之山，走向更远的研究之路，也期待宏观、中观、微观各个层面的市场参与者都能从这套文库中得到切实的启发与指引，在全面深化改革、增强发展活力的关键时期，发挥正能量和积极作用，为经济社会发展增添新的动力！

如果您认可，如果您有意愿，欢迎您和您的朋友加盟我们的作者队伍！在中国财经出版传媒集团的“旗舰”下，中国财政经济出版社这“老字号”，一定励精图治，谱写新的篇章。我们用“龙的精神，玉的品质”来助力您实现梦想！

策划人：樊清玉

邮箱：qingyuf@ sina. com

2017 年春

清洁能源，即绿色能源，是指不排放污染物、能够直接用于生产生活的新能源。中国是国际清洁能源业界的巨头，是世界上最大的太阳能、风力与环境科技公司的所在地。近年，尽管我国风电、太阳能等可再生能源补贴终止，但我国“去碳化”能源体系的发展步伐不会因此停止。国家统计局的数据显示，2019年，我国天然气、水电、核电、风电等清洁能源消费量占能源消费总量的23.4%，上升1.3个百分点。目前，我国能源增量的主体为清洁能源，能源结构调整有明显进展，煤炭消费比重进一步降低。根据国家发展改革委和国家能源局的《能源生产和能源革命战略（2016—2030）》的规划，到2050年，可再生能源占比将达到80%，目前还不足30%。未来20年，我国在低碳发电和清洁能源技术方面的投

资将超过6万亿美元。

尽管如此，清洁能源投资的长周期、高风险一直是困扰其投资发展的重要问题。如何解决清洁能源投资中的融资问题？政府在清洁能源投资中有怎样的角色定位和政策选择？对这些问题的回答是支撑清洁能源投资战略得以实施的重要“支点”。

正是基于上述背景，本书意在以推动清洁能源产业创新发展的重要“引擎”——风险资本为研究对象，探讨风险资本在我国清洁能源投资中的运行机制问题，并寻求清洁能源投资创新性的融资范式，借此推动我国清洁能源产业的可持续发展。

本书首先以风险资本进入清洁能源领域的动因为切入点，分别从经济因素、能源价格、碳排放强度、金融市场规模、技术与要素市场、政治治理环境和政府补贴政策等方面展开研究。研究发现，经济因素、能源价格、碳排放强度、金融市场规模、技术与要素市场对风险资本投资有显著的推动作用；而政府治理环境和政府补贴的影响不够显著。从某种程度上说明，风险资本是以市场化为导向的投资资本，更看重市场环境因素带来的投资机会与收益的影响。从风险资本投资清洁能源的动机研究结论中可以看到，要建立长效的融资机制，市场化改革趋向非常重要。本书进而对风险资本在清洁能源领域的地理亲近性进行研究，发现在我国风险资本地理亲近性呈现独特的特征，即大量金融资本和风险资本集中在东部地区，而大多数清洁能源企业都集中在西部地区，不同区域的资源禀赋差异是导致这一现象出现的重要原因。本书的其他部分还论及风险资本对清洁能源企业创新力的影响、风险资本在创业企业的治理机制和退出机制、清洁能源领域的公共政策、公共资本和私人资本合作机制等方面的内容。有兴趣的读者可作深入研读。

总之，风险资本作为逐利性资本，主要受到经济利益的驱动。清洁能源领域可持续发展不可缺少市场机制的作用。因此，建立适宜风险资本发展的清洁能源投资生态环境尤为重要。在风险资本生态环境中，政府是生态环境的“缔造者”和“维护者”，制定有关促进风险资本健康发展的法律法规及相关政策体系尤为重要。

宁宇新

2020 年 5 月

第 1 章　绪论 ………………………………………………（ 1 ）
1.1　研究背景 …………………………………………………（ 1 ）
1.2　研究目标和研究意义 ……………………………………（ 2 ）
1.3　国内外研究现状综述 ……………………………………（ 4 ）
1.4　主要研究方法 ……………………………………………（ 7 ）
1.5　研究内容 …………………………………………………（ 9 ）
1.6　创新之处 …………………………………………………（ 12 ）

第 2 章　清洁能源投融资现状及趋势研究 ………………（ 14 ）
2.1　全球清洁能源投资现状与趋势分析
（2015—2035 年） …………………………………………（ 14 ）
2.2　全球清洁能源融资现状分析 ……………………………（ 25 ）
2.3　中国清洁能源投融资现状及发展趋势分析 ……（ 30 ）
2.4　本章小结 …………………………………………………（ 39 ）

第 3 章　风险资本进入清洁能源领域的动因研究 ………（ 40 ）
3.1　风险资本的基本属性与特征 ……………………………（ 40 ）

3.2 清洁能源的含义与清洁能源领域投资的特征 …(48)
3.3 风险资本在全球清洁能源领域投资的现状分析 ……(53)
3.4 风险资本在中国清洁能源领域投资情况的分析 ……(57)
3.5 风险资本进入清洁能源领域的驱动因素分析及假设提出 ……(61)
3.6 风险资本进入清洁能源领域投资动因的实证研究设计 ……(67)
3.7 本章小结 ……(78)

第4章 风险资本在清洁能源领域空间投资行为的研究 …(80)
4.1 风险资本地理亲近性与空间投资行为的研究综述 ……(80)
4.2 清洁能源领域的空间投资分布分析 ……(89)
4.3 清洁能源领域风险资本的空间投资分析 ……(97)
4.4 清洁能源领域风险资本地理亲近性的理论分析和假设提出 ……(101)
4.5 实证研究设计 ……(103)
4.6 本章小结 ……(113)

第5章 风险资本对清洁能源企业创新绩效的影响研究 …(115)
5.1 风险资本与创新活动相互作用的机理分析 ……(115)
5.2 清洁能源领域风险资本与企业创新行为的理论分析和假设提出 ……(121)
5.3 实证研究设计与检验结果 ……(125)
5.4 本章小结 ……(138)

第 6 章　风险资本在清洁能源领域的控制机制研究 …… (140)
6.1　风险资本投资企业的契约控制研究 …………… (140)
6.2　风险资本家和创业者之间的契约机制设计 …… (143)
6.3　清洁能源领域风险资本与创业者之间的双边契约模型设计 ……………………………… (148)
6.4　QL 生物能源公司风险投资案例 ………… (154)
6.5　本章小结 …………………………………… (159)

第 7 章　风险资本在清洁能源领域退出方式的研究 …… (161)
7.1　风险资本主要的退出方式 ………………… (161)
7.2　风险资本在清洁能源领域退出机制的分析 …… (163)
7.3　影响清洁能源领域风险资本退出决策的理论分析 ………………………………………… (168)
7.4　理论假设的提出 …………………………… (171)
7.5　实证研究设计 ……………………………… (174)
7.6　本章小结 …………………………………… (183)

第 8 章　清洁能源领域风险资本与 IPO 抑价关系的研究 … (184)
8.1　风险资本与 IPO 抑价分析 ………………… (184)
8.2　清洁能源领域风险资本对 IPO 抑价影响的分析 ………………………………………… (189)
8.3　清洁能源领域风险投资 IPO 抑价的实证研究设计 ………………………………………… (192)
8.4　实证检验结果分析 ………………………… (195)
8.5　本章小结 …………………………………… (201)

第 9 章　公共政策与清洁能源领域的风险资本投资 …… (203)
9.1　清洁能源领域政府公共政策的主要内容 ……… (203)

9.2 清洁能源公共政策对风险资本投资的影响 …… (207)
9.3 清洁能源领域公共政策实施情况的调研报告 … (212)
9.4 本章小结 …………………………………… (220)

第10章 清洁能源领域公共风险资本与私人风险资本联合创新机制的研究 ………………………… (222)
10.1 公共风险资本的含义、功能与影响 ………… (222)
10.2 公共风险资本和私人风险资本的区别与合作 … (228)
10.3 公共风险资本和私人风险资本联合创新机制——联合风险资本 ………………………… (232)
10.4 清洁能源领域联合风险资本的主要形式 …… (234)
10.5 国外联合风险资本在清洁能源领域的投资现状分析 ………………………………… (238)
10.6 国内公共风险资本在清洁能源领域的投资现状分析 ………………………………… (241)
10.7 清洁能源领域公共风险资本和私人风险资本联合投资绩效的分析 ……………………… (245)
10.8 本章小结 …………………………………… (248)

第11章 研究结论和政策建议 ………………………… (249)
11.1 研究结论 …………………………………… (249)
11.2 政策建议 …………………………………… (253)

附录1 ……………………………………………… (258)
附录2 ……………………………………………… (261)
参考文献 …………………………………………… (275)
后记 ………………………………………………… (288)

第1章 绪　论

1.1 研究背景

21世纪经济社会最大的变化来自于人类对经济环境可持续发展的诉求，向低碳、绿色和高效的经济社会形态转变是人类社会发展不可逆转的潮流。为此，人类社会如何向低碳能源结构转变成为21世纪发展的重要课题。其中，发展可再生能源、促进能源结构的转变，是实现向低碳、绿色社会转型的关键所在。BP（2018）[1]对世界能源进行展望时指出，可再生能源以每年7%的速度增长，40%的能源供给增量是由可再生能源实现的。可再生能源促进了能源结构的多元化，预计到2040年，石油、煤炭、天然气和非化石能源预计将提供世界能源的1/4。

在向低碳、绿色社会进行战略转型的时代背景中，中国的能源问题显得尤为突出。作为世界第二大经济体，中国是最大的能源进口国和温室气体排放国之一；在整个能源结构中，传统能源所占比重较高，清洁能源和可再生能源的比重较低。因此，中国在清洁能源方面加大了投资力度。近年来，中国是可再生能源增长最快的国家，中国新增的可再生能源总量已超过整个经合组织。随着可再生能源技术的成熟、碳价的逐步上升及低碳转型政策的持续支持，可再生能源逐渐能够与其他能源进行竞争，为未来可再生能源的发展提供了广阔空间。2017 年 4 月，国家发展改革委和能源局印发《能源生产和消费革命战略（2016—2030）》，明确要求推动非化石能源实现跨越式发展，2017 年 3 月，国家能源局下发《关于深化能源行业投融资体制改革的实施意见》，提出激发社会资本参与能源投资，通过政府投资引导推动可再生能源发展，畅通能源投资项目的融资渠道，发挥能源投融资对能源结构转变的作用和贡献；推进政府和社会资本合作和共融发展。清洁能源投资的长周期、高风险是困扰可再生能源投资的重要课题。如何解决清洁能源投资中的融资问题？政府在清洁能源投资中有怎样的角色定位和政策选择？这些问题的答案是支撑清洁能源投资战略得以实施的重要“支点”。借此背景，本书意在以推动清洁能源产业创新发展的重要“引擎”——风险资本为研究对象，探讨风险资本在清洁能源投资中的运行机制问题，并寻求清洁能源投资创新性的融资范式，借此推动清洁能源产业的可持续发展。

1.2 研究目标和研究意义

1.2.1 研究目标

本书的研究目标包括如下几点：首先，探讨风险资本进入清洁能源领域的动因和运行机制，分别从空间因素、经济和政治环境因素，到微观企业特征等方面着手开展相关研究，借此发现风险资本进入清洁能源领域的内在驱动力和环境影响因素；其次，就风险资本对清洁能源企业的影响展开研究，主要包括对清洁能源企业创新行为的影响、对清洁能源企业IPO抑价率的影响；再次，就风险资本对创业企业的控制机制和退出决策等内容展开研究，借此进一步厘清风险资本内在的运行机制和运行规律；最后，厘清清洁能源风险投资中政府的角色定位，明晰清洁能源领域公共政策的选择，优化清洁能源投资的决策机制，为提高我国清洁能源风险投资绩效水平、提高风险资本对清洁能源产业的贡献度提供理论支撑，进一步为政府清洁能源产业基金的构建提供理论支持和方案设计。

1.2.2 研究意义

（1）学术价值：本书意在以风险资本投资为切入点，结合产业经济学、能源经济学和风险投资理论，为解决清洁能源投融资问题提供一个新视角。通过多种研究方法的应用，探讨清洁能源领域风险资本的运行规律和运行机制，为清洁能源领域风险资本的决策提供重要的理论支撑，从而进一步深化风险资本在特定行业的研究力度，将我国现有风险资本投资的研究进一步引向纵深。

（2）应用价值：本书为政府建立清洁能源引导性产业基金提供理论和政策上的支撑作用；明晰政府在清洁能源投资中的角色定位和政策选择。另外，为政府在清洁能源投资决策中，如何将公共资源和民间资本有效结合，推进清洁能源的有效率、可持续投资提供理论支持和可操作性的政策措施。

1.3 国内外研究现状综述

1.3.1 有关风险资本投资研究的综述

风险资本的产生源于技术成果转化的需要，由此而发展起来的风险投资产业对一国新兴技术和产业有着重要的作用和影响。如何推动和发展本国的风险投资产业是政府部门制定公共政策需要考量的重要内容。为此，本课题重点关注以下问题的研究文献：推动一国风险投资产业的关键因素是什么？政府部门公共政策对于风险投资产业有怎样影响？政府引导风险投资产业效果如何？Gompers P A[2]和 Lerner J (2002)[3]认为，政府公共政策的引导和鼓励，如美国养老金监管政策和资本利得税的变化，是推动大量资金进行风险投资的重要因素。Leslie A 和 Philippe C (1998)[4]比较了 21 个国家影响风险投资的相关因素发现：GDP 规模、IPOs 规模、一国产值的资本化程度、劳动力市场的刚性、会计规则的透明度、养老金规模等对风险投资产业有重要影响；其中，政府政策的影响十分显著。Francis C 和 Winston T H Koh (2002)[5]以新加坡为例，考察了亚洲国家风险投资的情况，发现亚洲国家风险投资主要集中于风险投资的后期阶段，且以成熟产业为主；鲜有投资于初创型企业，除非存在政府补贴激励。Christian Keuschnigg (2003)[6]建立了政府部门和私人部门共同参与的风险投资均衡框架，分析在双重道德风险框架下政府的角色和作用。Donglas Cumming (2005)[7]分析了澳大利亚政府支持下的风险资本 1998—2005 年的投资情况，并与美国、英国、加拿大等国政府风险资本进行比较，肯定了政府支持下的风险投资的重要作用，但有关政府风险资本的退出问题还有待评估。Stefano Bonini 和 Senem Alkan（2011）[8]调查了多个国家影响风险投资的政治和法律因素，研究显示，良好的社会政治和企业家环境对于风险投资的启动和发展很有利，其中，法律系统的异质性在某种程度上解释了不同国家风险投资产业发展水平的差异性。在我国，政府支持下的风险资本也被称之为产业基金。程悦（2007）[9]、田莉（2011）[10]、周新军（2012）[11]分别从规范的视角探讨了基础产业基金、新能源产业基金和铁路产业基金发展的模式与运行机制问题；陈孝明和田丰（2013）[12]从融资约束和投资契合的视角探讨了文化产业基金的发展模式。

1.3.2 有关清洁能源投资现状和政策取向的综述

发展清洁能源经济、进行清洁能源投资，是一国能源战略政策的重要环节。清洁能源并不是对能源的简单分类，它强调的是能源清洁、高效、系统化的应用体系；在保证本国能源供应安全和环保要求的前提下，清洁能源还需要具有“三性”：抗冲击性，可选择性和智能性（利布莱克，2012）。尽管清洁能源投资随着各国能源环保战略政策的引导而呈现蓬勃增长态势，但全球清洁能源经济可持续性和抗冲击性还受到诸多因素的影响。其中，经济景气程度和一国政府在税收财政补贴政策等方面对清洁能源投资有着直接影响：2012 年，由于政府大幅缩减新能源的补贴政策，一些国家清洁能源的投资如西班牙、意大利、德国分别比 2011 年下降了 68%、51%、27%（彭博社，2013）。同时，清洁能源过度投资而导致的产能过剩对清洁能源的可持续投资产生不利影响。2012 年，中国以吸引高达 651 亿美元的清洁能源总投资排名世界第一，比 2011 年增长 20%，增长主要来自太阳能领域。而太阳能领域和风电领域设备严重过剩，清洁能源设备制造商遭受价格暴跌的冲击，大量企业破产（杨丽花，2012）[13]。美国页岩气革命改变了世界范围的能源供给结构，使不同区域的能源供给的比价结构发生根本性变化，从而倒逼各个国家的能源投资政策的调整。清洁能源可持续发展还受制于"核心技术瓶颈"的突破，这些技术对能源能效提高、能源供给成本降低发挥着重要作用，同时，也是清洁能源投资的重要方向（林晶，2012）[14]，能源价格的下跌对未来清洁能源投资会产生深刻影响。清洁能源投资在未来的投资方向、投资形式等投资战略方面需要做出重新选择。在油价相对低位运行的背景下，清洁能源投资更需要重视效益和创新，靠大规模政府投资显然难以为继。

1.3.3 有关风险资本在清洁能源投资中的作用和影响研究的综述

Emanuel Shachmurove 和 Esquire（2010）[15]对 1995—2009 年第一季度在清洁能源方面的风险投资进行了统计，研究显示在清洁能源领域，大规模的风险投资起始于 2006 年，并经历了一个较长时间的增长期。2008 年金融危机后，风险投资在清洁能源领域有所下滑。Stack（2006）[16]发现，能源价格、企业家才能和技术先进性是决定风险资本在清洁能源领域增长的关键因素；Stack（2006）还发现，有关气候变暖和自然资源枯竭的公共政策争论是风险投资家进入清洁能源领域的重要"推手"。Emanuel Shachmurove 和 Esquire（2010）[17]发现，风险资本与宏观经济指标相联系，消费者信心指数、真实 GDP 指数与风险资本投资成正向关系，其中，GDP 指数与清洁能源风险资本的相关度要超过 GDP 指数与美国整体风险资本的相关性，说明清洁能源风险投资受经济景气程度的影响更大。Rosen R（2013）[18]认为，相对于在信息技术和生物技术领域的投资，风险投资在清洁能源领域面临着更复杂的竞争格局和投资周期。美国国家可再生能源实验室在2013年发布的《清洁能源初创期的挑战和机会》报告中，揭示了影响清洁能源投资决策空间变量的复杂性：不仅包括清洁能源技术成熟度、可再生能源的经济性、国家能源政策安全性及环保问题等变量，还包括来自经济增长、社会福利和就业等方面的政治因素变量的影响等。L M Murphy 和 P L Edwards (2003)[19]认为，清洁能源项目风险投资初期到其大规模商业化应用阶段存在着“死亡之谷”，跨越“死亡之谷”需要在信息披露、技术转化激励及加强政府和民间合作等方面下功夫。

1.3.4 研究述评

从以上文献综述可以看出，风险投资在具体产业研究的深度方面还有待加强。结合清洁能源产业的发展可知，现有研究表现出如下不足：①清洁能源产业链不同于信息技术和生物技术，受到更多复杂因素的影响，大量植根于信息技术、互联网领域的风险资本投资理论是否适用于清洁能源产业，是一个需要进一步探究的理论问题。②针对清洁能源风险资本，还需要回答以下问题：政府在清洁能源风险投资中的作用机制和经济后果，在清洁能源风险资本的运作中政府参与度和政策激励的适当性问题，如何评价清洁能源风险资本的运作效率等。对上述问题的探讨为本书研究的开展提供了前提。

1.4 主要研究方法

根据本书的研究目标和研究内容，以产业经济学、能源经济学和风险投资学等为理论基础，构建基于管理学、经济学和社会学等多学科的“多维理论分析框架”。具体研究方法包括以下几个方面：

1.4.1 比较研究方法

具体比较不同国家和地区风险资本发展的演变历史，比较不同国家和地区政府在风险资本投资中的公共政策取向，为相关研究提供有价值的比较参考资料。

1.4.2 实证研究方法

首先，通过理论分析，建立数理分析模型，就风险资本进入清洁能源领域的动机进行经验型研究，揭示驱动风险资本进入清洁能源领域的因素。其次，利用实证研究方法，进一步就风险资本对清洁能源企业的创新活动、退出决策、IPO 抑价等方面进行经验研究，从而得出具有启发意义的实证研究结论。

1.4.3 空间地理分析方法

运用静态和动态分析相结合的方法，用截面数据静态反映风险资本在清洁能源投资上的空间区域特征；同时，运用时间序列和面板方法分析风险资本支持下的清洁能源项目动态变化特征，包括收益、绩效变化等方面的规律。

1.4.4 案例研究方法

运用案例研究法就清洁能源风险资本控制机制展开研究。首先，运用经济学不完全合同理论分析风险资本家和创业者之间的契约关系和契约特征，说明在外部环境处于极端不确定的情况下，风险资本家和创业者之间的契约控制权应处于相机状态，以最优方案保护双方的权益。其次，利用清洁能源领域风险资本的真实案例，就上述的理论推导进行验证，从而明晰了清洁能源领域风险资本控制机制的选择。

1.4.5 访谈调研法

通过实地访谈、问卷调查方法，就清洁能源领域风险资本公共政策实施情况进行调查，获得定性和定量的一手资料，具体就公共风险资本和私人风险资本之间合作绩效、公共政策的选择、实施的影响等方面内容展开分析，并得出有价值的研究结论。

1.5 研究内容

1.5.1 清洁能源领域风险资本投资决策的基础理论研究

风险资本投资决策空间与民间资本的参与度、政府公共政策决策的影响，根据每一个维度对应的一级指标，可以分解影响一级指标的次级指标。上述两个维度之间相互作用和相互影响，从而衍生出具体的研究论题：

（1）在清洁能源风险投资领域民间资本投资的理论框架研究，包括民间资本清洁能源风险投资的动机、目标、风险承担能力、投资的持续性等方面的内容。

（2）在清洁能源风险投资领域政府的角色定位，政府与民间资本之间的博弈关系研究，包括政府进行公共资源投资决策的理论依据和现实考量研究。

（3）产业区位优势、自然禀赋对清洁能源风险投资的影响研究；天然气富集区清洁能源风险资本投资的方向、合作形式及与传统能源之间的替代关系研究。

（4）社会网络资本、技术成熟度、环保压力等对清洁能源风险投资的影响研究。

上述研究论题意在明晰风险资本在清洁能源产业投资中的功能和目标，从而为清洁能源风险投资产业发展提供理论支撑。

1.5.2 清洁能源领域风险资本的运营机制研究

清洁能源的投资和其他创新领域的投资完全不同，面临着诸多的投资风险和较长的投资周期，因此，就清洁能源领域风险资本运营机制展开研究是十分有必要的。相关的研究主题如下：

（1）风险资本进入清洁能源领域的动机研究。风险资本在清洁能源投资中的运行机制受到两个维度的制约：清洁能源投资决策空间和风险资本投资决策空间。其中，清洁能源投资决策政策受到一个国家经济发展程度、技术条件和政治目标、环保政策等几个方面的影响和制约。有关风险资本进入清洁能源领域的动机研究就可以从宏观和微观两个层面展开，就清洁能源的区位优势、自然禀赋、政府环保政策等方面展开相关的研究。

（2）清洁能源风险资本地理亲近性研究。风险资本具有地理亲近性，清洁能源领域独特的投资特征，及我国金融资源分布的不均匀，导致在清洁能源领域风险资本地理亲近性具有一定独特性。

（3）清洁能源领域风险资本创新力影响研究。就风险资本对清洁能源企业创新影响进行实证研究，结合能源禀赋、政府补贴、清洁能源技术投资风险、清洁能源投资背景、公司治理结构等方面的因素来考核风险资本对清洁能源企业创新行为的影响。

（4）清洁能源领域风险资本治理机制与退出机制研究，包括控制权在共同治理结构框架下的配置理论、控制权配置机制和影响后果的研究。退出机制具体包括进入时机选择、退出机制设计、阶段性投资策略设计等方面的内容。

1.5.3 清洁能源领域的公共政策与风险资本投资研究

清洁能源投资项目的政府引导性产业基金构建研究包括产业

基金构建目标、模式及运行机制研究。风险资本在清洁能源项目进行投资的公共政策内涵研究旨在分析政府在经济增长目标、现有能源结构和财政目标等约束条件下如何进行清洁能源投资的公共决策。如何通过产业基金的有效引导推动清洁能源项目的可持续发展。

具体研究路径和研究内容见图1-1。

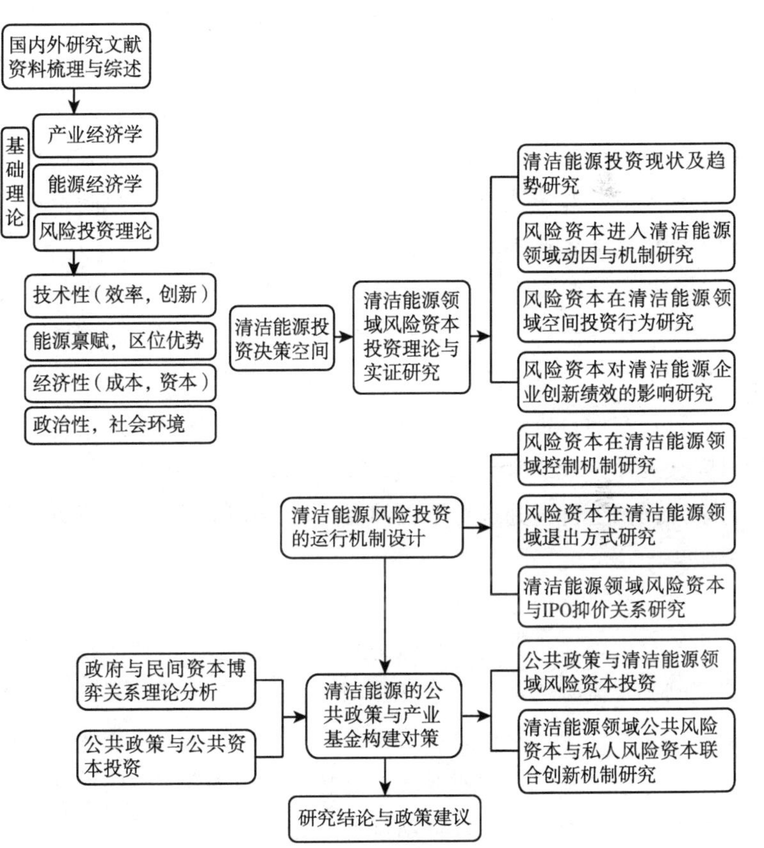

图1-1 风险资本在清洁能源投资中运行机制

1.6 创新之处

和我国风险资本在清洁能源领域“轰轰烈烈”的投资形成鲜明对比的是，有关风险资本在清洁能源投资的运行机制在国内鲜有研究。本书研究的创新性表现在以下几个方面：

第一，研究视角的全面性。本书对风险资本在清洁能源领域的运行机制进行了较为全面研究。研究主题包括风险资本在清洁能源领域投资的动机分析、风险资本在该领域的退出方式选择分析、风险资本对清洁能源企业创业行为的影响研究、风险资本在清洁能源创业企业中的控制机制分析等。

在探究风险资本在清洁能源领域的投资动机时，本书以能源经济学、产业经济学和风险资本理论为基础，分别从能源价格、碳排放因素、市场环境因素、清洁能源补贴政策等宏观方面分析了风险资本的投资动机。研究过程中，利用我国最大的风险资本研究数据库——清科数据库，选取我国30个省级面板数据，进行多元回归分析，并进行了稳健性分析，使得该研究结论更具有说服力。

第二，研究观点的创新性。本书将经济学模型和相关现实案例相结合，提出具有创新性的研究结论。由于清洁能源投资的特殊禀赋，及风险资本投资自身的特点，为实现创业者和风险资本家的双赢，创业企业控制权配置应处于相机状态：当创业企业前景清晰和明确时，由创业者掌握控制权，并享有一定的控制权私有收益，能够推动风险投资创业项目的持续发展；相反，当创业企业前景不明朗，且业绩较差时，风险资本家应掌握创业企业控制权，且将创业企业的股权权益转为债权权益，从而有效保证自身的投资收益。

第三，研究方法的多样性。本书采用比较研究法、实证研究法、空间地理分析法、案例研究法和访谈调研法等多种方法来丰富研究的手段。本书对35家风险投资创业企业的高级管理者进行了问卷调查，就清洁能源领域政府公共政策成效、风险资本投资项目的选择等问题展开调研。研究发现，大多数高管倾向于技术推动型优惠政策，具体来说，他们期望公共政策能够加大税收优惠政策，建立更环保的技术标准，借此提高清洁能源的投资和消费力度。大多数风险投资机构高管对于与政府合作，还是比较满意的，但认为政府管理水平会影响合作的效果。

第2章 清洁能源投融资现状及趋势研究

2.1 全球清洁能源投资现状与趋势分析（2015—2035年）

2.1.1 总体趋势

（1）清洁能源投资意义与投资的主要领域。清洁能源及清洁能源技术不仅仅包括非传统能源，还包括与清洁能源相关的产品、服务和生产过程；通过清洁能源技术，采用有限的或者低碳的化石能源，相对于传统能源供给，可以产生较少的废弃物（Pernick and Wilder, 2007）。清洁能源投资是伴随着能源革命和能源市场变化而不断发展壮大的投资领域。清洁能源投资本质上是以大自然最广泛的能量——“自然能”应用为基础的一次技术革命。清洁能源投资不仅包括对可再生能源的开发和应用的投资，还包括突破可再生清洁能源应用高成本的技术创新投资。2016 年，清洁能源提供了全球新增电力需求的一半，全球能源强度降低了 2.1%[20]。清洁能源投资是伴随着可再生能源利用的能源技术投资，不仅仅是对能源结构调整的投资，更重要的是对能源生产、能源供给和能源消费等全产业链的投资。因此，清洁能源投资是各个国家“占领”全球技术创新“高地”的战略选择。

2015 年《巴黎协议》已经被全球 144 个国家接受[21]，设立全球气候减排目标，影响全球的清洁能源投资，同时，深刻影响清洁能源产业的发展路径。清洁能源产业包括一系列的产品和服务——从能源替代到废水处理，到更有效率的工业生产过程等。虽然这些领域涉及的产品和服务不同，但都保持了统一的主线，采用创新性技术、创新产品和服务，提供更优惠的价格和绩效，减少人类对环境的影响。清洁能源产品的可持续特征包括以下几个方面：

A. 能够最佳利用自然资源，提供清洁的、污染更少的、能够替代传统产品和服务；

B. 在创新性和新颖性等方面有突出特点；

C. 相对于传统能源方式的选择，清洁能源能够产生更大的经济价值。

（2）清洁能源投资的全球总体趋势。表 2－1 呈现了全球清洁能源 2007—2017 年的投资趋势：在 2009 年以前，清洁能源投资增长幅度较大，超过 30%。受到 2008 年金融危机的影响，2009 年清洁能源投资迅速下滑，至 2010 年有所回暖。2017 年，全球可再生能源发电和燃料领域的新增投资额为 2798 亿美元，较 2016 年同比增长 2.12%，连续五年超过当年对化石能源发电的投资总额[22]。2016 年，受欧洲移民危机和美国

表 2-1　全球清洁能源投资趋势分析

单位：10 亿美元

年份	2007	2008	2009	2010	2011	2012	2013	2014	2015	2016	2017
新增投资	158.9	181.4	178.3	243.6	287.8	255.5	234.4	284.3	323.4	274	279.8
增长率(%)	40.99	14.16	-1.71	36.62	18.14	-11.22	-8.26	21.29	13.75	-15.28	2.12
累计投资额	271.6	340.3	359.7	421.9	531.4	543.3	489.9	518.7	607.7	597.4	553.8
增长率(%)	46.49	25.29	5.70	17.29	25.95	2.24	-9.83	5.88	17.16	-1.69	-7.30

资料来源：Global Trends in Renewable Energy Investment 2018。

总统换届影响，全球清洁能源累计投资持续下滑。2017年，全球清洁能源领域的累计投资总额为5538亿美元，较2016年同比下降7.30%。

图2-1显示2004—2017年全球清洁能源投资总额整体呈现增长趋势，但每年增长变化的幅度较大：2004—2008年，平均增长幅度在35%以上；2008年，受到金融危机的影响，清洁能源投资下降幅度较大；2010—2013年，清洁能源投资有所回升，但和高峰期相比，增长幅度有限，平均增长幅度在8%左右；清洁能源投资大约在2015年达到了一个小“高峰”，全球清洁能源累计投资总额达到了3234亿美元。

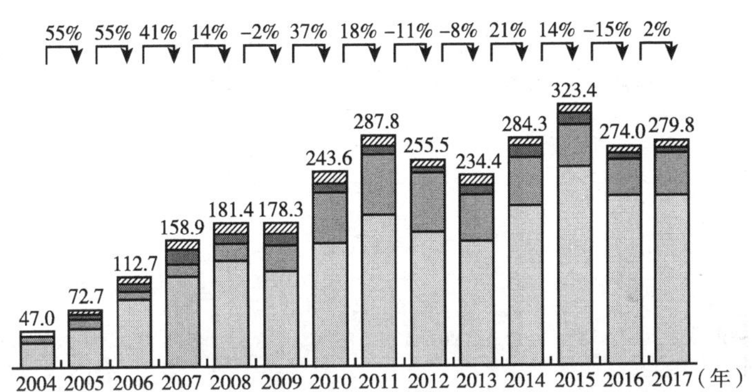

图2-1 2004—2017年全球清洁能源投资总趋势（单位：10亿美元）

资料来源：Global Trends in Renewable Energy Investment 2018。

2.1.2 不同区域清洁能源投资演进趋势

如表2-2所示，2017年，全球的清洁能源投资达到2798亿美元，其中，中国清洁能源投资1266亿美元（占比45.2%），欧洲地区清洁能源投资409亿美元（占比14.6%），美国清洁能源投资409亿美元（占比14.5%），除中国、印度以外的其他亚

表 2-2　　不同区域的清洁能源投资趋势的分析

单位：10 亿美元

年份	2007	2008	2009	2010	2011	2012	2013	2014	2015	2016	2017
美国	39.2	35.9	23.9	35.4	49.2	40.6	33.7	39.1	46.7	43.1	40.5
巴西	9.8	11.5	7.8	7.4	10.2	6.1	4.3	7.7	6.7	5.6	6.0
北美（除美国以外）	4.9	5.9	5.5	12.4	9.6	10.4	12.5	14.4	11.4	6.0	13.4
欧洲	67.4	81.3	82.5	113.9	128.4	88.9	59.4	57.9	62.9	64.1	40.9
中非和东非	1.9	2.3	1.7	4.2	3.2	10.2	9.2	8.3	13.3	9.0	10.1
中国	16.6	25.3	38.1	41.5	48.2	58.3	63.4	85.3	121.3	95.3	126.6
印度	6.4	5.7	4.2	9.0	13.8	8.0	6.5	8.4	9.9	13.7	10.9
其他亚洲国家和地区	12.8	13.7	14.5	19.8	25.2	30.9	45.1	63.1	51.2	35.7	31.4
合计	119.8	181.6	178.2	243.6	287.8	253.4	234.1	284.2	323.4	272.5	279.8

资料来源：Global Trends in Renewable Energy Investment 2018。

洲国家清洁能源投资 314 亿美元（占比 11.2%），印度清洁能源投资 109 亿美元（占比 3.9%），可见新兴发展中国家、中国、印度和巴西是清洁能源投资的“主战场”。

亚洲是清洁能源投资和融资的重要地区，90% 的能源增长都来自于发展中国家。在能源需求的增长中，其中 53% 来自于中国和印度[23]。在清洁能源投资方面，中国是亚洲清洁能源领域的领导者，预计在未来的 10 年中有 6200 亿美元的清洁能源累计投资。印度是清洁能源投资者排名第三的国家，2010—2020 年清洁能源投资平均增长率为 369%。欧洲的清洁能源政策趋于成熟。2010—2020 年欧洲的清洁能源投资年增加率为 20%，欧洲清洁能源投资落后于亚洲，每年大约吸引 560 亿美元的投资。

美国总统特朗普上台以后，给美国清洁能源投资带来巨大变数，特朗普签署新的行政命令，取消奥巴马时期推出的《清洁能源计划》和《气候行动方案》。《清洁能源计划》规划 2030 年美国电厂的二氧化碳排放量在 2005 年标准基础上再减少 30%，并将重心转向发展可再生能源；《气候行动方案》则严格限制发电厂的碳排放量，降低联邦政府的碳排放污染及加强对可再生能源研发投资等[24]。尽管如此，美国“可持续商业委员会”（BCSE）在《美国可持续能源》杂志上发表报告称，美国传统能源在美国能源结构中的比例一直下降，至 2016 年年底，煤炭能源占比从原来的 50% 下降到 30%。

2.1.3　不同类别全球清洁能源投资趋势分析

（1）总体趋势。表 2－3 呈现出不同类别的清洁能源的投资趋势。清洁能源投资主要包括风能、太阳能、生物质能、能源技术和其他清洁能源投资。2009 年以前，风能和太阳能的投资增长

表 2-3　　不同类别的清洁能源的投资趋势分析　　单位：10 亿美元

年份	2007	2008	2009	2010	2011	2012	2013	2014	2015	2016	2017
风能	60.9	74.8	79.5	101.5	87.2	83.6	86.4	110.7	124.7	121.6	107.2
太阳能	38.7	61.5	64	103.3	158.10	140.5	119.9	145.3	179.3	136.5	160.8
生物纤维素能	27.4	18.2	10.2	10.6	10.6	7.2	5.2	5.2	3.5	2.1	2.0
生物质能	22.9	17.5	15.1	16.9	20.2	15.8	14.0	12.7	9.4	7.3	4.7
水电发电	6.5	7.6	6.2	8.2	7.6	6.5	5.8	7.0	3.6	3.9	3.4
地热能	1.7	1.7	2.8	2.9	3.9	1.6	2.8	2.9	2.5	2.5	1.6
潮汐能	0.8	0.2	0.3	0.2	0.2	0.3	0.2	0.3	0.2	0.2	0.2
合计	158.9	181.5	178.1	243.6	287.8	255.5	234.3	284.1	323.2	274.1	279.9

资料来源：Global Trends in Renewable Energy Investment 2018。

强劲，2008 年金融危机以后，风能和太阳能增长率下滑明显，2014 年有所回升，2006—2017 年风能和太阳能投资额保持年均 18.2% 和 35.8% 的增长率；能源技术的投资增长相对稳健，年均增长率为 15.2%；相对来说，生物质能的投资额较小，同时增长也较为迟缓，年均增长率仅为 1.3%。

（2）风电全球投资趋势。风电投资领域的主要融资方式是资产融资形式，说明风电产业进入了一个较为成熟的阶段；具有一定成本优势的大规模清洁能源技术得到广泛应用。在政府公共政策的强力推动下，以资产融资为主要形式的风电投资的投资额提高到 1900 亿美元，预计未来 10 年还会增加 222%。在中国，风电投资占全国清洁能源总投资额的 50%；许多国家认为风力发电是清洁、安全和价格具有竞争性的电力资源，风力发电是清洁能源投资的核心。在政府清洁能源政策的鼓励下，银行主导了对风力项目的融资。

从表 2-4 看，全球风电新增装机容量处于波动式上升状态，从 2006 年的 14.8GW 增长至 2017 年的 51.1GW，增长 3.6 倍，其中，2009 年和 2014 年增长率最高，分别达到 61.9% 和 53.9%；相对于其他年份，2013 年新增装机容量较低，增长率为 -28.3%。全球风电累计装机容量则稳定上升，从 2006 年的 73.9GW 增长至 2017 年的 510.3GW，增长了近 6 倍，增长率在 2009 年达到最大值，之后，随着风电累计装机容量的增加而呈现增长率降低的趋势。

（3）光伏发电。在 G20 国家中，光伏发电是第二大的资产融资领域，占清洁能源投资的 18%。太阳能领域是第二大清洁能源投资领域。大规模的光伏投资降低了太阳能的价格，使得光伏发电与传统能源发电相比，具有一定的价格优势。彭博新能源财经认为，由于学习曲线作用，2010—2020 年太阳能技术价格会下降40%；物联网技术的发展、劳动力效率的提高，在资源整合中，标准化技术的改进大大降低了光伏投资比例，但同时提高了清洁能源的投资效率。在光伏投资领域，德国等欧洲国家是主导者，但随着德国装机容量保持稳定，每单位GW投资额在下降，在澳大利亚、意大利、日本和印度，光伏占投资比大约为30%。

据表2-5显示，截至2014年年底，全球累计光伏领域的投资总额为7135.3亿美元，其中，中国在光伏领域的投资额累计2084亿美元，占全球累计光伏领域投资额的29.2%；美国在光伏领域投资额为1176.4亿美元，占全球累计投资额的16.5%。

据表2-6显示，全球光伏发电的不同区域中，2008—2012年，光伏发电投资的资金主要来自于欧洲，在欧洲地区，光伏发电融资占比平均达到53%；其次是美国，占比平均为13%；中国光伏发电在2008—2010年占比相对比较少，从2011年以后，每年逐步增加，从2013年以后，中国在光伏发电方面的投资已经超过了美国和欧洲地区，至2016年，中国光伏发电融资额占全球总量的26%。

（4）其他清洁能源。其他清洁能源包括生物质能（biomass）、地热能（geothermal）、废物能（wasteenergy）、水能（hydro power），这些能源投资份额都在上升，增长幅度超过风能和太阳能。如果一个国家实施清洁能源政策，这些能源融资比例会随之增加。到2020年会增加263%，达到69万亿美元[25]。

表 2-4　全球风电新增与累计装机容量

单位：GW

年份	2006	2007	2008	2009	2010	2011	2012	2013	2014	2015	2016	2017
新增装机容量	14.8	17.0	23.1	37.4	34.1	40.3	44.2	31.7	48.8	58.1	50.6	51.1
增长率（%）	—	14.9	35.9	61.9	-8.8	18.2	9.7	-28.3	53.9	19.1	-12.9	0.99
累计装机容量	73.9	90.9	114.0	151.4	185.5	225.8	270.0	301.7	350.5	408.6	459.2	510.3
增长率（%）	—	23.00	25.41	32.81	22.52	21.73	19.57	11.74	16.18	16.6	12.4	11.1

资料来源：彭博新能源财经。

表 2-5　不同区域光伏投资趋势

单位：亿美元

年份	2006	2007	2008	2009	2010	2011	2012	2013	2014	合计
欧洲	213.6	313.7	311.7	306.6	334.5	285.4	231.8	245.6	300	2542.9
增长率（%）	—	46.9	-0.6	-1.6	9.1	-14.7	-18.8	6.0	22.1	—
美国	86.9	130	182.5	108.4	192.2	116.1	145.8	143.7	70.8	1176.4
增长率（%）	—	49.6	40.4	-40.6	77.3	-39.6	25.6	-1.4	-50.7	—
中国	40.7	77.1	178.8	299.9	270.3	260.4	273.5	297.2	386.1	2084
增长率（%）	—	89.4	131.9	67.7	-9.9	-3.7	5.0	8.7	29.9	—
印度	16.5	35.5	22	19.6	60	59.1	36	35.5	34.8	319
增长率（%）	—	115.2	-38.0	-10.9	206.1	-1.5	-39.1	-1.4	-2.0	—
巴西	1.1	9.5	6.5	16.7	21.4	50.7	34.1	28.6	62	230.6

续表

年份	2006	2007	2008	2009	2010	2011	2012	2013	2014	合计
增长率（%）	—	763.6	-31.6	156.9	28.1	136.9	-32.7	-16.1	116.8	—
其他亚太地区	37.5	50.3	50.3	60.3	110.4	70.1	119.9	142.5	141.1	782.4
增长率（%）	—	34.1	0.0	19.9	83.1	-36.5	71.0	18.8	-1.0	—
合计	396.3	616.1	751.8	811.5	988.8	841.8	841.1	893.1	994.8	7135.3
增长率（%）	—	55.5	22.0	7.9	21.8	-14.9	-0.1	6.2	11.4	—

资料来源：彭博新能源财经。

表 2-6　光伏发电不同区域融资占比的趋势分析

单位：%

年份	2006	2007	2008	2009	2010	2011	2012	2013	2014	2015	2016
欧洲	0.65	0.70	0.61	0.70	0.73	0.72	0.69	0.58	0.49	0.42	0.35
美国	0.05	0.05	0.04	0.05	0.10	0.05	0.07	0.09	0.10	0.11	0.13
中国	0.01	0.01	0.04	0.03	0.06	0.05	0.07	0.16	0.19	0.19	0.26
印度	0.00	0.00	0.00	0.01	0.01	0.00	0.02	0.02	0.02	0.02	0.03
日本	0.11	0.11	0.13	0.11	0.09	0.07	0.07	0.13	0.13	0.15	0.14
其他	0.18	0.13	0.21	0.10	0.10	0.11	0.09	0.08	0.10	0.11	0.09
合计	1.00	1.00	1.00	1.00	1.00	1.00	1.00	1.00	1.00	1.00	1.00

资料来源：彭博新能源财经。

2.2　全球清洁能源融资现状分析

2.2.1　清洁能源融资总体情况

清洁能源融资模式分别有资产融资、企业并购、公开市场募集资金、企业研发、政府开发和风险投资等形式。表 2-6 显示了 2007—2017 年清洁能源领域风险投资、公司研发投入、政府研发投资、私募投资和 IPO 融资占比。2017 年全球清洁能源投资以项目资产融资（Asset Financing）的形式为主，占比为 63.48%；而并购、政府、企业投资以及私募等为辅助，占约 30%。表 2-7 显示了清洁能源不同的融资方式所占的比例，其中，资产融资平均占比 57.73%，众筹融资平均占比 15.26%，公开市场募集平均占比 3.92%，政府和企业研发投入平均占比 2.84%左右，风险资本占比仅仅为 0.67%。从清洁能源投资的融资类型来看，项目融资占比最高；公司研发投入、政府研发投入和 IPO 上市融资是清洁能源资金的主要来源。相对而言，风险投资和 PE 投资占比非常之低。这说明，从投资角度来看，风险投资家们对于清洁能源领域的投资是“怀有疑虑”。正是在这一背景下，我们可以推知在清洁能源领域，政府推动的意义更为重大。

表 2-7　　清洁能源领域不同融资方式占比表　　单位：%

年份	2007	2008	2009	2010	2011	2012	2013	2014	2015	2016	2017	平均额
风险资本	1.14	1.52	0.71	0.85	0.72	0.76	0.37	0.31	0.36	0.30	0.29	0.67

续表

年份	2007	2008	2009	2010	2011	2012	2013	2014	2015	2016	2017	平均额
政府投资 RD	1.47	1.29	2.41	1.54	1.28	1.38	1.73	1.25	1.05	1.54	1.48	1.49
公司投资 RD	1.74	1.66	1.69	1.23	1.22	1.23	1.33	1.09	1.01	1.26	1.39	1.35
私募基金	1.90	3.18	1.43	1.73	0.64	0.50	0.47	0.47	0.43	0.51	0.23	1.04
公开市场募集	11.31	4.97	5.66	3.40	2.63	1.17	3.40	4.20	2.87	1.84	1.65	3.92
项目资产融资	64.00	64.09	54.55	49.32	51.04	50.42	53.42	56.96	61.93	65.77	63.48	57.73
众筹资本	7.61	10.17	14.72	19.58	20.00	20.97	18.13	16.70	12.75	12.97	14.31	15.26
其他融资形式	10.82	13.12	18.82	22.35	22.47	23.57	21.16	19.01	19.60	15.80	17.17	18.54
合计	100	100	100	100	100	100	100	100	100	100	100	100

资料来源：Global Trends in Renewable Energy Investment 2018。

表 2-8 揭示了 2008—2017 年不同清洁能源融资模式的增长趋势。2008—2017 年，无论是研发投入、风险投资，还是项目融资等融资模式，增长率都比较高，其中，2010 年风险投资增长率最高达到了 69%；2008 年以后，受到金融危机的影响，风险资本增长额有所下降，2010 年有所恢复，相对于风险投资的高峰期，风险投资增长率在 2014 年以后进入相对平稳增长期。

表 2-8　全球清洁能源不同融资模式增长率分析　　单位：%

年份	2008	2009	2010	2011	2012	2013	2014	2015	2016	2017
风险资本	0.57	-0.52	0.69	0.00	-0.04	-0.58	0.00	0.36	-0.33	0.00
政府投资 RD	0.04	0.93	-0.09	-0.02	-0.02	0.11	-0.13	-0.02	0.16	0.00

续表

年份	2008	2009	2010	2011	2012	2013	2014	2015	2016	2017
公司投资 RD	0.13	0.06	0.03	0.18	-0.09	-0.05	-0.03	0.08	0.00	0.14
私募基金	0.97	-0.54	0.72	-0.56	-0.29	-0.18	0.21	0.06	-0.06	-0.53
公开市场募集	-0.48	0.18	-0.15	-0.08	-0.60	1.55	0.48	-0.21	-0.49	-0.07
项目融资	0.18	-0.12	0.28	0.22	-0.10	-0.07	0.28	0.26	-0.15	0.00
众筹资本	0.58	0.49	0.88	0.21	-0.05	-0.24	0.10	-0.11	-0.19	0.15
其他融资形式	0.43	0.48	0.68	0.19	-0.05	-0.21	0.08	0.20	-0.36	0.13
合计	0.18	0.03	0.42	0.18	-0.09	-0.12	0.20	0.16	-0.20	0.04

资料来源：Global Trends in Renewable Energy Investment 2018。

2.2.2　全球不同类型清洁能源融资趋势变化

（1）风电融资情况分析。据表2-9显示，2014年全球风电融资总额为9948亿美元，同比增长11.4%。中国和欧洲仍然是全球最主要的风电市场，融资占比分别为38.8%和30.2%。其中，2014年中国风电融资额达到3861亿美元的历史最高水平，同比增长30%；欧洲风电融资额达到3000亿美元，同比增长22.1%。中国和欧洲风电融资额的增加弥补了美国风电融资额的大幅下降，使得全球风电融资额同比仍呈现增长的态势。在风电融资领域，项目融资仍旧是风电融资领域的主要形式。2014年，全球风电项目融资额为9163亿美元，占比达92.1%。股票市场融资额虽然仅占全球风电融资额的5.5%，但2014年股票市场54.4亿美元的融资额同比增长了120.2%，而风险投资和私募股权的融资额却大幅下降，仅为32亿美元。2014年，全球风电技术研发投入的融资额为209亿美元，与2013年相比略有降低[26]。

表 2-9 全球风电融资模式的趋势分析 单位：10 亿美元

年份	2006	2007	2008	2009	2010	2011	2012	2013	2014
研发投入	9.3	10	11.7	14.7	14.7	17.6	17.4	21.3	20.9
增长率（%）	—	7.5	17.0	25.6	0.0	19.7	-1.1	22.4	-1.9
股票市场	14.5	107.9	39.6	44.2	47.8	42.7	8.8	24.7	54.5
增长率（%）	—	644.1	-63.3	11.6	8.1	-10.7	-79.4	180.7	120.6
风险投资	8.8	6.3	20.4	13.2	116	5	6.3	10.8	3.2
增长率（%）	—	-28.4	223.8	-35.3	778.8	-95.7	26.0	71.4	-70.4
项目融资	363.7	491.9	680.1	739.4	910.3	776.5	808.6	836.3	916.3
增长率（%）	—	35.2	38.3	8.7	23.1	-14.7	4.1	3.4	9.6
合计	396.3	616.1	751.8	811.5	988.8	841.8	841	893.1	994.8
增长率（%）	—	55.5	22.0	7.9	21.8	-14.9	-0.1	6.2	11.4

资料来源：彭博新能源财经。

2006—2014 年，研发投入额基本处于稳定增长趋势，从 2006 年的 93 亿美元增长至 2014 年的 209 亿美元，增长率达 120%，其中，2009 年增长幅度最大，增长率达到 25.6%；从风电融资模式中的股票市场趋势来看，股票市场表现不稳定，2006 年仅为 145 亿美元，2007 年突增至 1079 亿美元，增长率达到 644%，2008 年又降至 396 亿美元，之后除 2012 年较低，为 88 亿美元，其他年份都在 200 亿美元到 500 亿美元左右徘徊。在风险投资方面，总体来看呈现先上升、后下降的趋势，各年表现不稳定，2010 年风险投资额最大，为 1160 亿美元，2014 年风险投资额最小，为 32 亿美元。项目融资自 2006 年到 2010 年一直处于上升趋势，从 2006 年的 3637 亿美元增长至 2010 年的 9163 亿美元，增长幅度为 150.28%，2011 年，项目融资额有所降低，为 7765 亿元，之后三年项目融资额又呈上升态势，2014 年恢复至降低前水平。2006—2014 年，风电融资模式发展除 2011 年有小幅下降之外，总体上呈现上升趋势，从3963亿美元上升至2014年的9948亿美元，在2007年增长幅度最大，达到55.5%，其他年份都保持较为稳定的增长。

（2）光伏融资情况分析。表2－10显示在光伏融资模式中，股票市场和项目融资是主要的融资模式，从2006—2014年股票市场发展趋势来看具有不稳定性特点，在2009和2010年达到最高值，分别为499亿美元和474美元，2008和2014年达到最低值，均为165亿美元；在风险资本融资方面，基本上呈现先上升后下降的发展趋势，在上升阶段中，2008年达到最大值223亿美元，随后从223亿美元下降至54亿美元；近几年，通过股票市场和风险投资进行融资所占比例不断下降，而通过项目融资所占比例不断攀升，从2006年的311亿美元增长至2014年的5903亿美元，增长幅度达到18倍，仅2011年增长净值便达到2438亿美元，在2014年，光伏融资模式合计为13476亿美元，项目融资模式为5903亿美元，占光伏融资模式总额的43.80%，成为主要的光伏融资模式；2006—2014年，光伏通过其他模式进行融资所占比例也不断增大，从2006年的886亿美元到2014年的7354亿美元，在光伏融资模式总额中占较大比例。

表2－10　　全球光伏融资模式的趋势分析　　单位：10亿美元

年份	2006	2007	2008	2009	2010	2011	2012	2013	2014
股票市场融资额	20.3	24.4	16.5	49.9	47.4	40.6	18.5	41.1	16.5
增长率（%）	—	0.20	－0.32	2.02	－0.05	－0.14	－0.54	1.22	－0.60
风险投资融资额	0.8	5.7	22.3	11.3	16.3	17.7	8.5	1.6	5.4
增长率（%）	—	6.13	2.91	－0.49	0.44	0.09	－0.52	－0.81	2.38
项目融资融资额	31.1	107	209	121.7	276	519.8	536.8	522.4	590.3
增长率（%）	—	2.44	0.95	－0.42	1.27	0.88	0.03	－0.03	0.13

续表

年份	2006	2007	2008	2009	2010	2011	2012	2013	2014
其他方式融资额	88.6	140.9	222.7	334.5	622.2	761.1	788.3	549.5	735.4
增长率（%）	—	0.59	0.58	0.50	0.86	0.22	0.04	-0.30	0.34
融资额合计	140.8	278	470.5	517.4	961.9	1339.2	1352.1	1114.6	1347.6
总融资额增长率（%）	—	0.97	0.69	0.10	0.86	0.39	0.01	-0.18	0.21

资料来源：彭博新能源财经。

（3）其他类型的清洁能源融资情况分析。2006—2008 年，超过 10 亿美元的风险资本涌入清洁能源领域，特别集中在太阳能、风能和生物质能技术方面[27]。2010 年，在清洁能源领域的早期投资开始大幅度下降。许多风险资本家将他们的投资限定在需求端，目标是降低能源使用，而不是投资于改变生产能源方式的创新企业。传统风险资本是建立在高风险、资本效率的模型基础上，通过潜在的退出价值获得较高的资本投资效率。清洁能源初始企业，需要大额的资本支持来获得生存条件。2006—2008 年，有 25 家美国清洁能源风险投资公司，募集 PE 资金超过 300 万美元，超过 40% 的创业公司投资于太阳能、风能和生物质能。

2.3 中国清洁能源投融资现状及发展趋势分析

2.3.1 “十三五”中国清洁能源战略规划

（1）战略目标。根据“十三五”规划，我国的经济发展从倚重资源型经济向服务业、多元化、低碳型经济发展模式转变。

经济增长不再依赖于能源密集型产品的生产和消费，经济对于能源的依赖程度随之降低。根据“十三五”规划所设定的气候与能源目标，我国能源战略从保供给为主，向控制能源消费总量方向转变。2020 年以后，一次能源消费总量控制在 48 亿吨标准煤左右，煤炭消费总量控制在 42 亿吨左右；国内一次能源生产总量达到 42 亿吨标准煤，能源自给能力保持在 85% 左右；非化石能源占一次能源消费比重达到 15%，天然气比重达到 10% 以上，煤炭消费比重控制在 62% 以内。基本形成安全、清洁、高效、低碳的现代能源体系[28]。

（2）“十三五”清洁能源发展的战略规划。通过优化能源结构，非化石能源作为煤炭的替代能源，在“十三五”规划结束后，占比为 15%—20%。作为煤炭的替代能源，清洁能源包括可再生能源、天然气、核能、风和太阳能，将会得到大力发展。根据“十三五”清洁能源发展的战略规划，能源结构继续优化升级。统筹水电开发与生态保护；继续推进风电、光伏发电发展，积极支持光热发电；以沿海核电为重点，安全建设自主核电示范工程和项目；加快发展生物质能、地热能；完善风能、太阳能、生物质能扶持政策；大力推进煤炭清洁高效利用，限制东部，控制中部和东北，优化西部地区煤炭资源开发；推进大型煤炭基地绿色化开采和改造，鼓励采用新技术发展煤电。

（3）清洁能源发展现状与战略目标的差距。按照 2015 年美元价格和汇率计算，2016 年我国单位 GDP 能耗为 3.7 吨标准煤/万美元，是 2015 年世界能耗强度平均水平的 1.4 倍，是发达国家平均水平的 2.1 倍，是美国的 2.0 倍、日本的 2.4 倍、德国的 2.7 倍、英国的 3.9 倍[29]。2017 年，在能源消费结构中，煤炭消费量占能源消费总量的 60.4%；天然气、水电、核电、风电等清洁能源消费量占能源消费总量的 20.8%，2017 年，非化石能源消费占比为13.8%。2020年以后，非化石能源占比要达到15%的目标，任务仍然十分艰巨。

"十三五"期间，石油和水电占比将在相当长时间内保持稳定，风电和光伏翻倍才能完成清洁能源消费占比≥15%目标。但是，"十三五"结束以后，能源需求量将下降，要实现光伏和风电消费量翻倍难度大、成本高，重点还是要解决补贴、基础设施、弃风弃光问题。如果未来平均能源增长为零，那么大约10%的清洁能源发展可以替代平均每年1%的煤炭。如果平均能源增长速度为1%，那么就需要20%的清洁能源发展，才能替代掉1%的煤炭[30]。"十三五"期间，国家大幅度提高非化石能源比例。在清洁能源领域中，"十三五"发展核电的节奏有所放缓，为确保完成可再生能源消费占比，就要提高光伏、风电、生物质发电的投资力度。光伏要从4000多万千瓦上升到1.5亿千瓦，风电要从1.2亿千瓦上升到2.5亿千瓦。2009年12月，在哥本哈根中国承诺到2020年单位国内生产总值二氧化碳排放比2005年下降40%—45%，2020年中国非化石能源在一次能源消费总量的占比为15%。2009年中国能源的总消费已超过30亿吨标准煤。预计到2020年以后，我国能源需求预计将达到45亿吨以上。

（4）"十三五"期间对清洁能源投资的要求。从全球的角度来说，若要将升温幅度控制在2℃以内，每年需要1万亿美元（7万亿元人民币）的投资来保证关键技术的研发与商业化，这相当于全球40%的基础设施投入或者全球GDP的1.4%。据汇丰银行估算，低碳能源市场（包括能源生产、能效和能源管理）在2009年达到了7400亿美元（5.2万亿元人民币），2020年以后最高将有可能达到2.2万亿美元（15.4万亿元人民币），投资量将从2010年的4600亿美元/年（3.2万亿元人民币/年）增加到2020年的1.5万亿美元/年（10.5万亿元人民币/年），这意味着 2010—2020 年的总投资需求估计达到 10 万亿美元（70 万亿元人民币）。

2.3.2　中国能源结构及清洁能源的利用情况

（1）中国能源结构。中国到 2035 年将超过欧洲，成为世界上最大的能源进口国，进口依存度从 15% 升至 23%。中国能源产量增加 47%，消费量增加 60%[31]。在中国能源结构中，煤炭主导地位从当前的 68% 下降至 2035 年的 51%。天然气比重翻倍至 12%；石油比重保持不变，约为 18%。中国化石燃料产量继续增长，天然气增加 200%，煤炭增加 19%，增量超过石油的减量（-3%）。所有化石燃料需求都有增长：石油增加 67%，天然气增加 270%，煤炭增加 21%。可再生能源电力增加 580%，核电增加 910%，水电增加 50%。

图 2-2 显示，2015 年中国一次能源消费总量构成中，煤炭占比 64%，原油占比 18.1%，天然气占比 5.9%，在其他能源中，风电占比 1.3%，水电占比 7.7%。可再生能源总体占比为 13.5%。

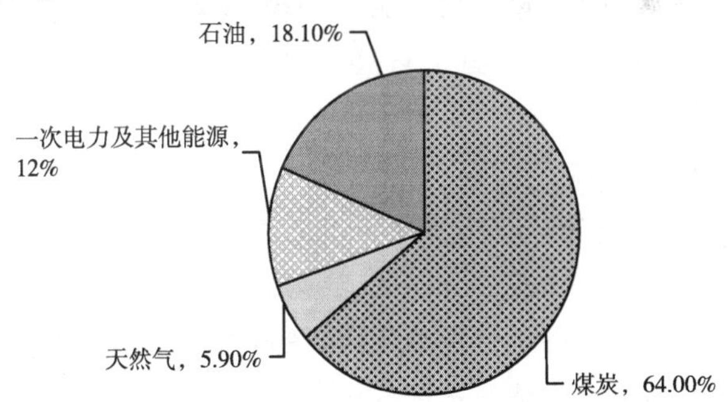

图 2-2　2015 年中国一次能源消费总量构成

资料来源：国家统计局。

（2）“十三五”规划中清洁能源利用情况展望。中国能源研究会于 2016 年 3 月 1 日发布《中国能源展望 2030》报告预计：未来 15 年，中国能源需求平均增速 1.4%；2020 年、2030 年能源消费总量将分别达到 48 亿吨标准煤和 53 亿吨标准煤。2030 年，人均能源消费量达到 3.9 吨标准煤。在能源供给方面，一次能源生产总量增速随着能源需求增速的放缓而走低；一次能源生产结构向非化石能源快速倾斜，煤炭占比大幅下降。2020 年、2030 年原煤产量占比分别降至 68.8% 和 58.7%，非化石能源占比分别扩大到 17.7% 和 26.9%。

2030 年新能源及可再生能源装机规模将达到约 14.4 亿千瓦，占总装机规模比重将达到 60%；新能源及可再生能源占能源消费总量比重达到 22%；2020 年到 2030 年，90% 的能源消费增长量由新能源及可再生能源贡献。以下是有关新能源未来发展情况的展望：

A. 水电方面：预计到 2030 年总规模达到 4.5 亿千瓦时，发电量约为 1.45 万亿千瓦时。水电开发由于受到环境保护的约束，存在不确定因素。

B. 核电方面：预计到 2030 年中国核电装机达到 1.36 亿千瓦，发电量达到约 10000 亿千瓦时，2020—2030 年增长 1.6 倍，核电占比达到 11.8%。由于三代技术经济性有待考验，对内陆核电安全性认识的差异导致内陆核电难以获准开工，中国核电的开发利用仍有不确定因素。

C. 风电方面：2030 年风电累计规模将达到 4.5 亿千瓦，占比达 18.8%，上网电量约 9000 亿千瓦时，占总发电量的 10.6%。中国风电产业并未彻底解决平均利润低、风险高的问题。分散式风电发展也面临诸多障碍和挑战：并网落实困难，消纳受限；前期手续烦琐，资源评估数据不足；缺乏统一的接入技术规范。

D. 光伏发电：到 2030 年，太阳能光伏发电装机规模达到

3.5 亿千瓦左右，占总装机规模的 14.6%，发电量达到 4200 亿千瓦时，占总发电量的比重达到约 5%。

2.3.3　中国清洁能源投资状况分析

（1）总体状况。2014 年，可再生能源新增装机总容量首次超过了煤炭和天然气新增容量的总和，占全球电力新增装机容量的 58.5%[32]。中国在可再生能源电力新增装机容量方面领先全球，预计到 2035 年，可再生能源发电将提供全球 31% 的电力。我国可再生能源累计装机总容量领先全球，达 433GW，超过第二名美国的 185GW，占全球可再生能源累计装机总量的 25.3%。我国可再生能源发电总量也排名世界第一，到 2020 年，可再生能源装机量有望占全国能源结构的 35%。2014 年，中国可再生能源领域投资额为 895 亿美元，同比增长 32%，占全球可再生能源总投资额的 29%[33]。其中，在光伏发电和风力发电领域，中国是全球最大的投资者。

（2）光伏发电投资情况。表 2 - 11 显示了 2007—2017 年我国光伏新增投资额的情况。2007—2017 年，我国光伏新增装机容量的投资额增长率平均在 161.10%；年平均新增投资额为 1204.27 亿美元；从 2007 年的 2 亿元投资，发展到 2017 年新增投资 5306 亿元。

表 2 - 11　中国光伏新增装机容量及投资额趋势分析 单位：亿元人民币

年份	2007	2008	2009	2010	2011	2012	2013	2014	2015	2016	2017	平均
新增投资额	2	5	23	52	220	320	1292	1060	1513	3454	5306	1204.27
同比增长率(%)	—	125	411.1	126.1	393.1	45.5	303.6	-18.0	42.7	128.3	53.6	161.1

资料来源：《能源技术路线图——中国风电发展路线图 2050》，国家发展和改革委员会能源研究所。

（3）风电投资情况。表 2－12 显示了 2007—2017 年我国风电新增投资额及投资增长率的情况。2007—2017 年，风电新增投资额增长率平均为 24.2%，年平均风电新增投资额为 1528.73 亿元。2008—2010 年是投资额快速增长的时期；2012 年以后，投资额有所下降，并且投资增速时有波动；2015 年投资增长率达到 66.4%，2016—2017 年，投资增长率持续下降；整体投资额从 2007 年的 330 亿元，发展到 2017 年的 1503 亿元，增长幅度低于光伏，但相对投资额较为稳健。

表 2－12　中国风电新增投资额及投资增长率分析 单位：亿元人民币

年份	2007	2008	2009	2010	2011	2012	2013	2014	2015	2016	2017	平均
新增投资额	330	625	1202	1399	1600	1500	1449	1981	3297	1930	1503	1528.73
同比增长率(%)	—	89	92.4	16.4	14.4	-6.3	-3.4	36.7	66.4	-41.5	-22.1	24.2

资料来源：《能源技术路线图——中国风电发展路线图 2050》，国家发展和改革委员会能源研究所。

2.3.4　中国清洁能源融资需求的总体状况

根据中国人民大学（UNDP）（2009）统计显示，假设 2020 年和 2050 年碳强度降低 51% 和 85%，2010—2050 年需要 66.5 万亿人民币的投资增量；能源基金会（2008）预测：2005—2020 年中国能源环保投资需求将达 18 万亿美元，其中可再生能源投资为 2 万亿美元，节能环保投资为 5 万亿—6 万亿美元。预计 2030 年累计风电投资 123000 亿元，平均每年投资在 6000 亿人民币左右[34]。中国要实现碳排放目标，在清洁能源领域还需要大量的资金投入。

2.3.5　中国清洁能源融资渠道

2015 年 3 月 27 日，能源局下发《关于深化能源行业投融资体制改革的实施意见》，提出将通过充分激发社会资本参与能源投资的动力和活力，发挥能源行业政府投资的引导和带动作用，畅通能源投资项目融资渠道。与此同时，国家发展改革委与能源局印发《能源生产和消费革命战略（2016—2030）》，明确要求推动非化石能源实现跨越式发展，全面建设“互联网 +”智慧能源，鼓励风电、太阳能发电等可再生能源的智能化生产。根据国家政策导向，中国清洁能源投融资渠道大大拓宽，具体清洁能源融资渠道分别有财政投入、信贷投入、企业债券、票据融资、创业投资等。

（1）财政投入。表 2－13 列示了中央财政在节能减排和可再生能源领域的资金投入。据统计，2007—2016 年，中央财政资金在节能和可再生领域的资金投入从 2007 年的 235 亿元，持续增加到 2016 年的 5617 亿元，平均增长率达到 53.63%。据财政部经济建设司公告可知，上述资金中仅 2012 年，中央财政安排 979 亿元节能减排和可再生能源专项资金，比 2011 年增加 251 亿元，加上可再生能源电价附加、战略性新兴产业、循环经济、服务业发展资金和中央基建投资中安排的相关资金，合计达到 1700 亿元。

表 2－13　中央财政在节能减排和可再生能源领域的资金投入

单位：亿元人民币

年份	2007	2008	2009	2010	2011	2012	2013	2014	2015	2016
中央财政资金	235	423	644	958	1067	3658	3815	4814	4736	5617
增长率(%)	—	80.00	52.25	48.76	11.38	242.83	4.29	26.19	-1.62	18.60

资料来源：财政部网站。

(2) 信贷投入。根据《中国的清洁能源革命 IV：财金战略》报告，2004—2010 年，银行业金融机构节能环保项目的贷款余额每年都有较大幅度增长，2007 年投资额为 3.4 万亿元，到 2010 年投资额为 10.1 万亿元，几乎是 2004 年的一倍多。在信贷资金安排中，用于节能环保的资金比例占 37%，清洁能源开发利用占 37%，生态与历史文化保护占 18%，资源综合利用占 8%。信贷对清洁能源投资的支持，更多是出于政策需求和社会责任，缺乏出于营利性目的的信贷投放。和国外的信贷融资相比，融资渠道和融资工具相对比较匮乏。在国际上，商业银行业务主要适用于碳市场交易的各个环节，包括：向项目公司提供贷款，提供咨询服务；在二级碳交易市场中作为市商，为碳交易提供必要的流动性；开发各种创新型金融产品，为碳排放最终使用者提供风险管理工具等。

(3) 企业债券/票据融资。债券融资是循环经济和清洁能源发展的重要融资渠道。债券融资包括公司债券、企业债券、短期债券和中期票据。截至 2010 年年底，中国银行间市场交易商协会通过注册发行短期融资券、中期票据和中小企业集合票据等债务融资工具，为 179 家战略性新兴产业发行企业注入资金超过 1 万亿元，其中，新能源产业企业的募资金额达到 6400 亿元。

(4) 创业投资和私募股权投资。随着政府放宽法律、法规的限制，拓宽风险投资的资金来源，创业投资和私募股权投资成为清洁能源融资的重要渠道。为推动创业投资企业支持中小高新技术企业的发展，政府于 2017 年进一步增强对创投企业的税收优惠政策，投资于符合条件的中小高新技术企业可享受投资抵免；同时，也提出要鼓励风险投资和私募股权基金等设立创业投资企业，逐步建立以政府资金为引导、民间资本为主体的创业资本筹集机制和市场化的创业资本运作机制，完善创业投资退出机制，促进风险投资健康发展。2010 年年底，首只国家级的低碳产业投资基金——国家低碳产业基金成立；此外，一些地方政府通过设立政府创业投资引导基金，引导更多的民间资本投向低碳产业和战略性新兴产业。近年来，中国的清洁技术市场逐渐得到 VC/PE 投资机构的青睐，出现了大量以清洁技术和低碳产业为主要投资领域的 VC/PE 机构。

2.4　本章小结

本章对全球和中国清洁能源投融资近十年的发展轨迹进行了梳理，并重点结合光伏领域和风电领域，说明清洁能源投资融资的变化趋势。从本章的分析中我们可以看到，在投资方面，清洁能源投资由于受到经济危机和国际政治的影响，其发展并不是一帆风顺的；尽管如此，受“十三五”规划中清洁能源利用方针政策的引导，我国清洁能源投资仍旧表现出强劲的增长势头和可持续的发展后劲。在融资方面，多元化的和多渠道的融资体系建构是推动清洁能源发展的重要力量；与此同时，风险资本在推动清洁能源投资方面发挥着不可或缺的作用。

第3章 风险资本进入清洁能源领域的动因研究

3.1 风险资本的基本属性与特征

3.1.1 风险资本的内涵

根据美国风险资本协会的定义，风险资本是指由职业金融家对新兴的、迅速发展的、蕴藏着巨大竞争潜力的企业所进行的权益性投资。风险资本往往和高新技术企业有着密切联系。Gilson BLack（1999）和Gifford Sharon（1997）认为，风险资本是由专业的风险资本组织（基金）投向高成长、高风险、高技术企业的一种权益性投资。世界经合组织科技政策委员会于1996年发表了一份题为《风险资本与创新》的研究报告，该报告对风险资本投资所下的定义是：风险资本投资是一种向极具发展潜力的创业企业或中小企业提供股权资本的投资行为，其基本特征是：投资周期长，一般为 3—7 年；除资金投入之外，投资者还向投资对象提供企业管理等方面的咨询和帮助；投资者通过投资结束的股权转让活动获取投资回报[35]。

英国创业投资协会认为，风险资本是积极活跃的管理资金，用于对未上市公司进行长期股权投资。美国风险资本专家 Kortum 和 Lerner（1998）认为，风险资本是一种投资于新兴的私人公司的权益投资，投资者直接参与公司的经营管理。

欧洲风险资本协会（European Venture Capital Association，EVCA）将风险资本投资定义为一种由专门的投资公司向具有巨大发展潜力的成长型、扩张型或重组型的未上市企业提供资金支持，并辅之以管理参与的投资行为[36]。Gompers 和 Lerner（1999）在详细考察了风险资本的循环过程之后，将风险资本定义为由独立的机构运作，并将资金主要投向具有高增长潜力的私人企业的权益资本。Kortum 和 Lerner（1998）认为，风险资本是一种投资于新兴的私人企业的权益资本，风险资本家既是资金提供者，又通过担任企业顾问或者经理等职务来参与企业管理。

3.1.2 风险资本的基本特征

风险资本的基本特征主要包括以下几个方面：

（1）风险资本属于权益资本。风险资本属于股权投资范畴，但又不同于普通的股票投资。风险资本是以股权为杠杆，实施对创新投资企业的控制、管理和收益安排。在风险投资契约中，风险资本家权益安排并不呈现完全的“权益属性”，其中也混合着债权和期权的特点。

（2）风险资本投资具有高风险。不确定和高风险是风险资本的内在属性。风险资本往往在前沿技术发展的萌芽期介入，面临着巨大的市场和盈利模式不确定的风险，但也可能因此获得巨大的收益。风险和高收益也是风险资本行业得以发展的重要推动力。

（3）风险资本是一种特殊的融资工具。风险资本本质上也是一种融资工具。在完全的金融市场中，投资项目决策和融资决策可以充分分离，不存在无法获得充足资本的情况。然而，现实中的金融市场是不完全和不完美的，企业家和投资者之间信息不对称，逆向选择和道德风险等问题无法避免。对于一些依赖创新理念和创新技术的企业和企业家来说，很难通过传统融资方式获得资金。风险资本成为高风险创业型企业的重要融资工具。一方面，风险资本家能够收集关键的私人信息，从而降低或减少信息不对称；另一方面，通过契约设计和阶段性投资，降低了可能面临的道德风险和激励机制。风险投资除了给企业提供资金来源，也提供信用担保和相关法律咨询[37]。风险资本作为重要的融资工具，发挥了积极的“吸盘效应”，在企业获得风险投资支持后，会大大提高其他资金的支持和参与度。

（4）风险资本是一种长期和多重合约机制。风险资本对企业进行投资，并不是简单的、单向的金融资本参与过程，而是通过多重、长期合约机制将风险资本家和企业家资源有效结合起来，使得风险资本家能够在员工雇用、技术研发、内部组织架构设计、管理建议和战略规划等方面发挥积极作用。Casamatta Catherine（2005）认为，尽管企业家才能、技术和风险资本家的资本和商业经验有利于创投企业的成长，但两者为企业成功所付出的努力程度是不可观测的。因此，企业家和风险资本家面临着双重的道德风险。Casamatta（2005）[38]认为，通过风险资本家和创业企业之间有效的契约安排，可以建立最优的激励机制，满足代理双方的预期收益。当风险投资家提供的资本数额比较低时，风险投资家可能只能得到普通股的权益，企业控制权为创业者所享有；当风险投资家提供的资本数额比较大且创业企业绩效不确定性较大时，控制权会转移给风险资本投资者，而创业者得到可转换证券和优先股收益。

Schmid 和 Klaus（2003）[39]观察到可转换证券在风险投资中较为盛行。可转换证券可以被看成一种相机的控制权和现金流分配的合约安排，该合约根据创业者努力的状态函数内生性分配现金流，使得风险资本家和创业者之间能够有效地进行项目投资。通过可转换证券制度的设计，可以提供有力的激励机制，解决双向道德风险问题。

（5）多轮投资和专业管控。在风险投资企业中，阶段性投资也是风险投资家实施控制的重要手段。阶段性融资使得风险资本家能够保持对项目选择继续投入还是退出的相机选择权，从而迫使创业者能够最大化企业价值。Cornelli F 和 Yosha O（2003）[40]改进了 Aghion（1994）提出的模型，发现债权—股权转换能够防止创业者作假，并且，债权—股权转换和再谈判类似，是契约设计中的重要一环。但阶段性融资也会导致创业者追求短期盈利而忽视下一阶段的目标，或者增加“业绩粉饰”的概率。

3.1.3　风险资本基本功能

（1）融资功能。风险资本本质上是一种融资机制，能弥补传统金融市场难以介入而产生的市场失灵，为具有发展潜力的高风险创新性项目提供资金，在资本与创新之间搭起桥梁，克服企业创新阶段面临的资金障碍，推进社会整体技术、组织、模式与文化的创新[41]。龙勇、常青华（2008）[42]认为，突变创新和企业家创业能力对于企业获得风险资本融资有着重要的作用和影响。突变创新改变了投入、产出或流程中的根本路径，从而推进产业结构的调整，引起社会系统集成更大的变化，带来市场结构和社会结构颠覆性的变化。尽管相对于渐进性创新，突破性创新有着巨大的投资风险，然而，风险资本作为追求高风险、高成长性的资本，必然更看重突破性创新带来的变化，从而被突破性创新所吸引。

（2）价值发现功能。由于技术创新存在巨大的不确定性、不可参照性、动态性等特征，使得有关技术价格发现、价值确定变得十分复杂。风险资本的介入，为技术定价提供了良好的价格发现功能。风险资本家和企业创新家之间就技术创新进行双向竞价，以风险资本融资为平台和通道，建立了投资者和技术创新之间的内在联系。通过风险资本对项目的筛选、价值评估等办法，推动产品、技术价值挖掘。

（3）信息传递功能。风险资本的介入，为创新者和潜在投资者之间搭起了信息桥梁和平台。通过风险资本的项目甄别、评价，同时，也将该项目信息有效地在潜在投资者中扩散，风险资本的信息传递机制提升了技术创新的认可度，加强了创新者和潜在投资者之间的信息沟通和交流，为技术创新在社会系统中的顺利进行提供了信息基础[43]。

（4）风险管理和控制功能。技术创新也是一个项目不断筛选、淘汰的过程。通过风险资本家的介入，能够有效地降低项目筛选、控制和投资风险。通过复杂的契约设计，包括合适的投资价格、退出策略和控制机制、投票权、董事会席位、流动性等，对投资过程实施控制。风险资本将投资过程中不同阶段的风险集中在不同优势的经济主体，保证不同经济主体自身优势的发挥，从而降低风险投资过程中的风险和不确定性[44]。

（5）增值服务。风险资本家对创业企业的增值活动体现在进入公司董事会，参与风险企业制定战略，在融资中充当积极角色，促进并购活动的完成。风险资本家对企业价值的影响贯穿于创业企业的各个阶段，风险资本家在创业企业董事会的席位随着创业企业生命周期的延长而有所增加。

Rosenetion（1993）研究发现，风险资本家在创业企业种子阶段董事的席位数量平均为3.7个，而在后期阶段平均为6个。

3.1.4 风险资本的分类

（1）按照风险资本投资的生命周期分类。根据风险资本投资的生命周期和投资目标不同，风险资本分为初创期的天使资本、导入阶段的风险资本、成熟阶段的私募（PE）和股权基金资本等几种情况。所谓天使投资，是以较富裕的个人投资为主，对原创性的项目或小型初创企业进行的一次性前期权益投资。相对来说，私募股权投资基金主要是投资于较为成熟的创业企业，其目标是推动创业企业实现上市，打开资本市场的资金募集通道。

（2）按照风险投资方向分类。风险投资基金也有其专业投资领域风险，如有的风险投资基金专注于清洁能源投资，有的专注于高新技术领域投资等，由此分为清洁能源投资基金、高新技术投资基金等。

（3）按照风险资本主要出资人背景分类。根据风险资本出资人的背景，可以将风险资本分为私人风险资本、公司风险资本、公共风险资本和混合风险资本。私人风险资本是指由私人资本出资形成的风险投资；公司风险资本是指由公司出资形成的风险投资；公共风险资本则是由财政资金出资形成的风险投资；混合风险资本的出资方包括以上多种不同所有制性质的出资人。

3.1.5 风险资本的投资周期和投资历程

图 3－1 显示了风险资本的投资历程和投资周期大致经过以下几个阶段：

（1）融资萌芽期：产品概念和原型设计阶段。在这个阶段，仅仅有少量的天使资本、种子基金的参与。创业者更多依赖自有资金、亲戚朋友资金等来进行产品原型阶段的设计。

（2）开始融资期：产品概念和原型设计得到越来越多人的支持，但市场前景和盈利模式尚不清晰，大量私人资本不愿意贸然进入投资领域；对于具有创新性和突破性的技术和项目，往往需要公共风险资本的介入和支持。从产品原型阶段到市场前景明朗、盈利模式之间是创业企业的“死亡之谷”，穿过“死亡之谷”的创业企业才可能求得生存和发展。

（3）若干次融资轮次：在产品市场不断扩大、市场份额增加的前提下，不断有新轮次的风险资本进入创业企业投资，在这一阶段中，创业企业还需要冲过“规模关”“市场关”和“盈利关”，只有冲过这些关口，创业企业才可能打败竞争对手，拥有一定的市场份额。在市场、规模和现金流发展相对明朗的情况下，传统融资如银行信贷、信用担保等资金形式会进入企业。

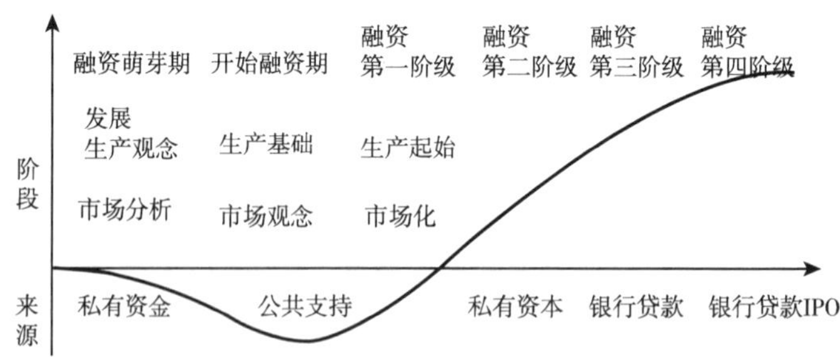

图 3－1 风险资本的投资历程和投资周期

（4）风险资本退出期：在创业企业发展进入一定阶段后，风险资本是以 IPO 形式退出，还是以股权转让形式退出，取决于创业企业发展的业绩和市场状况。无论是任何一种形式，风险资本的退出都是不可避免的。

3.1.6　风险资本投资的影响作用

（1）对创新产业的支持功能。Gompers 和 Lerner（1999）研究显示，风险资本推动了研究与开发及中小企业的发展，推动整个经济增长。Kortum 和 Lerner（1998）研究显示，风险投资在 20 世纪 90 年代对美国创业产业的贡献率达到了 15%。美国学者 Urs 和 Martin（2000）利用案例分析指出，风险资本对区域网络产业（local area networking industry，LAN）具有重要的贡献。风险资本在许多国家是政策制定者支持经济增长和就业的重要依赖（Mason and Harrison，2000）。

（2）资金放大器。风险投资企业通过对高净值人群、具有高风险承担人群募集资金，以专业投资方式，借助风险投资企业专业人员的经验和技巧，参与风险创业企业的经营过程，获得数倍于初始资本数额的高额回报，发挥了“资金放大器”的作用。

（3）风险调节器。风险投资公司通过阶段性投资策略和组合投资策略等调节手段，能够有效降低创业投资的初期风险；由于风险投资来源渠道的多样化，使得创业投资的风险也大大分散；风险资本投资带来的专业化经验和管理技巧，也可以降低与分散经营的管理风险。

（4）企业孵化器。创新产品转化为成熟产品，需要面临巨大的技术风险、市场风险和经营风险。高新技术的高风险特征使得创业企业难以从正常的金融渠道中筹集到产业化发展资金。风险资本的参与和扶持，有效降低了创新阶段的资金压力，缩短技术研发和创新周期，推动了高新技术企业的创业和成长，发挥了“企业孵化器”的功能。

（5）监督和控制。风险资本家通过自身专业技术、社会网络和声誉为创业企业和投资者搭建了“桥梁”，并通过专业化过程管理和契约安排解决风险投资过程中的信息不对称问题。风险资本在投资过程中，不仅仅提供资金，还推动企业建立和制定市场战略、提供创业企业的管理技能等[45]。风险资本家在投资的每一个过程中都要对创业企业收益和风险进行评估，通过对创业者的拜访、提供咨询或管理技能等对投资活动进行监控；为实现以上阶段目标，风险资本家需要寻求在被投资公司的董事会谋求一定的职位，或者通过非正式的市场或信贷网络影响被投资公司。

3.2 清洁能源的含义与清洁能源领域投资的特征

3.2.1 清洁能源的含义

根据联合国1981年会议的定义，新能源包括核能、太阳能、生物质能、海洋能、地热能、氢能和风能等[46]。准确的清洁能源主要是指对能源清洁、高效、系统化应用的技术体系。首先，根据该含义，清洁能源不是对能源简单分类，而是指能源利用的技术体系；其次，清洁能源不但强调清洁性，也强调经济性；最后，清洁能源的清洁性符合一定的排放标准。

Golden and Colorado（2013）认为，清洁能源包括可再生能源、能源储存、能源效率、智能能源分布、生物质能和整个能源系统的整合等内容[47]。

清洁能源是多行业的集合体。清洁能源不再像传统能源那样仅指某个能源本身，也不单指某个能源行业，由于需要实现整个能源开发利用全过程的清洁化，因此，涉及各类能源的相互融合、各类产业（包括科技研发、装备制造、工程建设、市场开发等）的协调集成，具有广泛开放性和包容性。另外，清洁能源并不完全排斥传统化石能源。清洁能源投资也包括对化石能源的清洁化利用，降低污染排放，如通过催化反应等制成低碳清洁化的化工原料，清洁能源投资同时包括 CO_2 的捕集、封存与利用、洁净油、核能等内容。

3.2.2　清洁能源投资的特征

（1）清洁能源投资涉及复杂产业链的集合。清洁能源是各类技术综合体系的反映，是能源从资源开发、生产运输到消费利用等全产业链过程的整合。图 3－2 描述了风电项目清洁能源产业链所包括的各个阶段：

第一阶段：前期调研评估包括风电资源评估、启动项目的预评估、环境影响的评估、项目规划、审批工作及基础设施建设等方面的内容。

第二阶段：该阶段主要包括设备的制造、安装、调试、上网和运营等方面的内容。

在整个项目运行过程中，还需要相关部门的支持，包括金融部门的融资配套、相关政策的推动、RD 研发技术的转让等，还

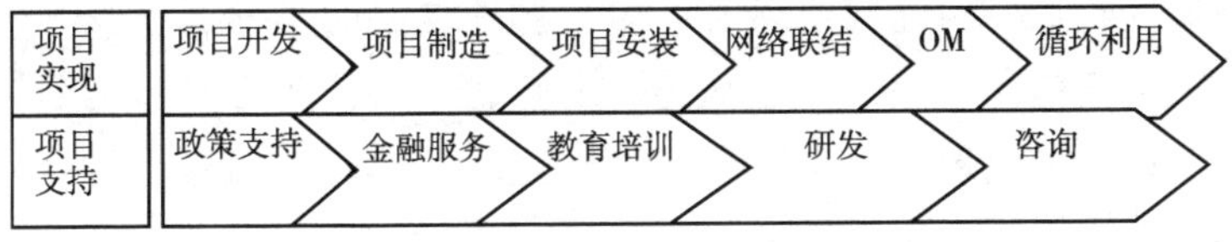

图 3－2　风电和光伏产业链

包括培训、教育、法律咨询等行业的支撑。

在整个产业链推进过程中，出现了技术研发投入高、产业联动性强、产业成熟度差和竞争激烈、同质度高等问题。各种产业链之间是相互联系的，比如，发动机的制造需要钢铁加工基础，风力发电的电子元器件需要元器件公司提供，风机的安装需要风机生产厂商来进行。安装过程涉及重型物资的转运、较大的起重设备等，地区公司可以参与对重要设备的运输和服务。除了安装风机以外，还需要风机基础建设、传输电缆工程等。道路建设、厂房建设、电缆铺设、基础设施的维护等，都需要本地公司来做。

（2）清洁能源投资存在巨大的不确定性。

A. 清洁能源具有间断性、不稳定性和地理依赖性。相比化石燃料等常规能源，清洁能源发电具有环境友好的特征。在整个全产业链中，清洁能源的碳排放较低，然而，清洁能源如风电、光伏和潮汐能等具有周期间断性、不稳定等特征。清洁能源属于一次能源，在储能技术没有完善之前，清洁能源发电面临着难以迁移、受地理位置影响较大的问题。清洁能源发电的间歇性、不稳定性和地理上的不可迁移性决定了清洁能源的成本结构[48]。清洁能源受到地理位置的影响，比如太阳能发电，在美国日照条件很好的情况下，发电产出相比于欧洲陆地要高出很多。这就意味着，同一种技术在某些地方使用没有任何问题，换一个地方就难以实施，这就决定了清洁能源技术相对于化石燃料来说，有着不同的特征。一吨油或煤不会因为地理位置的不同而改变其效率。相同的问题也出现在风能、地热能、潮汐能等清洁能源领域。较高的地理依赖性使得清洁能源投资类似于物业投资或者商业物业投资，与典型的权益投资不同。

B. 特殊的成本结构。估计清洁能源成本是一件困难的事情。

清洁能源平均成本依赖于规模，会经常发生变化，而清洁能源成本的边际成本较低。在电力行业，衡量能源发电成本依赖于电力平准成本（lcoe）。所谓电力平准成本是指保证发电项目在整个生命周期内能够实现盈亏平衡的最低价格。电力平准成本要考虑项目周期的所有成本，包括初始成本、运维成本、燃料成本、资本成本。清洁能源有着较高的固定成本、较低的或近乎没有的变动成本。平均成本主要依赖于产出水平。风能、光伏发电、潮汐能和废旧物质发电需要大量的前期资本支出，但几乎不需要燃料成本和较低的运营成本，其中，运营成本主要包括维持和运营费用支出，加上可能的废旧物质。

相比较而言，化石燃料的燃料成本非常高。燃煤发电企业每日需要烧掉上万吨煤，每吨煤成本大约在 500 元，每天消耗掉近百万元资金；同时，燃烧一吨煤会释放大约 1.5—3.5 吨的二氧化碳[49]。对于一个煤电企业来说，大约每天会释放上千吨的二氧化碳。因此，化石能源发电成本对于碳排放价格十分敏感。化石能源发电相较于清洁能源的成本优势，取决于碳排放的价格。

C. 清洁能源产业链难以形成闭合关系。物理距离的限制产生供应链传输的问题。对于生物燃料公司来说，可以发展一种工艺使得自然原料转化为醇类燃料，以替代化石燃料。然而，创业公司会发现这一工艺难以在其他地区推广，废弃原材料的运输成本使得该项目商业化非常困难。

（3）清洁能源领域的发展周期。清洁能源领域的投资属于资本密集型投资，资本需求额度和清洁能源项目自身的高风险形成了内在的矛盾，这一矛盾导致清洁能源领域中的创业企业的融资过程存在巨大的资金“缺口”，这一资金“缺口”也是横亘在创业企业发展周期的“死亡之谷”。由 Gartner（2000）[50]开发的风险资本投资图显示了技术工业的资本循环——典型性技术是如何伴随着生命周期而不断演变。清洁能源领域的技术生命周期大致包括5个阶段（详见图3-3）。

A. 第一阶段：清洁能源创新概念的出现阶段——技术的萌发期。在这个阶段出现了突破性、颠覆性的技术，一些概念化、创新性的理念开始萌发，如清洁能源领域的早期智能电网的概念，就属于较早的创新性概念。这一阶段，媒体对创新概念的兴趣和报道往往会触发信息公开；然而，成型产品还未出现，难以证明相关概念的合理性。

B. 第二阶段：投资预期不断高涨的阶段。创新性概念引来投资者的兴趣，投资迅速升温，从图3-3中可以看到有关储能方面的投资成为早期风险资本投资的热点领域。

C. 第三阶段：投资“幻影”破灭阶段。早期投资的热情随着产品实验的失败，加之大量投资“有去无回”的失败事实，逐渐消失并使投资者开始动摇，投资数额从顶峰开始下降。然而，如大浪淘沙，总有些产品随着产品周期的迭代，不断更新而日渐成熟。

D. 第四阶段：清洁能源产品的成熟期。从图3-3中可以看出，目前技术较为成熟的是风能和太阳能，具有较高的可行性。风能作为太阳能的一种转换形式，具有经济可行性高、能源存储量大、能源稳定不会枯竭、技术难度低等特点，是较为理想的清洁能源，全球各个国家重视对风能的发展，使得风能和太阳能技术成熟度较高。对海洋水电的开发虽然理论上具有较高的可行性，但是，由于开发时间较短，开发难度较大，技术成熟度还有待提高。对可再生能源的储存是一项复杂的技术，无论是从技术层面还是从投资成本来看，提高可再生能源的储存技术是促进可再生能源发展的关键环节。目前，能源的存储技术虽然具有较高的可行性，但发展的技术还不够成熟，国家应进一步提高对可再生能源存储技术的开发与研究。

E. 第五阶段：稳步回升的时期。在这个阶段，产品的成熟度有了进一步的提高，技术的可行性为实践所接受；主流技术也开始接纳创新型技术。因此，投资稳步回升，伴随着产品成熟度的提高，大量产品开始进入市场销售。图 3－3 中的光伏发电和风能发电基本遵循这一路径。

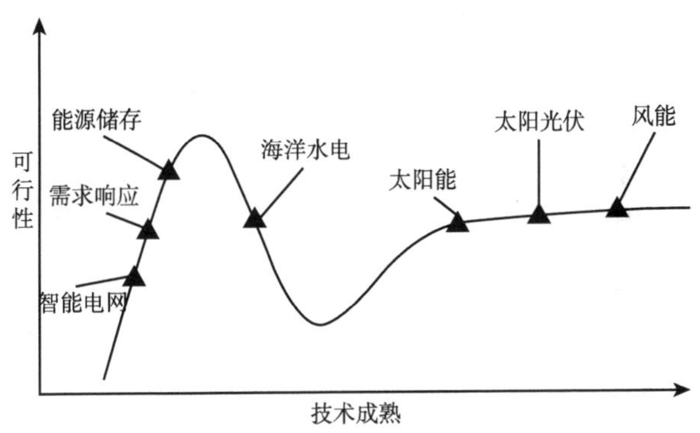

图 3－3　清洁能源的技术发展周期图

3.3　风险资本在全球清洁能源领域投资的现状分析

3.3.1　全球清洁能源领域风险资本投资的总体概况分析

风险资本在全球清洁能源投资中所占比例不高，但相对而言，发展速度较快。风险资本在美国清洁能源领域从 2000 年后期，有了突飞猛进的发展，风险资本在清洁能源领域的投资在 2005 年达到了 16 亿美元的规模[51]，占美国风险投资的比例在

2%左右。2006年、2007年、2008年，这个比例分别上升到6%、9%和15%（US PREF, 2010）。2008年，风险投资总额为280亿美元，其中大约有40亿美元投资于清洁能源中。在美国，清洁能源投资是美国风险资本家投资的第六大投资领域；同期，风险资本在加拿大清洁能源投资额为233百万美元；在整个北美地区，清洁能源风险资本投资额相对于2004年增长了43%，政府或私人的投资大约有70亿美元[52]。2010年后，清洁能源投资比例开始下降。

表3－1反映了从2007年到2017年美国风险资本在清洁能源领域的投资情况。从2007年到2010年，风险资本在清洁能源领域的投资增长迅速，年平均增长率在46%。风险资本在清洁能源领域的投资在2005年启动，在2008年达到了“高峰”，由于2008年的“次贷危机”而有明显下滑。在风险资本对清洁能源的投资中，太阳能、生物质能和风能的投资比例最大。

表3－1　全球风险资本在清洁能源领域的投资情况　单位：百万美元

年份	2007	2008	2009	2010	2011	2012	2013	2014	2015	2016	2017
风险资本	2.1	3.3	1.6	2.7	2.7	2.6	1.1	1.1	1.5	1.0	1.0
增长率(%)	—	57.14	-51.52	68.75	0.00	-3.70	-57.69	0.00	36.36	-33.33	0.00

资料来源：Global Trends in Renewable Energy Investment 2018。

许多大公司也在清洁能源进行了大规模投资，包括美国通用公司、BP公司和美国壳牌等公司预期在风能领域投资增加到20亿美元。

3.3.2　全球清洁能源领域不同阶段风险资本的发展状况

（1）总体状况。风险资本分为VC早期资本、VC晚期资本和 PE 扩张资本。表 3 - 2 列示了风险资本在不同投资阶段的投资情况。风险资本投资大致分为风险投资早期阶段、风险投资的扩张阶段和风险投资的 PE 成熟阶段。从发展趋势来看，风险资本早期阶段在清洁能源投资中所占的比例不断下降，平均基本维持在 18.48%；风险资本扩张阶段在清洁能源领域投资中所占比例平均为 25.5%，从 2004 年到 2011 年，这个比例相对比较稳定，起伏变化不是很大；风险资本 PE 阶段的投资在清洁能源领域投资中所占比例最大，平均为 56.01%。尽管如此，风险资本在 PE 阶段的投资增长率并没有显著提高，2008 年以后，风险资本的投资额增长率接近于零。

表 3 - 2　　风险资本不同阶段发展状况统计表[53]　　单位：百万美元

	2004	2005	2006	2007	2008	2009	2010	2011	平均
VC 早期阶段	0.333	0.333	0.571	1.333	1.667	0.444	0.833	0.625	0.767
所占比例（%）	33.3	16.65	14.28	26.66	16.67	11.1	16.66	12.5	18.48
增长率（%）	—	0.00	0.71	1.33	0.25	-0.73	0.88	-0.25	31.29
VC 晚期阶段	0.333	0.667	0.571	0.667	1.667	0.889	1.667	1.875	1.042
所占比例（%）	33.3	33.35	14.28	13.34	16.67	22.22	33.34	37.5	25.5
增长率（%）	—	1.00	-0.14	0.17	1.50	-0.47	0.88	0.12	0.43
PE 成熟阶段	0.333	1	2.857	3	6.667	2.667	2.5	2.5	2.69
所占比例（%）	33.3	50	71.43	60	66.67	66.67	50	50	56.01
增长率（%）	—	2.00	1.86	0.05	1.22	-0.60	-0.06	0.00	0.64

（2）全球清洁能源领域风险资本投资的融资来源。图 3 - 4 反映了全球清洁能源风险资本投资中，风险资本在创业周期阶段所占的不同比例。从图 3 - 4 可以看到，风险资本种子基金所占

比例最小，仅仅有0.01%，近年的增长率较低，为-69%；风险资本的A轮、B轮、C轮所占风险资本总额的比例分别为0.4%、0.3%、0.7%，PE成熟阶段资本为2.5%，其他PE回购阶段所占总资本比例为3.4%左右。

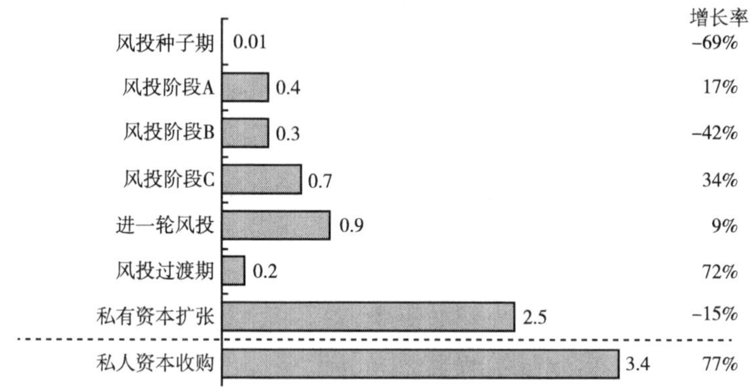

图3-4　可再生能源投资全球发展趋势（2012年）

（3）创业企业不同发展阶段风险资本参与特征分析。从图3-5中，可以看到创业企业经历的主要过程包括技术研发、技术创新、制造和技术产出。在技术研发过程中，需要政府引导基金参与；

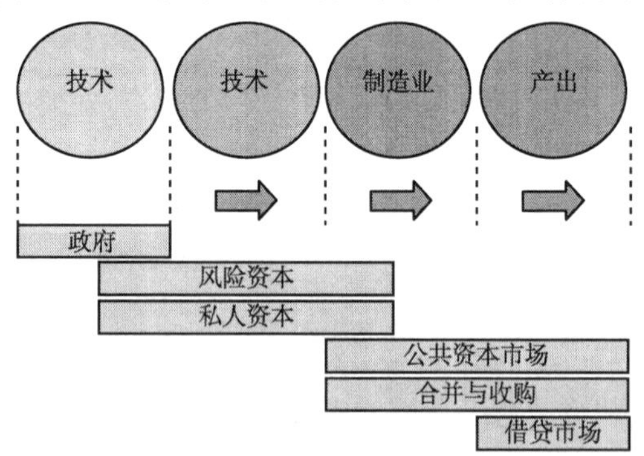

图3-5　全球可再生能源投资资金的来源

在技术创新过程中，需要风险资本和私募股权资本的参与；在制造过程中，依赖公共资金、并购资金和信贷基金等形式。

3.4　风险资本在中国清洁能源领域投资情况的分析

本书利用中国目前规模最大的有关风险投资的专业数据库私募通所提供的数据进行分析。私募通由清科集团创立，清科集团成立于我国风投事业的起步之年——1999 年，在行业深耕 20 年，是中国创业投资和私募股权投资领域领先的综合服务提供商。利用私募通数据，本书对数据库系统中所包含的清洁能源领域的投资进行了如下分析：

3.4.1　投资规模分析

表 3 – 3 列示了 2014—2017 年 Q1 风险资本在中国清洁能源领域的累计投资总额。从表 3 – 3 中可以看到，风险资本在清洁能源领域的投资总额累计为 342.56 亿元人民币，近 60 亿美元，投资额的平均年增长率为 90%；累计风险资本投资清洁能源企业的案例数为 992 件，投资案例平均投资额为 85.64 亿元人民币。2016 年，新兴行业如互联网金融、移动互联网等创新型经营模式的涌现，风险资本在清洁能源投资中出现了大幅度下滑；到 2017 年第一季度，这一下滑趋势得以抑制，并出现明显反弹。

3.4.2　投资阶段分析

表 3 – 4 列示了 2014—2017 年 Q1 风险资本在清洁能源领域

表 3－3　2014—2017 年 Q1 中国风险资本在清洁能源领域的投资情况统计表　单位：百万元

	2014 年	2015 年	2016 年	2017 年 Q1	合计	年平均数
投资金额	6660.15	18427.48	2411.72	6757.01	34256.36	8564.09
增长率（%）	—	1.767	－0.869	1.802	—	0.9
投资案例数（件数）	199	434	267	92	992	142
平均投资额	33.47	42.46	9.03	73.45	39.06	143.00

资料来源：清科私募通。

投资的各个阶段情况。投入种子期的资金为 9.38 亿元；投入初创期的资金为 20.22 亿元；投入扩张期的资金为 117.65 亿元；投入成熟期的资金为 173.26 亿元。从风险资本投入阶段来看，投入成熟期的风险资本金远远大于投入种子期和初创期的资金，说明在我国现阶段，风险资本有明显的规避风险趋势。在种子期，投资案例数仅仅有 32 件，而成熟期和扩张期投资案例数为 404 和 436 件；尽管如此，也能看到，种子期每一个案例平均投资额为 2931 万元，略高于初创期、扩张期的平均投资额。成熟期每一个案例投资额为 4289 万元，是种子期、初创期和扩张期的两倍。2014—2017 年 Q1，投资金额平均数为 80.12 亿元，投资案例数平均为 242 件，年均投资额为 0.3 亿元。

表 3－4　2014—2017 年 Q1 中国风险资本在清洁能源领域的投资阶段统计表　单位：百万元

	种子期	初创期	扩张期	成熟期	合计	平均数
投资金额	937.78	2021.61	11765.11	17325.93	32050.43	8012.61
投资案例数（件）	32	95	436	404	967	242
平均投资额	29.31	21.28	26.98	42.89	120.46	30.11

资料来源：清科私募。

3.4.3　投资轮次分析

表 3 – 5 列示了 2014—2017 年 Q1 风险资本在清洁能源领域各个投资轮次的情况。表 3 – 5 显示：2014—2017 年 Q1，风险资本在清洁能源领域的投资轮次分别有天使轮、A 轮、B 轮和中间的若干轮次，最后是 IPO 前的定增投资。从表 3 – 5 中可以看到，风险资本的投资轮次主要在 A 轮，投资额为 120.51 亿元人民币，上市前定增投资额为 94.42 亿元；相对来说，天使轮的投资额最小，仅仅为 4.66 亿元人民币。

从投资案例数来看：A 轮的投资案例数也较多，为 356 件；其次是 B 轮投资案例数，为 128 件；最少的为天使轮投资，投资数量仅仅为 36 件。

从每个案例平均投资额来看，IPO 前定增投资平均投资额最大，为 9635 万元，天使轮平均投资额最小，仅仅为 1294 万元。

表 3 – 5　2014—2017 年 Q1 中国风险资本在清洁能源领域的投资轮次统计表　单位：百万元

	天使轮	A 轮	B 轮	C—D 轮	IPO
投资金额	465.90	12051.1	2133.57	3958.12	9441.87
投资案例数（件）	36	356	128	83	98
平均投资额	12.94	33.85	16.67	47.69	96.35

资料来源：清科私募通。

3.4.4　投资行业分析

表 3 – 6 列示了 2014—2017 年 Q1 风险资本在清洁能源领域投资行业的情况。表 3 – 6 显示：2014—2017 年 Q1，风险资本在清洁能源领域的投资行业分别有新能源、环保、新材料和清洁能

源技术。在这几个投资行业中，环保业的投资额最大，为193.47亿元人民币，新材料投资为15.98亿元人民币，新能源投资为127.41亿元人民币，清洁能源技术投资额最小，仅仅为5.71亿元人民币。从投资案例数来看，环保行业投资案例数最多，为601件，其次是新能源投资，案例数为244件。从每一个案例平均投资额来看，新能源投资额最大，为5222万元人民币，清洁能源技术为1392万元人民币。

表3-6　2014—2017年Q1中国风险资本在清洁能源领域的投资行业统计表

单位：百万元

	新能源	环保	新材料	清洁能源技术
投资金额	12740.93	19346.58	1598.48	570.57
投资案例数（件）	244	601	110	41
平均投资额	52.22	32.19	14.53	13.92

资料来源：清科私募通。

3.4.5 风险资本在清洁能源不同领域的投资额

图3-6显示了风险资本在清洁能源不同领域的投资情况。从图3-6中可以看到：2011年，风险资本在清洁能源领域的投资达到最高峰，为134.52亿元；随后逐渐下滑，到2013年，风险资本在清洁领域的投资额为51.22亿元，相对高峰期减少一半；虽然在2014年风险资本投资有所恢复，但在2015年再度出现下滑，由此说明风险资本在清洁能源领域的投资不是一帆风顺，起伏变化较大。图3-6同时也揭示了风险资本在清洁能源各个细分领域的投资情况，其中，2011—2012年太阳能（光伏）领域投资最为火爆，2013后由于外部环境政策的急剧变化，光伏领域投资骤减；风能领域的投资较为稳

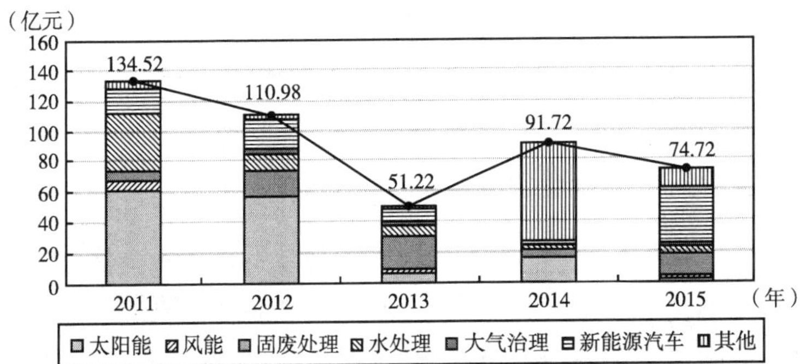

图 3－6　中国 VCPE 清洁能源资金分布图（2011—2015 年）

数据来源：CVSource。

健，在 2015 年有较大幅度的提高。

从图 3－6 中可知，清洁能源领域的各个细分部分的投资份额从 2011 年到 2015 年，变化十分显著，说明风险资本在清洁能源领域缺乏长期可持续的投资战略，投资标的往往迎合了社会的热点，或追逐短期的盈利。比如，图 3－6 中显示 2014 年大气治理领域投资份额占比非常高，而在 2015 年该领域投资急剧下滑；同样的情况也出现在新能源汽车的投资上，2015 年新能源汽车的投资也急剧上升。

3.5　风险资本进入清洁能源领域的驱动因素分析及假设提出

Sagar 和 Holdren[54]（2002）认为，要在能源领域有根本性变化，取决于多方面的因素。其中，能源市场的管制解除，各种要素的重新组合，能源领域实现私有化，推动投资市场的不断增长，清洁能源领域需求的快速增长，以及全球清洁能源市场并购浪潮的来临等各因素的共同影响下，能够实现能源领域的快速变化。具体可从宏观、微观两方面因素进行考量和分析。

3.5.1 环境和宏观因素

（1）碳排放强度。气候政策、能源安全和低碳经济（环境保护）等需求是整个社会转向低碳经济的重要推动力。我国幅员辽阔，是碳排放大国，不同省份由于化石燃料禀赋差异，碳排放强度存在显著差异性。据测算，山东、河北、内蒙古、江苏和山西的碳排放量占全国省、市、自治区的36.33%[55]。从原理上说，碳排放强度越大的省份政府会出台强有力的减排政策，在清洁能源补贴和清洁能源投资方面加大力度，从而吸引风险投资的跟进。然而，也应该看到，碳排放强度较大的省份恰恰也是传统化石能源禀赋极高的省份，相对于传统化石能源，清洁能源成本不占优势，使得这些省份对清洁能源使用的有效需求不足，加之清洁能源中风能、太阳能存在随机性、间歇性等特点，使得清洁能源难以在消费者中大面积推广。因此，我们提出：

假设1a：碳排放强度越大的省份，清洁能源领域风险投资的规模越小；

假设1b：能源强度越大的省份，清洁能源领域风险投资的规模越小。

（2）经济发展规模和速度。E Shachmurove（2010）考察了清洁能源领域风险投资与美国宏观经济变量之间的关系，发现清洁能源领域的风险投资与美国风险投资规模、实际GDP、实际利率和CPI之间高度相关，这就意味着清洁能源领域风险投资的规模与美国经济的前景有关，清洁能源领域的投资会受到来自美国宏观经济负面的影响。经济发展速度和规模决定了一个省份的经济实力，反映了该省份冲破传统束缚、愿意进行创新性探索和实践的实力。因此，我们提出：

假设 2a：经济发展规模越大的省份，清洁能源领域风险投资的规模越大；

假设 2b：GDP 发展速度越快的省份，清洁能源领域风险投资的规模越大。

（3）石油价格与煤炭价格走势的影响。化石能源价格的波动显然会影响到能源供给与消费，进而影响到清洁能源投资预期。能源价格波动导致供给与需求围绕价格变动，缺乏弹性；在 2008 年以前，较高的石油价格推动了 2007—2008 年清洁能源领域的大规模投资；2008—2009 年后，石油价格开始下滑，降低了传统化石能源的消费成本，清洁能源领域的投资也蹒跚难行。在美国，公开市场上的清洁能源企业的股票以较低的估值交易。到 2013 年，清洁能源风险投资下降到 2 万亿美元，并一直维持不变。由于缺乏资本，2013 年，仅仅有 24 家清洁能源公司成立，相比 2007 年的 75 家，数量大大下降[56]。因此，我们提出：

假设 3：石油价格和煤炭价格对清洁能源风险投资产生负面影响。

（4）金融市场和资本市场的发育程度。资本市场的发育程度决定了风险资本退出渠道是否畅通；金融市场规模反映了一个地区能够筹集多大规模的资金用于投资和建设。Black 和 Gilson（1998）认为，运转良好的股票市场和 IPO 对于风险资本融资有着重要影响。Leslie A，Jeng（1998）采用 15 个国家 10 年的面板数据，监测除 IPO 以外的其他因素对风险资本产业发展的影响。发现一个国家资本化程度越大，风险资本投资越大。为此，我们提出：

假设 4：资本化程度和金融市场规模越大的省份，清洁能源风险投资的规模越大。

3.5.2 技术因素和技术市场的影响

清洁能源投资不仅仅是对可再生能源的利用和供给，同时也包括大量的技术创新和技术难点攻克。对于利用清洁能源发电的公共设施来说，需要考虑如何在日照不足、风力有限情况下的储能问题；清洁能源发电的间断性和较低的装机容量限制了光伏发电和太阳能发电市场，提高了单位的发电成本。Ghosh 和 Nanda（2010）指出，在生物技术和信息技术中，风险资本家能够将它们投资出售给传统企业，而在清洁能源领域，传统企业大多数是大型化石能源公司，有着较大的市场份额，聚焦于化石能源，因此，不可能对购入一个初创型的清洁能源公司感兴趣。

由此可见，清洁能源领域的风险投资完全不同于其他传统的风险资本投资，特别是生物技术和信息技术领域。在这些领域，资本密集度较低，且总体风险较低。Wüstenhagen 和 Teppo（2006）对 VC 资本家进行了访谈，调查研究显示，风险投资的资本家更看重对清洁能源项目的风险和回报进行总体评估。因此，在清洁能源领域，风险资本投资需要专门的知识和经验，Wüstenhagen et al.（2009）认为，当需要推动能源革命时，政策制定者往往聚焦于大型传统能源企业，这些企业对小型创始企业产生决定性影响。Marcus et al.（2012）研究美国清洁能源领域2002—2009 年风险资本的投资，发现大量的行业经验、成功范例和媒介重视等是推动清洁能源投资的重要因素。可见，清洁能源领域的技术成熟度对风险资本进入清洁能源领域进行投资有重要影响。因此，活跃的技术市场意味着专利技术或专有技术交易频次较大，有利于技术创新和技术推广。为此，我们提出：

假设 5：技术市场规模越大的省份，清洁能源风险投资的规模越大。

3.5.3　政府清洁能源补贴政策

从全球和我国的清洁能源投资政策来看，政府政策引导和推动显然发挥了重要作用。政府政策的有效性在于能够解决地方污染、交通、水短缺、水污染、二氧化碳和固体废物等问题。Mary Jean 和 Burer（2009）对 60 位欧洲和北美洲的风险投资家进行访谈，调研什么样的政策对于风险投资家来说更能够发挥有效的激励效应[57]，研究发现，生产抵税和碳价补贴政策比较受到风险投资企业家的欢迎。在美国，91% 的清洁能源风险资本家认为，对环境进行保护的公共政策是推动清洁能源发展的重要力量；79% 的资本家认为，目前的补贴和激励政策是他们选择进行投资的重要依据[58]。Bürer 等学者（2009）通过欧洲和南美 60 家 PE 或 VC 投资的样本，评估各种政策的有效性，他们发现，投资者对新能源补贴政策有着强烈的偏好。特别是在欧洲，政府需要通过建立有效的公共政策对传统企业进行转型激励，通过一系列商业测试，给予传统企业竞争性压力，支持传统企业退出现有市场，谋求发展。另外，政府也需要刺激公众对绿色能源的需求。通过税收抵免政策（FIT），降低化石能源补贴，减少化石燃料工厂的出口信贷担保，提高能源效率标准，开征碳税以及其他专门设计用于刺激 VC 投资能源效率和可再生能源投资的所得税激励政策等。在政府政策中，对清洁能源投资的财政补贴和激励是这个产业得以发展的重要推手。德国相较于其他国家，日照时间较少，通过上网定价补贴政策，使得德国成为世界上光伏装机容量规模最大的国家，德国在光伏设备制造等方面处于世界前列。

在美国，在清洁能源领域生产税收抵免政策对清洁能源投资有重要影响。

在中国，光伏发电和风力发电都有不同程度的补贴政策。为了支持行业发展，光伏补贴未来 8—10 年不会停止；同时，补贴也有所倾斜。倾斜不仅体现在具体补贴政策上，还体现在补贴的发放上，相对于集中式电站，分布式光伏补贴的发放将较为及时。预计随着光伏电站上网标杆电价的下降以及未来政策对分布式光伏的倾斜，会有更多发电企业转向投资建设分布式光伏电站。为此，我们提出：

假设 6：清洁能源补贴力度越大的省份，清洁能源风险投资规模越大。

3.5.4 政府投、融资政策和融资成本

在清洁能源发展的过程中，融资机制对于推动其发展有着至关重要的影响。据统计，美国在 2006 年可再生能源占 VC 投资的比例仅仅为 2.5%，到 2012 年这个比例上升到 25%，到 2020 年这个比例还会翻一番（Lundin，2013）。根据 Erns 和 Young report（2011）的研究，资本成本对于清洁能源的影响也是十分明显。清洁能源成本几乎都是资本成本，清洁能源单位千瓦的资金成本显然要高于传统化石燃料成本。另外，清洁能源较长的生命周期波动性限制了传统融资方式，清洁能源企业自生能力缺乏限制了其融资可持续性，清洁能源市场需求和价格的波动性影响其融资能力，清洁能源地域性约束使得其难以获得全球金融市场的支持。同时，清洁能源融资受政府政策的影响较大。为此，我们提出：

假设 7：资金成本越低的区域，清洁能源领域风险资本融资规模越大。

3.6　风险资本进入清洁能源领域投资动因的实证研究设计

3.6.1　样本选择与数据来源

私募通提供了各个省市有关风险资本投入清洁能源领域的投资额。本节采用 2013—2016 年的面板数据进行分析，实际地区生产总值以 2000 年为基期的不变价格计算得出。有关能源消费总量、地区生产总值、各个地区人口数据等来自 31 个省市各自的统计年鉴和能源统计年鉴。

3.6.2　变量含义和模型框架

（1）各个省的碳排放量计算。碳排放量的计算采用 2006 年联合国政府间气候变化专门委员会（IPCC）提供的方法，即二氧化碳排放量采用各种能源消费量及对应的碳排放系数计算求得。具体如下：

二氧化碳排放量 = 化石燃料消耗量 × 二氧化碳排放系数

有关二氧化碳的排放系数见表 3 – 7。

表 3 – 7　　中国各种能源的二氧化碳排放系数

单位：万吨 CO_2/万吨

能源	二氧化碳排放系数	能源	二氧化碳排放系数
原煤	2.07	汽油	3.0
焦炭	3.04	煤油	3.08
原油	3.07	柴油	3.16
燃料油	3.24	天然气	21.84

资料来源：葛守中主持的国家统计局重点项目《上海市“碳排”投入产出表的编制及其应用研究》，2013，4。

根据二氧化碳排放系数和化石燃料消耗量来计算各个省的二氧化碳排放量。

(2) 变量含义。

A. 被解释变量(lnVC):本节采用Gompers和Lerner(1998a)的做法,选择风险资本在清洁能源领域的各个省区投资额作为因变量,并对其取自然对数(lnVC)。其中,风险资本包括在清洁能源领域进行风险投资的所有各种类型、各种轮次的风险资本(VC)和私募资本(PE)等。

B. 解释变量。围绕清洁能源投资动因的假设,设计四组解释变量:第一组是有关能源因素影响,包括能源强度(Nengintense)、碳排放强度(TCO)、煤炭价格(Mindex)和石油价格(Oil Price);第二组是有关各个地区经济发展规模和速度的经济指标,分别有经济发展规模(lnGDP)和经济发展速度(ΔGDP);第三组是有关市场化环境因素的指标,分别有市场环境指数(Market)、民营经济发展规模(Private)、金融市场发育程度(Finance)和技术市场交易额(Techmarket);第四组是关于各个地区清洁能源政策CEpolicy的指标。每一组相应指标的解释变量含义,及对清洁能源风险资本投资的影响方向,见表3-8。

(3) 模型框架。参考国内外相关研究文献,基于上述理论分析和研究假设,建立相关模型,反映2013—2016年推动风险资本在各个省份进行清洁能源投资的相关驱动因素,模型为面板模型。具体模型如下:

$$VCamout_{it} = \beta_0 + \beta_1 Nengintense_{it} + \beta_2 TCO_{it} + \beta_3 Mindex_{it} + \beta_4 Oilprice_{it} + \beta_5 InGDP_{it} + \beta_6 Market_{it} + \beta_7 Private_{it} + \beta_8 Finance_{it} + \beta_9 Techmarket_{it} + \beta_{10} CEpolicy_{it} + \varepsilon_{it}$$

被解释变量为风险资本在各个省清洁能源领域投资额和投资案例数量。解释变量包括各个省份的人均GDP、GDP的增长率、

表 3-8　　变量定义、系数预期符号及数据来源

变量	变量	符号	定义
被解释变量	风险资本投资	VCamount	风险资本投资金额量
	风险资本投资案例数	VCcase	风险资本投资案例数量
第一组：有关能源因素的影响	能源强度	Powerintense	指单位实际地区生产总值的能源消费量
	碳排放强度	TCO	单位实际地区生产总值的碳排放量，用碳排放量与各省 GDP 的比值表示
	煤炭价格	Mindex	2013—2016 年煤炭价格
	石油价格	Oil Price	2013—2016 年石油价格
第二组：经济发展速度影响	经济发展规模	InGDP	各个省的 GDP 规模取对数
	经济发展速度	ΔGDP	各个省的 GDP 的增长速率
第三组：市场环境因素影响	政府与市场关系指数	Governmentin-dex	采用王小鲁等《中国分省份市场化指数报告（2016）》中的指标
	民营经济发展规模	Privateindex	各个省的私人企业主营业务收入与 GDP 的比值
	金融市场发育程度	Financeindex	各省份年度融资规模与 GDP 的比值
	技术市场交易额	Techmarket	各个省技术市场交易额占 GDP 的比重
第四组：清洁能源政策选择	清洁能源政策 Ⅰ	CEpolicy Ⅰ	分布式光伏发电补贴额
	清洁能源政策 Ⅱ	CEpolicy Ⅱ	分布式光伏发电补贴高于国家补贴额为 1，否则为 0

化石能源价格、政府在清洁能源领域的公共政策等。

3.6.3　描述性统计分析

（1）2013—2016 年各个省份碳排放强度分析。表 3-9 列示

了2013—2016年各个省份碳排放强度情况。从图3－7中，我们也可以看到各个省份能源强度和碳排放强度情况。其中，河北、新疆、贵州、青海能源强度和碳排放强度较大。

表3－9　2013—2016年各个省份二氧化碳排放强度和能源强度

	2013年		2014年		2015年		2016年	
	能源强度	碳排放强度	能源强度	碳排放强度	能源强度	碳排放强度	能源强度	碳排放强度
北京	0.4015	0.1125	0.3396	0.1017	0.3202	0.0944	0.2978	0.0876
上海	0.5630	0.0997	0.5200	0.0923	0.4703	0.0855	0.4532	0.0802
广东	0.5107	0.0353	0.4559	0.0322	0.4364	0.0297	0.4140	0.0277
浙江	0.5214	0.0580	0.4937	0.0533	0.4686	0.0501	0.4573	0.0470
江苏	0.5337	0.0372	0.4888	0.0337	0.4588	0.0309	0.4312	0.0287
河北	1.1383	0.0757	1.0429	0.0708	0.9966	0.0685	0.9862	0.0676
安徽	0.6600	0.1169	0.6082	0.1047	0.5761	0.0966	0.5604	0.0916
福建	0.5677	0.1021	0.5117	0.0921	0.5034	0.0837	0.4688	0.0776
河南	0.7989	0.0680	0.6806	0.0625	0.6552	0.0576	0.6259	0.0545
湖北	0.7944	0.0904	0.6334	0.0812	0.5961	0.0736	0.5551	0.0682
广西	0.7023	0.1544	0.6298	0.1393	0.6071	0.1285	0.5809	0.1199
四川	0.8619	0.0843	0.7279	0.0763	0.6966	0.0706	0.6618	0.0670
重庆	0.8132	0.1763	0.6297	0.1575	0.6025	0.1412	0.5341	0.1282
山东	0.7778	0.0402	0.6402	0.0364	0.6144	0.0339	0.6023	0.0320
贵州	1.4416	0.2936	1.1499	0.2489	1.0478	0.2173	0.9472	0.1919
湖南	0.7558	0.0908	0.6059	0.0818	0.5665	0.0745	0.5352	0.0697
吉林	0.7909	0.1685	0.6626	0.1543	0.6201	0.1459	0.5790	0.1433
辽宁	0.9469	0.0810	0.7982	0.0740	0.7616	0.0704	0.7558	0.0703
黑龙江	0.9318	0.1470	0.8200	0.1393	0.7949	0.1339	0.8039	0.1336

续表

	2013 年		2014 年		2015 年		2016 年	
	能源强度	碳排放强度	能源强度	碳排放强度	能源强度	碳排放强度	能源强度	碳排放强度
陕西	0.7352	0.1392	0.6547	0.1242	0.6344	0.1139	0.6501	0.1118
新疆	1.5764	0.2681	1.1928	0.2384	1.1274	0.2172	1.1107	0.2161
天津	0.6366	0.1560	0.5458	0.1394	0.5179	0.1281	0.4995	0.1218
云南	1.0121	0.1952	0.8512	0.1701	0.8159	0.1572	0.7605	0.1480
青海	1.8611	1.0626	1.7756	0.9486	1.7332	0.8744	1.7103	0.8337

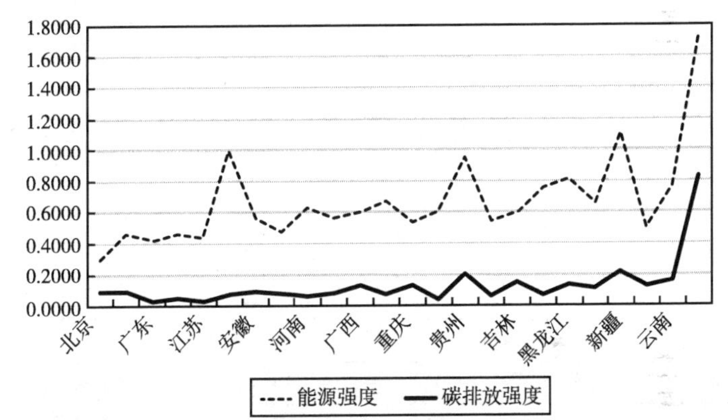

图 3－7　2016 年各个省份能源强度和碳排放强度示意图

（2）各个省份清洁能源领域风险资本的投资情况。表 3－10 列示了 2013—2016 年风险资本在各个省份的投资额和投资案例件数。从表中可见，风险资本在广东省的投资额最高，在 2013 年投资额达到 52.8 亿元，其次，较高的省份有北京、上海、江苏、云南。这些省份 2013—2016 年风险资本投资额均有超过 10 亿元的情况。相对来说，风险资本在东北和西北各个省份的投资较弱，在某些年度，风险资本投资案例数量是零，或者仅仅有 1 起风险资本的投资。

表 3-10　2013—2016 年风险投资额与风险投资案例件数

	2013 年		2014 年		2015 年		2016 年	
	投资额（百万元）	案例数（件）	投资额（百万元）	案例数（件）	投资额（百万元）	案例数（件）	投资额（百万元）	案例数（件）
北京	72.46	12	2292.43	39	2400.3	75	754.8	40
上海	303.5	7	116.35	19	1276.04	40	66.18	27
广东	5283.77	12	1986.24	41	2735.86	34	157.84	35
浙江	17.5	2	246	5	93.64	12	7.09	4
江苏	212	12	226.4	27	2032.44	44	146.72	26
河北	0	0	35.05	4	92.78	10	7.53	4
安徽	323.23	3	0	0	287.49	14	121.73	8
福建	21.46	1	134.32	4	366.04	20	6.01	5
河南	0	0	43.20	3	141.75	10	110.53	7
湖北	59.20	4	40	4	607.34	18	385.23	16
广西	0	0	0	0	16	3	44.99	3
四川	47.5	1	46.8	1	178	8	169.58	5
重庆	0	0	209	3	47.42	3	40.97	4
山东	0	0	59	6	560.22	23	69.58	17
贵州	0	0	57.5	5	67	7	0.34	1
湖南	1.1	2	104.05	11	110.09	12	150.89	10
吉林	0	0	29.26	2	28.8	4	0.45	1
辽宁	0	0	0	0	551.4	0	0	0
黑龙江	113	3	0	0	0	0	0	0
陕西	0	0	0	2	48.48	7	52.94	7
新疆	1	20.50	1	1.75	505.25	3	9.18	5
天津	0	0	16	2	137.76	6	6.11	4
云南	0	0	85	3	1322.09	21	1.54	2
青海	0	0	0	0	10	1	0	0
山西	0	0	0	0	11.5	2	6.65	6

资料来源：清科私募通。

（3）相关变量的描述性统计分析。表 3 - 11 揭示了风险资本在清洁能源领域相关变量的描述性统计分析。由表 3 - 11 可以知道，风险资本平均投资额为 293.54 万元，30 个省份风险资本在清洁能源领域的投资件数平均为 8.8 件。

表 3 - 11　　描述性统计分析

变量符号	样本量	平均值	中位数	标差	最大值	最小值
VCamount（百万元）	96	293.54	49.23	743.52	5283.77	0
VCcase（件）	96	8.8	4	12.88	75	0
Powerintense	96	0.7333	0.6355	0.3159	1.8611	0.2978
TCO	96	0.1406	0.0934	0.1756	1.0626	0.0277
Governmentindex	96	6.2093	6.425	1.6788	9.22	1.48
Nonstateindex	96	7.2049	7.45	1.9967	10.38	2.94
Elementmarket	96	5.6165	5.45	2.2885	12.23	0.59
Lawindex	96	6.070	4.875	4.0618	16.19	0.71
Privateindex	96	0.4440	0.4317	0.2545	1.0561	0.0442
Financeindex	96	0.2643	0.2172	0.1391	0.7762	0.0969
Techmarkte	96	0.0116	0.0044	0.0249	0.1363	0.0002
CEpolicy Ⅰ	96	0.6754	0.5215	0.3898	1.68	0.42
CEpolicy Ⅱ	96	0.5833	1	0.4956	1	0

3.6.4　回归检验分析结果

采用面板数据模型对理论假设进行检验，检验结果如表 3 - 12所示，具体分析如下：

（1）碳排放强度的影响：表 3 - 12 检验结果显示，碳排放强度（TCO）和能源强度（Powerintense）对风险资本在清洁能源领域的投资影响不显著。从影响方向来看，碳排放强度越大的省份，风险资本在清洁能源领域的投资力度越大，能源强度越大的省份，风险资本投资的力度越小。能源强度越大省份，往往是传统能源富集的地区，这些地区对传统能源存在过度依赖，发展清洁能源相对比较困难，自然也不是风险资本愿意投入资金的地区。假设 1 的推断无法证实。

（2）经济因素的影响：表 3 – 12 显示：各个省份的经济规模（InGDP）对风险资本在清洁能源领域投资有显著影响，经济发展规模越大的省份，风险资本投资力度越大；在随机检验模型中，InGDP 对 VC 投资的回归系数为 0.030，且在 1% 水平上显著，符合假设 1 的推论。由于清洁能源投资不同于互联网和信息技术投资，周期长，投资规模大，没有一定的经济实力，清洁能源投资是无以为继的。在稳健性检验中，我们增加有关地理位置因素的影响，更能凸显中西部地区由于经济实力有限，风险资本在清洁能源投资中的力度相对较为薄弱。假设 2 得以证实。

（3）能源价格因素的影响：众所周知，传统能源价格是影响清洁能源投资的重要因素，表 3 – 12 检验证实了这一点。石油价格（Oil Price）越高，风险资本在清洁能源领域的投资力度越大。模型［1］— 模型［3］检验结果显示石油价格对风险资本投资的影响十分显著，显著性均在 1% 水平以上。该检验结果与假设 3 一致，即当石油价格越高时，对替代传统能源的清洁能源投资力度越大。然而，表 3 – 12 检验结果显示，煤炭价格的影响是反向的，和假设 3 不一致。煤炭价格越高，风险资本投资力度却越小，可以解释为生产煤炭企业大多在中西部不发达省份，一方面，对煤炭生产值的经济依赖，会压抑资金在清洁能源领域的投资，另一方面，当煤炭价格高企时，对于中西部省份来说，将资金用于煤炭领域，而不是清洁能源领域，是一个利益最大化的选择，相反，当煤炭价格低迷时，为进行经济转型，会加大对清洁能源领域的投资。模型［1］—模型［3］显示煤炭价格对风险资本投资的负面影响在 1% 水平上是显著的。

（4）技术与要素市场因素的影响：检验结果显示，技术市场（Techmarket）对风险资本投资有着显著的正向影响。在随机模型中，Techmarket 回归系数为 4843.18，且在 5% 水平上显著，特别是技术交易规模越大，风险资本投资力度越大，说明雄厚的技术市场规模能够推动技术转化为生产力和企业竞争力，会吸引资金投入风险资本。假设 5 得以证实。

（5）清洁能源补贴政策：表 3 – 12 检验显示，清洁能源补贴政策（CEpolicy）对风险资本投资的影响力不显著，由于清洁能源补贴政策更多地针对那些传统企业，而对于创业型企业扶持力度并不大，表现出清洁能源补贴政策对风险资本机会没有什么吸引力。假设 6 未得到证实。

（6）金融市场规模的影响：表 3 – 12 检验结果显示，金融市场规模（Financeindex）越大，风险资本投资力度越大。与假设 7 方向一致，但检验显著性不高。金融市场规模反映了资金市场的融通实力，规模越大，则有更多的富裕资金用于风险资本投资。显著性不高，可能源于在我国金融市场并不是一个完全意义上的竞争市场，资金流动还受到诸如区域政策的影响，特别是在清洁能源领域，企业营利能力有限，政策的引导作用就尤为重要。假设 7 未得到证实。

（7）政府治理环境的影响：采用王小鲁的《中国分省份市场化指数报告（2016）》中的政府治理指数（Governmentindex）、政策与法律环境（Lawindex）指数，来衡量政府行为与法律环境。该指数越大，说明该省份政府治理环境越好。表 3 – 12 检验显示，政府治理和法律环境越好的省份，风险投资额却是下降的，且在 10% 上显著。一种可能的原因在于，在治理环境较差的省份，政府导向和影响力越强，在政策吸引方面会提供更优惠的条件，吸引风险资本到本省份进行投资。但由于检验显著性不算太明显，该结论还有待进一步证实。

表 3-12　　面板模型检验结果分析（一）　　单位：百万元

风险投资额（VCamount，百万元）				
回归模型		LDSV 方法［1］	Random effect［2］	Pooled effect［3］
经济因素	lnGDP	-0.11 (0.322)	0.03 (0.000)***	0.03 (0.000)***
能源价格因素	OilPrice	2.69 (0.754)	17.58 (0.003)***	17.60 (0.007)***
	MinePrice	-9.47 (0.027)*	-11.15 (0.001)***	-11.23 (0.004)***
环境因素	TCO	1417.42 (0.680)	152.78 (0.562)	161.19 (0.560)
	Powerintense	-937.97 (0.437)	-92.86 (0.746)	-99.96 (0.744)
金融因素	Financeindex	993.63 (0.594)	308.88 (0.660)	375.53 (0.588)
技术因素	Techmarket	45984.1 (0.037)**	4843.18 (0.031)**	4396.92 (0.063)*
市场因素	Nonstateindex	-246.26 (0.173)	206.21 (0.100)*	205.22 (0.099)*
	Privateindex	1072.19 (0.355)	-1998.05 (0.021)**	-2026.40 (0.024)***
政府因素	Governmentindex	-116.82 (0.178)	-105.94 (0.088)*	-103.18 (0.105)*
法律因素	Lawindex	-108.33 (0.293)	-37.47 (0.100)*	-38.07 (0.091)*

续表

风险投资额（VCamount，百万元）				
回归模型		LDSV 方法［1］	Random effect［2］	Pooled effect［3］
清洁能源补贴截距	CEpolicy	255.52 (0.960)	52.23 (0.623)	53.44 (0.621)
	concept	4522.34 (0.164)	3052.51 (0.015)**	3064.59 (0.023)**
observation		96	96	96
R - squared		0.7030	0.5085	0.5087
F - statistic		2.78 (0.000)***	719.48 (0.000)***	56.41 (0.000)***

表 3 - 13 检验了上述因素对风险投资案例数（VCcase）的影响。因素影响的方向和显著性和上述分析是一致的，就不再赘述。

表 3 - 13　　面板模型检验结果分析（二）

风险投资案例数（VCcase，件）				
回归模型		Pooled effect［1］	Random effect［2］	LDSV 方法［3］
经济因素	lnGDP	0.0004 (0.000)***	0.0004 (0.000)***	0.0009 (0.004)***
能源价格因素	OilPrice	0.1963 (0.003)***	0.193 (0.001)***	0.161 (0.046)***
	MinePrice	-0.22 (0.001)***	-0.22 (0.000)***	-0.20 (0.000)***
环境因素	TCO	-1.25 (0.790)	-1.59 (0.738)	-21.94 (0.601)
	Powerintense	-2.08 (0.699)	-2.11 (0.679)	6.18 (0.642)

续表

风险投资案例数（VCcase，件）				
回归模型		Pooled effect [1]	Random effect [2]	LDSV 方法 [3]
金融因素	Financeindex	27.37 (0.000)***	24.51 (0.000)***	24.81 (0.116)*
技术因素	Techmarket	143.32 (0.000)***	163.28 (0.000)***	807.23 (0.000)***
市场因素	Nonstateindex	0.9425 (0.413)	0.57 (0.634)	-5.18 (0.073)*
	Privateindex	-12.33 (0.023)**	-9.80 (0.066)*	6.15 (0.653)
政府因素	Governmentindex	-0.56 (0.519)	-0.85 (0.337)	-2.31 (0.105)*
法律因素	Lawindex	0.095 (0.860)	0.257 (0.637)	0.271 (0.731)
清洁能源补贴截距	CEpolicy	3.162 (0.027)**	2.70 (0.077)	ommitted
	concept	66.668 (0.005)***	67.54261 (0.002)	87.596 (0.006)
observation		96	96	96
R - squared		0.7777	0.7755	0.5053
F - statistic		241.89 (0.000)***	2804.84 (0.000)***	9.42 (0.000)***

3.7 本章小结

本章以实证研究方法探讨了推动风险资本进入清洁能源领域的动因，分别从经济因素、能源价格、碳排放强度、金融市场规模、技术与要素市场、政治治理环境和政府补贴政策等方面展开研究，研究发现：经济因素、能源价格、碳排放强度、金融市场规模、技术与要素市场对风险资本投资有显著的推动作用；而政府治理环境和政府补贴的影响不够显著。这从某种程度上说明，风险资本是以市场化为导向的投资资本，更看重市场环境因素引发的投资前景与收益的影响。

风险资本在清洁能源领域空间投资行为的研究

4.1 风险资本地理亲近性与空间投资行为的研究综述

4.1.1 风险资本地理亲近性的内涵与主要内容

（1）内涵。风险资本的地理亲近性研究应属于空间地理学（或者称为新经济地理学）范畴，研究的是风险资本空间分布规律，并揭示风险资本空间分布状况背后的形成机制和原理。通过空间经济学的研究，探讨推动空间行为变化的内在驱动因素，这些内在聚集力量所产生的因果循环关系，从而形成某一区位的竞争优势和显著的空间投资行为。风险资本的地理亲近性反映了风险资本空间的依赖性，即在截面空间中，风险投资行为和某一个区位或地区相对应，并受到邻近区位的影响。

1991 年，著名经济学家保罗·克鲁格曼（Krugman）提出的“收益递增和经济地理”理论奠定了空间经济学在经济学中的地位。保罗·克鲁格曼研究不同地区不均衡发展与经济地理之间的内在关系，借此解释区域经济发展的差异性。早在 20 世纪 80 和 90 年代，美国学者就注意到风险资本的地理亲近性。Florida 和 Kenne（1988）将美国风险资本聚集区分为 3 种类型：技术导向型，财务导向型和混合型的风险资本密集区。技术导向型地区往往是风险资本的输入地，投资对象是本地技术密集型高科技公司；财务导向型地区如纽约、芝加哥，围绕着金融机构组织，是大量风险资本分支机构设立的地点，也是风险资本的输出地；混合型风险资本聚集区兼有财务导向和技术导向双重的特点，如在美国得克萨斯州，70% 的风险资本投向与能源相关的产业类型。得克萨斯州 45% 的风险资本能够留在本地区，另外一部分风险资本输出到其他地区。

（2）风险资本地理亲近性研究的主要议题。风险资本地理亲近性反映了风险资本的时空分布特征、风险资本空间投资额及风险资本合作各方的地理亲近性关系。通过对风险资本地理亲近性的研究和探讨，认识推动风险资本地理亲近性背后的因素。风险投资事业经过近 30 年的发展，区域和地理信息是否依然对风险资本决策产生重要影响？除了地理信息以外，其他行业特征是否会对风险投资决策产生影响？对上述问题的回答，都有赖于对风险资本空间投资行为的探索和研究。

4.1.2　风险资本在国外的空间分布特征

从毕马威《2017 年 Q1 全球风险投资趋势季度报告》可知：截至 2016 年年底，在风险投资全球分布中，美洲占比 73%，欧洲占比 15.9%，亚太地区占比 8.4%；其中，美国占全球风险投资的比例为 39.1%[59]，是风险资本全球投资的重要区域。Paul Gompers（2009）对美国 1000 家风险投资企业进行研究，发现近一半的企业都分布在三大都市圈，分别为圣弗朗西斯科、波士顿和纽约。超过 49% 的美国公司获得风险资本投资，并坐落在同一座城市。早在 1982 年，加利福尼亚地区吸收了美国 40% 的风险资本，并为美国提供了 33% 的风险资本金。Yochanan 和 Shachmurove（2006）[60]利用美国 19 个地区、17 个行业 1995—2005 年历时 10 年的风险资本投资数据，证实了地理特征、区域禀赋对风险资本决策的影响。

欧洲风险资本市场没有美国市场庞大，相对比较小，但也表现出明显的地理亲近性。法国和意大利风险资本聚集十分明显：58% 的风险资本聚集在法国里昂，45% 的风险资本投资聚集在英国西南部等[61]（Martin et al. 2002；Mason - Harrison，2002）。Colombo（2016）[62]对欧洲 7 个国家 524 家创业投资企业进行研究，时间跨度为 1984—2009 年，发现位于风险资本中心较近的地区企业较容易获得外部权益资本，而本地风险资本市场的作用相对忽略不计。大量风险资本供给会刺激经济规模扩张和外部权益需求的增长，这种效应会随着距离的增加而降低。特别是当跨越国境线后，风险资本刺激效应会因此而消失。

TERRY L 和 BABCOCK - LUMISH（2008）比较了美国和英国的风险资本地理亲近性，研究显示美国风险资本和创新活动有着显著的“时空性”，两者之间形成了良好的匹配关系。然而，在英国金融资本聚集区与以剑桥、牛津和约克为代表的创新活动区域之间存在相互分离，并不存在明显的地理亲近性；在英国，近乎一半的风险资本来自外国投资公司（BVCA，2002）。

4.1.3　风险资本地理亲近性的内在机理

风险资本的地理亲近性是风险资本所表现出的显著特征。然而，风险资本空间投资的驱动因素是什么？是什么内在力量推动了风险资本的地理亲近性？

（1）风险资本地理亲近性带来的信息共享效应。地理亲近性是风险资本得以成功的关键因素。地理亲近性能够促进信息共享效应，通过不同组织的有效合作，促进信息网络的建成，并推动创新型企业集中度的提高[63]。由于大量创新活动具有高度的不确定性，其所传递的信息具有难以验证、不完全、变化迅速等特征。在这种背景下，以区域为纽带，较为容易通过人际关系、非正式渠道传播上述信息，并保证其可靠性。从某种程度上来说，风险资本地理亲近性是对不确定创新活动的一种信息传输、信息鉴证的有效机制。Storper 和 Venables（2004）建立经济学模型，证实了风险资本的地理亲近性有效解决了沟通问题，便于进行创新性学习和社会交往，提供心理方面的激励效应。风险资本所搭建的区域网络构成了信息分享平台，促进不同组织之间的有效合作，推动创新企业的并购与重组。

（2）风险资本地理亲近性降低了沟通和控制成本。Storper 和 Venables[64]（2004）研究了地理亲近性的重要性，建立经济学模型证明风险地理亲近性带来了交流频次的增加，解决了激励问题和信息沟通问题。创新活动的内在不确定性使得风险资本具有高度的不确定性。风险资本不仅提供资本，还需要对整个投资过程进行控制，比如，制订阶段性投资计划，参与董事会决策，包括对高级管理人员的聘用及绩效考核与薪酬计划的确定等。而要完成上述工作，显然距离对于完成上述工作的成本具有高度敏感性[65]，当距离增大时，完成上述工作的成本会陡然增加[66]。

风险资本地理亲近性对于降低沟通和控制成本有着重要影响。

（3）风险资本地理亲近性推动了产业集聚和降低了学习成本。Clark et al.（2000a）认为，产业时空的聚集依赖于市场绩效，并通过企业竞争性战略不断强化。在一个区域中，大量的关联性交易、正式或非正式的信息传播等形成了区域正反馈机制，推动了区域产业的集聚效应（Krugman，2000）。Storper 和 Venables（2004）建立经济学模型来说明地理亲近性使得沟通成本降低，便于进行学习和社会交往，从而在信息不完全、变化迅速和难以编码的信息环境中进行创造性活动，快速地进行学习和提高成为风险资本地理亲近性的重要优势。

4.1.4 风险资本地理亲近性的供给方因素

（1）风险资本供给方。风险资本是一种依次轮替的投资机制，不同于债务资本和普通的权益资本或金融工具。风险资本家不仅仅提供资本，同时也提供专业知识和管理经验，并和企业未来的成长和发展紧密相联（Lerner and Hardymon，2002）。风险资本在投资者和创新者之间搭起了合作和互动的“桥梁”，通过风险资本家，将创意网络和资本网络紧密联系在一起，地理亲近性无疑在时空上使得创业和资本的联系更为便利，成功可能性更大。Hagerman（2007）认为，风险资本、对冲基金、基础设施投资等会产生巨大的社会与经济效益，但同时也面临着巨大的不确定性，这一不确定性来自于风险资本自身存在的信息不对称问题、代理问题、激励机制建设问题等。风险资本地理亲近性为这一投资和代理困境提供了解决之道，通过本地风险资本聚集地而建立的社交网络和联系，在某种程度上为这一风险提供了“背书”和保险。

Monk（2008）发现风险资本发挥了“知识产权经纪人”作

用，通过风险资本将知识产权供给方和需求方有效联系在一起，构成了“信任链条”，从而使得风险识别、信息共享和知识管理在特定区域范围内实施，促进了知识产权交易的透明化、标准化，推动了知识产权的流动和市场绩效的提高。

从风险资本的供给方来看，地理亲近性降低了企业搜寻成本（Bertoni，2015b），放大了风险资本融资的比较优势，降低了资本成本；同时，地理亲近性使得风险资本市场趋向活跃，出现大量的风险资本投资者和风险资本股权的转让方。大量风险资本投资者出现，意味着投资者异质性较强，有较高的匹配度（Gans and Stern，2010）。地理距离放大了信息不对称度，风险资本投资者需要依赖本地的信息网络来寻找有价值的投资信息（Cumming and Dai，2010；Sorenson and Stuart，2001）；另外，与风险资本地理亲近性相伴而生的文化观和价值观对投资者投资也会产生一定的影响。在竞争激烈的风险资本市场中，理性的企业家应以较低的资金成本来寻求权益资本；风险资本家也需要以更好的条件来满足创业者的需求，获得优质的创业项目。风险地理性避免了跨国界产生的税收政策、法律法规、文化模式等因素带来的不确定性影响（Cumming and Macintosh，2003）。

（2）风险资本需求方。Powell et al.（2002）基于创意性产业对风险资本的需求，发现合作、面对面交流显然对于投资者掌握隐性知识、了解创新洞见、降低未来可预见或不可预见风险是有所裨益的。创意和资本空间聚集对于创新性活动有着重要的影响。一方面，地理亲近性催生出来的信息网络、人际交流网络和社会声誉网络推动了知识外溢和学习成本的降低；另一方面，地理亲近性放大了风险资本的“资金效应”，使得居于该网络的风险投资机构更容易获得私人的权益资本投资，并进而获得政府的支持。

4.1.5 风险资本地理亲近性对风险资本空间投资行为影响

风险投资空间行为，是指在风险资本募集、投资、管理、退出各阶段中，对空间的感知、认识、甄别、地理优选等一系列空间激励和反应过程[67]。相对于资本的投入，风险资本地理亲近性对空间投资行为的影响，表现在以下几个方面：

（1）对本地经济的影响。Gompers 和 Lerner（2001）研究显示，风险资本支持下的企业，相对于其他类型的资本投资，在创造本地区就业岗位、企业价值和本地收入等方面有着出色表现。许多地区的政府和管理部门竞相吸引风险资本投资，并在本地区落户。风险资本支持的企业在业绩增长、后 IPO 业绩表现、创新活动和专利发明等方面有不俗的业绩[68]。Clark（1996）认为，风险资本区域投资和区域效益之间有着显著的正向关系。正是对风险资本地理亲近性的普遍认可，美国各个州和市政府机构极力主张在本地区建立风险资本联盟协会，通过该协会扩大风险资本的影响。有研究显示，风险资本相对金融服务机构在地理上具有更明显的聚集性。2005 年，据统计，纽约风险资本合伙人的数量，相对于在金融机构就业的数量，是后者的 2.12 倍，在圣弗朗西斯科是 10.59 倍。风险资本地理亲近性对空间投资行为的影响，表现为产业聚集外部性。这一外部性首先在风险资本投资企业之间产生，其次在风险资本支持的创业企业之间产生。同时，应该看到，风险资本投资和地理亲近性之间存在内生关系，影响风险资本的空间投资行为还包括无法观察到的本地优势、投资个人的独特经验、与有限合伙人或公司之间的密切关系。

（2）风险资本地理亲近性带来的产业聚集效应。风险资本家地理亲近性能够降低企业家搜寻融资的成本，风险资本家能够在短时间访问数位创投企业，便于风险资本家的监督或者与竞争者的合作。在进行投资管理中，地理聚集有着十分重要的作用。例如，Christ et al.（2009）发现，知识外溢在投资管理中具有重要性，对冲基金和有经验的经理人往往位于业绩十分突出的金融中心城市里。Kubik 和 Stein（2005）对同一城市投资的商业模式进行了归类，发现风险资本企业往往分布在主要的风险资本中心中。学者还发现，本地企业更容易吸引风险资本或企业家，原因在于许多风险资本企业缺乏足够的市场容量，因而，尽量在本地区进行投资。Freedman（2008）发现地理聚集效应对于软件生产工业有着重要作用和影响；Agrawal，Kapur 和 McHale（2008）（1998）在生物制造业也看到类似的溢出效应。Duranton（1998）论证了在大城市中，产品线聚集向专业化方向变迁。特别是最近关于创新活动的研究，都显示创新活动与地理之间有着密切联系；在某一区域中，风险资本的依次轮替投资策略和技术支持，对于某一区域显然是最有效的。

（3）风险资本地理亲近性带来的合作机制变化。在风险资本提供的创新环境中，知识流动非常便利，合作网络所提供的服务创新营造了健康的竞争环境。Clark 和 Wójcik（2002）研究显示，在后现代社会中，信息更多依赖于渠道的传播，而不是分散的、普遍的传播。地理亲近性，使得监督和网络化更加便利，同时也使得投资者和创新者更容易了解技术发展趋势、社会规范、未来预期等方面的发展。Cohen（1996）认为，一个团体内部的知识只有通过直接接触才能学会，并赋予其价值。Powell（2002）认为，合作机制是推动中小企业成长的关键因素，这些企业得益于面对面的交流及隐性知识相互学习的机会，从而降低了投资风险。那些得到较远距离的风险资本投资，往往都发生在创新活动发展的后期。Saxenian（1998），Kenney（2000）证实了理解区域层次对高新技术企业的重要意义。Hagerman（2007）采用

2001—2014 年有关风险资本的投资数据的研究显示：财务导向的公司风险资本项目偏好区域更密集的投资；风险资本规模越大，则偏好区域地理分散的投资组合；风险资本投资早期，更偏好地理区域集聚的投资项目；拥有更广泛的联合网络的风险投资更偏好地理区域分散的项目。

4.1.6 风险资本空间投资行为的国内相关文献综述

黄福广、彭涛（2014）[69] 对 2004—2012 年中小板和创业板披露的 1021 个风险资本投资案例研究发现：风险资本对新企业的投资与距离之间有着显著的敏感性，距离越远，风险资本对新企业的投资金额越少、投资时间越晚，投资后参与公司治理的可能性越低。企业规模可以降低地理距离的负向影响，地理距离对风险资本的投资轮次影响不显著。还可以从行为金融学角度认识风险资本空间投资行为：风险投资家非完全理性，存在相似性偏好和过度自信；过度自信阻止了风险投资家不断学习和改进决策，也对本地受资企业的增值活动产生一定影响。

风险投资行为所表现出的明显地域性、距离敏感性是风险资本、创新行为和创业者之间的自选择结果。距离的敏感性和空间投资行为是背后相关驱动因素影响的结果。李志萍、罗国锋（2014）[70] 以 2010—2012 年 623 家风险投资机构对 1020 家企业 2973 轮风险投资交易事件为研究标的，发现风险投资与空间距离之间存在负相关性，但投资金额对空间距离、投资发生可能性之间的关系呈现倒 U 形的调节作用，风险投资机构的经验对距离与投资成功可能性之间发挥反向作用，经验丰富的风险投资机构不在意目标企业的位置，其经验可以从某种程度上消除距离带来的不利影响。

4.2　清洁能源领域的空间投资分布分析

4.2.1　清洁能源的产业链与清洁能源的地理分布

（1）清洁能源的产业链。清洁能源作为新兴投资领域，其产业链不仅涉及跨部门投资，如农业、工业和消费等多部门投资，而且其产业链呈现多元驱动、上下游纵向链接、横向日益分散、竞争加剧的局面。图 4－1 和图 4－2 呈现的是光伏和风电产业链。由于光伏产业对原材料需求较大，在产业的上游是拥有资源优势的矿业企业；产业链的中间部门由生产设备的制造商所主导。随着清洁能源设备生产技术的全球扩散，拥有较高成本优势的中国企业逐渐在中间产业链显露较强的生产能力和市场影响力。在产业链下游，主要依赖于政府驱动的补贴政策带动清洁能源的利用和传输。

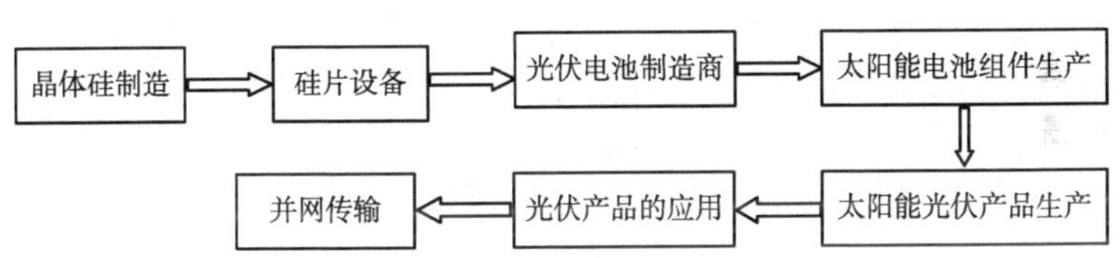

图 4－1　光伏产业链示意图

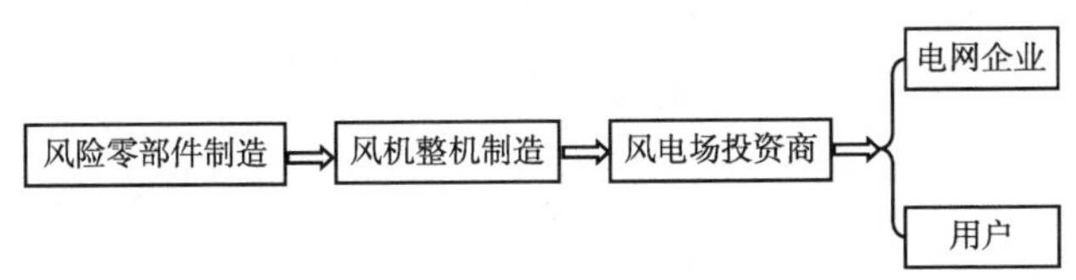

图 4－2　风电产业链示意图

（2）清洁能源投资的行业与区域分布情况。清洁能源投资的行业与区域分布受到来自区域政策和资源的双重约束，借此形成有明显区域和产业特征的清洁能源产业聚集区：长三角地区和环渤海地区承担着我国清洁能源研发、高端制造等功能；长三角地区集中了我国60%的光伏企业，20%以上的风电装备制造企业，汇集了全国1/3的新能源产能；环渤海地区汇集了我国30%左右的风电装备企业；西北地区凭借太阳能和风电资源，集聚我国90%的风电项目和太阳能光伏项目；西南地区是我国硅材料基地、核电装备制造基地。

4.2.2 清洁能源领域投资的区域分布描述性分析

（1）中间产业链。

A. 风电制造。表4-1反映了2014年全国排名前十二名的风机制造商新增装机容量，这些企业在全国新增容量中所占的比例及这些企业的注册地。从表4-1中可以看到，排名前5的风机制造企业分别是金风科技、联合动力、华锐风电、湘电风能和海装企业，这5家企业新增装机容量在全国装机容量中占比合计为65.32%。

表4-1　2014年风机制造商新增装机容量　单位：万千瓦

	制造商	新增装机容量	注册区域	占全国新增装机比例（%）
1	金风科技	618.75	西北	23.31
2	联合动力	454.95	华北	17.14
3	华锐风电	258.25	华东	9.73
4	湘电风能	205.8	华中	7.75
5	海装	196.26	西北	7.39
6	东方电气	178.1	西南	6.71

续表

	制造商	新增装机容量	注册区域	占全国新增装机比例(%)
7	明阳风电	173.56	华南	6.54
8	上海电气	173.56	华东	6.54
9	华创	148.2	东北	5.58
10	运达	114.4	华东	4.31
11	远景能源	96.6	华东	3.64
12	其他	36.1	其他	1.36
		2654.53		100

资料来源：《可再生能源数据手册》，国家能源局新能源和可再生能源司等编著，2015年7月。

对排名前10家企业的注册地进行统计发现，在风电装机容量比例方面，西北地区排名第一，其次是华东地区和华北地区，反映了上述地区较好的风力资源。西南、华南和东北的风电装机容量较低，3个地区合计的新增容量占全国的比例仅仅为18.83%（见表4-2、图4-3）。

表4-2　2014年风机制造商新增装机容量　单位：万千瓦

区域	装机容量	比例（%）
西北	815.01	30.70
华东	642.81	24.22
华北	454.95	17.14
华中	205.8	7.75
西南	178.1	6.71
华南	173.56	6.54
东北	148.2	5.58

资料来源：《可再生能源数据手册》，国家能源局新能源和可再生能源司等编著，2015年7月。

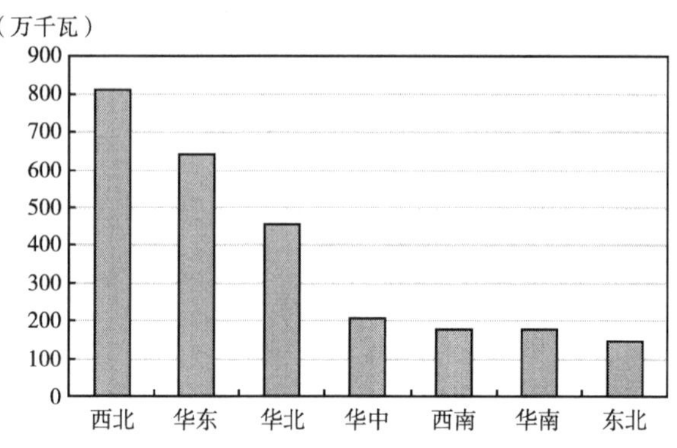

图4－3　2014年风机新增装机容量

B. 光伏组件制造。对光伏组件制造的生产量进行统计，发现光伏组件的生产商主要在华东、华北和华中地区（见表4－3、图4－4）。其中，华东地区的生产量占全国生产量的比例最高，为62.4%，其次是华北地区的21.06%和华中地区的16.53%。

表4－3　2014年主要组件区域生产产量　单位：兆瓦

区域	生产产量	比例（%）
华东	12460	62.40
华北	4200	21.06
华中	3300	16.53
合计	19960	100

资料来源：《可再生能源数据手册》，国家能源局新能源和可再生能源司等编著，2015年7月。

（2）下游产业链。

A. 各个省的风电装机容量大致能够反映清洁能源投资的区域分布情况。表4－4反映了各个省份风电装机容量的投资情况，从中可以大致了解风电产业链的下游产业布局情况。由表4－4、图4－5可以知道，风电装机容量主要投资区域分别在甘肃、新

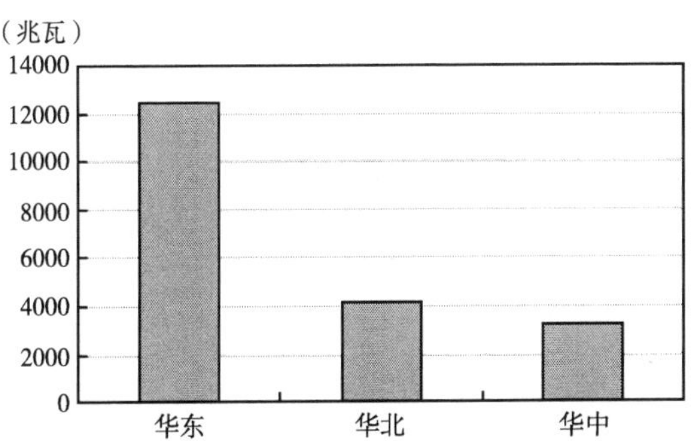

图 4-4 2014 年主要组件区域生产产量

疆、内蒙古、宁夏和山西等风电资源充沛、传统能源富集地区。从全国范围内看，甘肃、新疆、内蒙古是风电投资额占比全国最大的省份，3个省份合计占全国总投资比例为38.4%。从风电装机容量的投资来看，清洁能源下游投资呈现明显的地域性。

表 4-4 2014 年各个省份风电投资额

省份	风电吊装容量（兆瓦）	元/千瓦	风电投资额（亿元）	占总投资的比例（%）
西藏	0	9378.54	0	0
重庆	0	9378.54	0	0
海南	6	9375.54	0.562532	0.03
天津	18	8530.97	1.535575	0.08
北京	36	8530.97	3.071149	0.16
福建	96.5	8861.98	8.551811	0.45
广西	116.5	9375.54	10.9225	0.57
上海	146.6	8861.98	12.99166	0.68
青海	209.5	8138.18	17.04949	0.89

续表

省份	风电吊装容量（兆瓦）	元/千瓦	风电投资额（亿元）	占总投资的比例（%）
吉林	272.5	8925.66	24.32242	1.27
四川	285	9378.54	26.72884	1.40
河南	315.7	9020.57	28.47794	1.49
江西	316.7	9020.57	28.56815	1.49
陕西	373.4	8138.18	30.38796	1.59
辽宁	353.1	8925.66	31.51651	1.65
浙江	359.8	8861.98	31.8854	1.67
山东	400.1	8861.98	35.45678	1.85
安徽	400.1	8861.98	35.45678	1.85
湖南	490	9020.57	44.20079	2.31
广东	539.5	9375.54	50.58104	2.64
湖北	627	9020.57	56.55897	2.96
黑龙江	639.8	8925.66	57.10637	2.98
江苏	760.5	8861.98	67.39536	3.52
贵州	811.1	9378.54	76.06934	3.98
云南	1156.5	9378.54	108.4628	5.67
河北	1372.5	8530.97	117.0876	6.12
山西	1590.2	8530.97	135.6595	7.09
宁夏	1693.7	8138.18	137.8364	7.20
内蒙古	2081	8530.97	177.5295	9.28
新疆	3216	8138.18	261.7239	13.68
甘肃	3630	8138.18	295.4159	15.44

资料来源：《可再生能源数据手册》，国家能源局新能源和可再生能源司等编著，2015年7月。

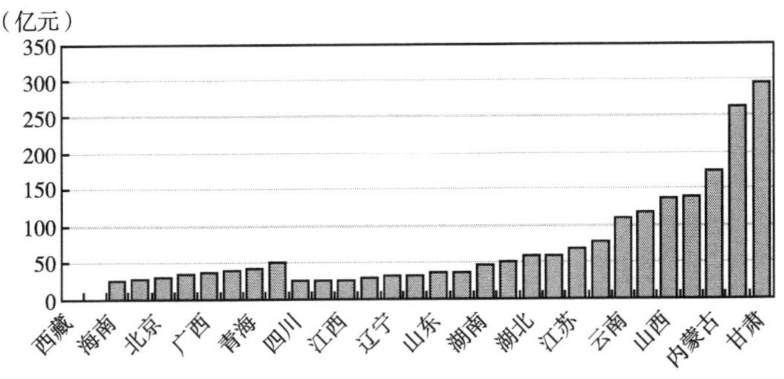

图 4－5　2014 年各个省份风电投资额

B. 各个省的光伏装机容量的区域分布情况。表 4－5 显示了各个省的光伏装机容量投资额的地域分布情况。由表 4－5 可以知道，光伏电站的投资占比排名前五名的省份仍旧是甘肃、新疆、内蒙古、宁夏和山西。5 个省份光伏电站投资额占全国总投资额的比例为 65.73%，远远高于其他省份的投资。

表 4－5　　2014 年部分省份的光伏电站的投资总额

	光伏电站年底累计指标完成情况（万千瓦）	光伏电站单位造价（元每千瓦）	总投资额（亿元）	占投资额的比例（%）
贵州		10314	0	0
重庆		10314	0	0
黑龙江	1	11896	1.19	0.04
四川	6	10314	6.19	0.20
吉林	6	11896	7.14	0.24
广西	9	10314	9.28	0.31
天津	10	10310	10.31	0.34
福建	12	9232	11.08	0.37
辽宁	10	11896	11.90	0.39

续表

	光伏电站年底累计指标完成情况（万千瓦）	光伏电站单位造价（元每千瓦）	总投资额（亿）	占投资额的比例（%）
北京	14	10310	14.43	0.48
湖北	14	10314	14.44	0.48
西藏	15	10314	15.47	0.51
上海	18	9232	16.62	0.55
海南	19	10314	19.60	0.65
河南	23	10314	23.72	0.79
湖南	29	10314	29.91	0.99
云南	35	10314	36.10	1.20
江西	39	10314	40.22	1.33
山西	44	10310	45.36	1.50
安徽	51	9232	47.08	1.56
广东	52	10314	53.63	1.78
山东	60	9232	55.39	1.83
陕西	55	11133	61.23	2.03
浙江	73	9232	67.39	2.23
河北	150	10310	154.65	5.12
江苏	257	9232	237.26	7.86
宁夏	217	11133	241.59	8.00
内蒙古	302	10310	311.36	10.31
新疆	356	11133	396.33	13.13
青海	413	11133	459.79	15.23
甘肃	517	11133	575.58	19.06
合计			3019.62	100

资料来源：《可再生能源数据手册》，国家能源局新能源和可再生能源司等编著，2015年7月。

4.3　清洁能源领域风险资本的空间投资分析

4.3.1　数据来源

与第 2 章数据来源一致，即利用清科公司所提供的私募通账号，将各个省市风险资本在清洁能源领域的投资作为数据样本，具体分析 2013—2016 年清洁能源风险投资的地域特征。

4.3.2　按投资区域的分析

表 4 – 6 是对 2013—2016 年清洁能源领域风险资本投资空间的分布情况进行的描述。其中，2013—2016 年，我们看到华北地区的投资比例有显著增加，华北地区总体投资比例较高，占到全国的 30% 以上；华东地区的投资比例相对也较高，占总投资比例平均 20% 以上；华中地区的投资比例在 2013—2015 年比较低，在 2016 年有一个较大幅度的增加，投资占比一跃成为仅次于华北地区、全国排列第二的“清洁能源投资大户”，占比为 27.93%。

表 4 – 6　2013—2016 年风险资本清洁能源领域空间投资分布情况

	2013 年		2014 年		2015 年		2016 年	
	投资额（百万元）	比例（%）	投资额（百万元）	比例（%）	投资额（百万元）	比例（%）	投资额（百万元）	比例（%）
华北	72.46	1.12	2343.48	41.51	2642.34	20.55	775.09	33.48
华东	877.69	13.55	782.07	13.85	4615.87	35.90	417.31	18.02
东北	113	1.75	29.26	0.52	580.2	4.51	0.45	0.02

续表

	2013 年		2014 年		2015 年		2016 年	
	投资额（百万元）	比例（%）	投资额（百万元）	比例（%）	投资额（百万元）	比例（%）	投资额（百万元）	比例（%）
西北	20.5	0.32	3.75	0.07	1115.13	8.67	62.12	2.68
西南	47.5	0.73	313.3	5.55	292.42	2.27	210.89	9.11
华南	5283.77	81.60	1986.24	35.18	2751.86	21.40	202.83	8.76
华中	60.3	0.93	187.25	3.32	859.18	6.68	646.65	27.93
合计	6475.22	100	5645.35	100	12857	100	2315.34	100

资料来源：私募通。

从图 4－6 可以看到，在清洁能源领域，风险资本投资总额相对比较高的地区集中在华东地区和华南地区；而东北、西北等省份清洁能源领域风险资本投资额相对较低。

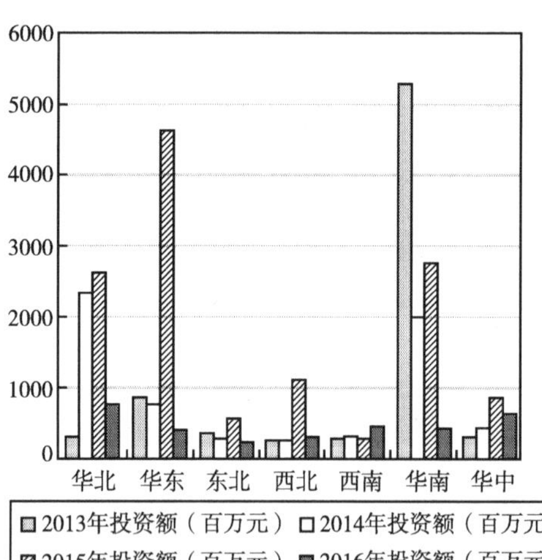

图 4－6　2013—2016 年清洁能源领域风险资本的投资额

图 4－7 同样也揭示了 2013—2016 年清洁能源领域风险资本

的投资案例数的分布情况。从图 4-7 中我们可以看到，在华北和华东地区，风险资本投资案例数较多，特别是在华东地区，2015 年风险资本投资案例数量远远超过其他地区。

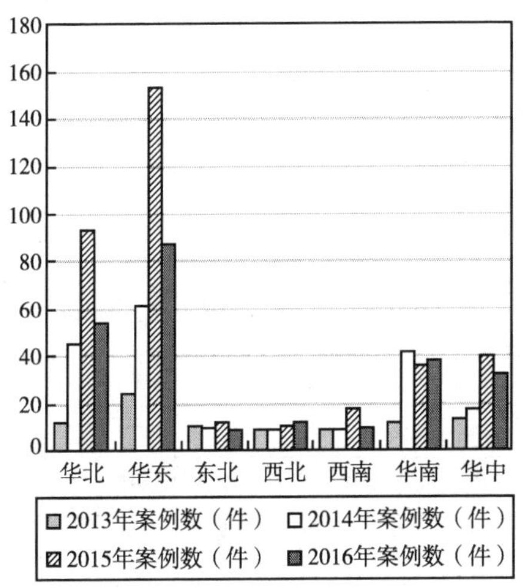

图 4-7　2013—2016 年清洁能源领域风险资本的投资案例数

4.3.3　按省域空间的分析

表 4-7 揭示了清洁能源领域风险资本省域的地理分布。从表 4-7 可以看到，大部分风险资本企业分布在北京、广东和上海三地。其中，风险资本机构所在地位于北京、广东和上海三地的比例分别为 22.2%、20.3% 和 16.4%；3 个地区风险资本机构数量之和占全国数量的比例为 58.8%。

表 4-7 同时也揭示出这些风险资本机构投资本地区企业的占比。表 4-7 显示，北上广地区的风险资本机构投资本地区企业的占比并不高，其中，北京风险资本机构投资北京地区的企业仅仅占比 28%，上海的比例为 33.3%，广州的比例为 22.3%；

而在江苏，风险资本机构投资本地企业占比高达73.8%，浙江地区的占比也较高，为41.9%。这说明位于北上广地区的风险资本机构不会囿于地域的限制，而一些区域性质的风险资本机构表现出对本地企业强有力的支持力度和政策导向。

表4-7 清洁能源领域风险资本和被投资企业的地理分布

风险投资机构地理分布					被投资企业的地理分布				
省份	投资机构数目（家）	占全样本比例（%）	投资本地企业（家）	比例（%）	省份	数目（家）	占全样本比例（%）	投资总额（百万元）	平均投资额（百万元）
北京	164	22.2	46	28.0	广东	100	15.7	4874.45	48.75
广东	150	20.3	50	33.3	江苏	80	12.5	2405.45	30.07
上海	121	16.4	27	22.3	上海	74	11.6	1346.47	18.20
江苏	42	3.1	31	73.8	北京	45	7.05	4168.57	92.63
浙江	43	5.6	18	41.9	安徽	44	6.9	818.44	18.60
其他	220	29.7	83	37.7	其他	295	46.2	688.80	2.33
合计	740	100	255	34.46	合计	638	100	19186.94	—

资料来源：私募通。

表4-7同时也显示了清洁能源领域风险资本所投资企业的地理分布情况。如表4-7所示，被投资企业主要集中在广东、江苏、上海、北京、安徽。在排名前五的省份中，可以看到江苏平均投资额最高，为92.63百万元，其次是广东和江苏地区，平均投资额分别为30.07百万元、18.60百万元，其他省份被投资企业数量为295家，占比全国46.2%，但平均投资额仅仅为2.33百万元。可见清洁能源风险资本投资区域有明显的地理亲近性，大量被投资企业集中在华北、华东、华中和华南地区。

4.4　清洁能源领域风险资本地理亲近性的理论分析和假设提出

清洁能源投资的行业与区域分布受到来自自然资源和区域政策的双重约束，借此形成有明显区域和产业特征的清洁能源产业聚集区。在清洁能源投资领域，地理亲近性表现得非常明显，主要体现在以下几个方面。

4.4.1　清洁能源投资受到自然禀赋的影响

清洁能源发电受到区域物理环境等因素的影响。发电市场的分散性和非集中化使得清洁能源通过规模化实现技术的通用性变得较为困难。清洁能源作为可再生能源，完全依赖于自然环境提供的风力和太阳能等进行电力供给。可再生能源最大的特点是它是一种间断性能源，需要根据物理环境条件，在不同地点进行发电，其终端市场的绩效主要受到地理位置的影响。因此，终端的清洁能源领域投资不可避免地具有地理亲近性，实质上是一种关于位置的投资。在我国，风电装机容量主要投资的区域分别在甘肃、新疆、内蒙古、宁夏和山西等风电资源充沛、传统能源富集的地区。全国光伏装机容量呈现出类似的特征，据统计，光伏电站投资排名全国前五的省份分别是甘肃、新疆、内蒙古、宁夏和山西，5 个省份光伏电站投资额占全国总投资额的比例为 65.73%，远远高于其他省份的投资。

4.4.2　清洁能源投资受到区域政策的影响

在清洁能源投资中，政策发挥了关键性作用，用以解决清洁能源投资所面临的系统性障碍。能源行业有着较高的进入门槛，业已成熟的传统能源行业若没有外力推动，不会自然将能源市场份额让给清洁能源发电企业。因此，政策驱动在清洁能源领域的投资尤为重要。同时，清洁能源投资有着较高的资本密集度，较高的技术风险和较大的公共设施实施成本等大大抑制了私人投资的信心。因此，清洁能源领域需要政府来培育该领域的创新项目，分别对清洁能源供给方和需求方进行政策驱动。一方面，通过财政补贴和税收优惠等降低资本进入清洁能源领域的成本，另一方面，通过碳税、环境保护税等提高传统能源行业的发电成本，构建适应于清洁能源投资的生态环境。

4.4.3 风险资本中心化和清洁能源投资的“异地化”特征

尽管清洁能源投资具有明显的地理亲近性，然而，应该看到，推动清洁能源投资的资本更多地可能来自“异地”的金融资本。在中国，由于资本聚集中心往往是在北上广等城市，而清洁能源投资可能更多发生在西北或者非金融资本聚集中心，因此，风险资本清洁能源投资呈现“异地化”的特征。在美国，大部分清洁能源创业企业得到了本地风险投资机构的金融支持，风险资本地理亲近性能够改变金融中心的资本壁垒，推动财务金融的去中心化。尽管空间距离会提高投资者对投资回报风险增益的要求，增加由于空间距离提高带来的投资风险，但现代交通便利性，及金融资本中心所带来的规模优势在某种程度上削弱了空间距离对清洁能源投资的负面影响，从而使得风险资本在清洁能源领域投资呈现“异地化”特征。

根据以上理论分析，我们提出以下假设：

假设 1：清洁能源风险投资具有明显的“异地化”特征；

假设 2：相对于其他地区，北上广地区的清洁能源领域风险资本投资的地理亲近性相对较弱。

4.5　实证研究设计

4.5.1　数据来源和样本选择

利用清科公司所提供的私募通账号，将各个省份风险资本在清洁能源领域的投资作为数据样本，具体分析 2013—2016 年清洁能源风险投资的地域特征。

4.5.2　变量含义

主要变量类型、符号与含义见表 4－8。通过这些变量，考察清洁能源领域风险资本投资是如何受到空间因素的影响，具体如下：

（1）被解释变量：检验地理距离对风险资本投资的影响程度。以风险资本投资额（VCamount）、投资轮次（VCrounds）和投资时间（VCtime）为被解释变量，投资额为风险资本在退出之前的总资金投入；投资时间为风险资本投资企业到退出的时间；投资轮次为风险资本进入创业企业的时间点，为简单起见，投资轮次分为天使轮、成熟期 2 个轮次。

（2）解释变量：解释变量为风险资本投资机构与被投资企业之间的地理距离和相对位置信息，分别用 VCdistance 和 VClocation 表示。地理距离（VCdistance）反映了投资机构和被投资机构之间的物理距离，用百度地图计算出空间距离；对于相对位置信息（VClocation）来说，如果风险资本投资机构与被投资企业在同一个省份，则取值为 1，否则为 0。

表 4-8　主要变量的符号、含义

变量类型	变量	符号	定义
被解释变量	风险资本投资	VCamount	风险资本投资金额量（单位：百万元）
	投资时间（年）	VCtime	风险投资机构进入被投资企业的时间
	投资轮次	VCround	风险投资机构投资被投资企业的轮次，种子期=1，晚期=0
解释变量	地理距离	VCdistance	通过百度地图计算的投资机构和被投资企业之间的空间距离
	地理位置	VClocation	哑变量，VC 与被投资企业在同一省份为 1，否则为 0
控制变量	投资机构类型	VCtype	投资机构为本土企业，VCtype = 1；为外资企业，VCtype = 0
	VC 管理资本额对数	INVC	风险投资机构管理资本总额的对数
	VC 持股比例	VCshares	风险投资机构投资被投资企业的股份比例
	政府与市场指数	Governmentindex	采用王小鲁等《中国分省份市场化指数报告（2016）》中的指标
	法律环境指数	Lawindex	采用王小鲁等《中国分省份市场化指数报告（2016）》中的指标

（3）控制变量：控制变量分别选用风险资本声誉（VCreputation）、风险资本类型（VCtype）、风险资本持股比例（VCshare）和市场环境等指标来表示。其中，声誉（VCreputation）反映风险资本投资机构的实力和社会网络。采用风险资本机构管理资本总额作为衡量其实力的指标；风险资本类型（VCtype）分为外资和本土；风险资本持股比例（VCshare）采用风险资本机构投资被投资企业所占的股份比例表示。市场环境特征采用王小鲁等《中国分省份市场化指数报告（2016）》中列示的指标，这些指标分别包括政府与市场指数（Governmentindex）和法律环境指数（Lawindex）。

4.5.3　模型设计

建立以下模型Ⅰ，考察空间因素对风险资本投资行为的影响。

$$VC_{it} = \gamma_0 + \gamma_1 VCdistance_{it} + \gamma_2 Control_{it} + \gamma_3 Environment_{it} + \varepsilon_{it} \quad \text{I}$$

模型Ⅰ包括风险资本空间距离、市场环境因素和控制变量等。

4.5.4　描述性统计分析

如表 4 - 9 所示，风险投资机构对清洁能源企业的投资额（VCamount）平均值为 34.88 百万元，最大为 3000 百万元，最小为 0.06 百万元，标准差为 146.21。风险投资机构和被投资企业的距离（VCdistance）为 713.92 千米，最大为 3906.1 千米，最小值为 0，标准差较大，为 722.38；风险投资机构和被投资企业的空间距离（VClocation）反映出我国幅员辽阔，风险投资机构所跨越的空间距离较大。从风险投资机构与被投资企业是否处于一个城市来看，大约有 33% 的投资机构与被投资企业坐落在同一个城市，其余 67% 的企业则位于不同城市。

控制变量选择了投资机构类型、投资机构管理资产规模和投资机构股权比例等变量，反映了风险投资受到了来自除了空间地理影响外的其他因素的影响。表4－9显示，风险投资机构进入清洁能源创业企业的时间（VCtime）不长，平均为1.89年，最长为3年，短的只有1年。从投资轮次来看，仅仅有13%的风险投资机构是在种子期进行的投资，其余87%是在创业企业成熟期进行的投资，说明种子期风险资本投资风险较高，使得进入该阶段投资机构较为稀缺。从风险投资机构类型（VCtype）来看，93%的企业是本土投资机构，大约有7%的比例是外资投资机构。风险投资机构持有创业企业的股份比例（VCshares）相对较低，平均值仅仅为5.66%，最大值为45%，最小为0.03%。

表4－9　　　　主要变量的描述性统计分析

变量符号	平均值	最大值	最小值	标准差
被解释变量				
VCamount（百万元）	34.88	3000	0.06	146.21
VCtime（年）	1.89	3	1	0.71
VCround（轮次）	0.13	1	0	0.34
解释变量				
VCdistance（千米）	713.92	3906.10	0	722.83
VClocation	0.33	1	0	0.47
控制变量				
VCtype	0.93	1	0	0.25
INVC	6.98	13.46	－0.69	146.21
VCshares（%）	5.66	45	0.03	6.88

4.5.5 实证检验结果分析

（1）相关性分析。表4－10是对上述变量的Spearman相关性分析。从表 4 - 10 可以看到，风险投资额与风险资本空间距离有正向的相关性，相关系数为 0.1084，且在 1% 水平上显著；风险资本投资额分别与风险投资时间、风险投资机构有正向的相关性；风险投资机构空间距离与风险投资机构位置呈现反向相关性，相关系数为 - 0.6812，且在 10% 水平上显著，说明风险投资机构更多地选择进行异地投资。风险投资机构的位置与风险投资轮次也呈现反向相关性，相关系数为 - 0.0326，且在 5% 水平上显著，说明风险投资机构投资外地企业，投资轮次更多地选择成熟轮次投资。

（2）多元回归分析。

A. 物理距离和地理位置对风险投资额的影响。表 4 - 11 列示了地理距离对风险投资额（VCamount）的影响。从表 4 - 11 可以看出，投资机构与被投资机构之间的距离和风险投资额呈现正相关性，回归系数为 0.0003，且在 1% 水平上显著，与一般的风险投资和投资距离呈现负相关性的假设不相符合。从检验结果，我们推测大量风险投资机构聚集在北上广等大城市，而清洁能源企业由于受到资源禀赋的约束，大多聚集在非主流城市中，借此说明了风险资本在清洁能源领域的投资呈现出另一种地理亲近性，即风险资本主流城市聚集和被投资企业按照资源禀赋的聚集效应，两者之间存在一定空间距离的分离，从另一个角度证实了地理距离对风险投资额的显著性影响。根据推测，我们进而构建投资距离和中心城市之间的调节变量 VCregulating，该变量是投资距离（VCdistance）和中心城市变量（VCeast）之间的交叉项，中心城市变量（VCeast）为 1，表示城市位于东部；反之，表示城市位于西部。

模型Ⅱ反映了调节变量的显著性作用，即当城市属于东部中心城市，风险投资额和投资时间都会下降，从而弱化了风险资本

表 4－10　　　　主要变量的 Spearman 相关系数

序号	变量符号	1	2	3	4	5	6	7	8
1	VCamount	1							
2	VCdistance	0. 1084 **	1						
3	VClocation	－0. 0882	－0. 6812 *	1					
4	VCtime	0. 1015 **	0. 0969	0. 0173	1				
5	VCround	－0. 0264	0. 0330	－0. 0326 **	0. 0486	1			
6	VCtype	－0. 0045	－0. 0535	0. 0761	－0. 0396 **	－0. 0136	1		
7	INVC	0. 5126 *	0. 1318 **	－0. 0930	0. 3753 **	－0. 0453	－0. 0834 **	1	
8	VCshares	0. 0546	－0. 0780	0. 0682	0. 0538	0. 1443 ***	－0. 0522 **	0. 1738 **	1

的距离效应。该结果和我们推测的结果一致，即在清洁能源行业，风险资本地理亲近性与西方国家的地理亲近性不完全一致，既反映了清洁能源自然禀赋的特点，也是金融资本聚集东部城市的一种形态反映。

表 4－12 列示了地理位置（VClocation）对风险投资额（VCamount）的影响，VClocation 对风险投资额的回归系数为 －0.192，且在 1% 水平上显著，说明当投资机构与被投资机构不在一座城市时，风险投资额增加。和表 4－11 列示的结果一致，说明清洁能源投资机构与被投资企业在空间上的分离反映了资源禀赋和金融资本各自的地理聚集效应。

B. 物理距离和地理位置对风险投资时间的影响。据表4－11 显示，相对距离（VClocation）对风险投资时间（VCtime）有显著影响，即风险投资机构与被投资企业空间距离越远，则风险投资时间越长。空间距离对风险投资时间（VCtime）的回归系数为 0.0002，且在 1% 水平显著，进一步证实了我国清洁能源投资区域和风险资本聚集区域的空间分离状态。据表 4－12 显示，VClocation 对投资时间（VCtime）的回归系数为 －0.018，说明当投资机构与被投资机构处于不同城市时，风险资本投资时间越长，说明了清洁能源领域风险资本和创业企业之间的空间分离状态，但表现并不显著，还有待进一步检验。

C. 物理距离和地理位置对风险投资轮次的影响。表 4－11 列示了物理距离（VCdistance）对风险投资轮次（VCround）的影响。VCdistance 对风险投资轮次（VCround）的回归系数为 0.0001，且在 1% 水平上显著，说明地理距离越大，风险投资机构越谨慎，越可能投资于创业企业的成熟期。表 4－12 列示了地理位置（VClocation）对风险投资轮次（VCround）的影响，VClocation 对风险投资轮次（VCround）的回归系数为 －0.081，且在1%水平上显著，说明当投资机构和被投资机构在同一城市时，投资机构选择投资轮次相对较靠前，反之，不在同一城市，投资机构倾向于投资处于成熟期的创业企业。

表4-11　　　　假设1检验

	模型Ⅰ			模型Ⅱ		
	VCamount	VCtime	VCround	VCamount	VCtime	VCround
VCdistance	0.0003 (2.26)***	0.0002 (2.96)***	0.0001 (2.93)***	0.0006 (3.50)***	0.0001 (1.78)*	0.00008 (2.61)***
VCregulating =VCdistance× VCeast				-0.00057 (-2.26)***	0.00003 (0.33)	-0.00008 (-2.30)****
VCtype	-0.7200 (-0.99)	-0.078 (-0.25)	-0.0080 (-0.04)	-0.6896 (-0.95)	-0.0790 (-0.26)	-0.0235 (-0.25)
VCshares	0.0510 (4.12)***	0.0100 (1.92)***	-0.0230 (-5.90)***	0.0510 (4.10)***	0.0100 (1.92)**	0.0065 (3.38)***
INVC	0.0780 (2.90)***	0.0650 (5.74)***	-0.0260 (-3.08)***	0.0750 (2.82)***	0.0650 (5.74)***	-0.0158 (-1.97)**
Governmentindex	0.0680 (0.88)	0.0540 (1.66)*	-0.0270 (-1.11)	0.1200 (1.52)*	0.0510 (1.52)*	0.0147 (1.16)
Lawindex	-0.0420 (-1.73)***	0.0160 (1.59)*	0.0060 (0.81)	-0.0090 (-0.32)	0.0140 (1.25)	0.0051 (1.16)
concept	1.2710 (1.45)***	0.9110 (2.47)***	1.8840 (6.85)***	0.5380 (0.59)	0.9500 (2.45)**	-0.0812 (-0.64)
Observation	401	401	308	401	401	449
F	6.85 (0.000)***	10.38 (0.000)***	10.81 (0.000)***	6.98 (0.000)***	8.89 (0.000)***	2.75 (0.000)***
Adj R^2	9.45%	12.14%	12.91%	9.47%	12.14%	

D. 其他因素对风险投资的影响。表 4－11 显示 VCshares 对 VCamount 和 VCtime 的回归系数为 0.051 和 0.010，且在 1% 水平上显著，说明风险投资机构占被投资企业股份比例越大，则风险投资额越大，投资时间越长。据表 4－11 显示，VCshares 对投资轮次 VCround 的回归系数为－0.023，且在 1% 水平上显著，说明风险投资机构占被投资企业股份的比例越大，投资轮次越接近成熟阶段的投资。表 4－12 的检验给出了相同的结果。表 4－11 与表 4－12 均显示本土或外资风险投资机构在清洁能源领域的投资额没有显著差别。风险投资机构管理资金的规模对清洁能源风险投资额没有显著性影响。

表 4－12　　　　地理位置影响回归模型

	VCamount	VCtime	VCround
VClocation	－0.192 (－1.09)*	－0.018 (－0.24)	－0.081 (－1.40)*
VCtype	－0.72 (－0.99)	－0.078 (－0.25)	－0.008 (－0.04)
VCshares	0.051 (4.12)***	0.010 (1.92)***	－0.023 (－5.90)***
INVC	0.078 (2.90)***	0.065 (5.74)***	－0.026 (－3.08)***
Governmentindex	0.068 (0.88)	0.054 (1.66)*	－0.027 (－1.11)
Lawindex	－0.042 (－1.73)***	0.016 (1.59)*	0.006 (0.81)
concept	1.271 (1.45)***	0.911 (2.47)***	1.884 (6.85)***
Observation	401	401	308
F	6.85 (0.000)***	10.38 (0.000)***	10.81 (0.000)***
Adj R^2	9.45%	12.14%	12.91%

（3）稳健性检验。将被投资企业位置分为东部地区和西部地区，其中，VCeast = 1，表示被投资企业位于东部地区，VCeast =0，表示被投资企业位于西部地区。表 4 - 13 列示了稳健性检验结果。由表 4 - 13 可以看出，相对于西部地区，东部地区的清洁能源投资相对是下降的，且在 1% 水平上显著。相对于

表 4 - 13　　　　稳健性检验

	VCamount	VCtime	VCround	VCamount	VCtime	VCround
VCdistribute	-0.551 (-2.41)**	-0.049 (-0.50)	-0.112 (-1.54)*			
VCeast				-0.1105 (-0.34)	0.206 (1.51)***	-0.152 (-2.69)***
VCtype	-0.704 (-1.49)*	-0.096 (-0.48)	-0.130 (-0.86)	-0.759 (-1.60)	-0.104 (-0.52)	-0.086 (-1.04)
VCshares	0.047 (3.79)***	0.008 (1.51)*	-0.026 (-6.60)***	0.0438 (3.56)	0.008 (1.54)*	0.006 (2.85)***
INVC	0.080 (3.01)***	0.064 (5.62)***	-0.026 (-6.60)***	0.0833 (3.11)	0.054 (5.72)***	0.007 (1.50)*
Governmentindex	0.150 (1.74)**	0.040 (1.08)	-0.013 (-0.47)	0.06011 (0.75)	0.0143 (0.42)	0.014 (1.03)
Lawindex	0.012 (0.39)	0.019 (1.43)*	0.014 (1.42)	-0.02340 (-0.67)	-0.002 (-0.13)	0.009 (1.52)*
concept	1.111 (1.61)*	1.171 (3.98)***	2.045 (9.29)***	1.3769 (1.93)	1.366 (4.57)***	-0.004 (-0.00)
Observation	419	419	416	427	427	427
F	6.74 (0.000)***	7.96 (0.000)***	10.03 (0.000)***	565 (0.000)***	8.59 (0.000)***	3.75 (0.000)***
Adj R^2	7.61%	9.08%	11.55%	6.15%	10.93%	5.08%

信息技术和互联网投资，清洁能源发电和区域物理环境、区域政策有着密切关系，发电市场的分散型和非集中化使得清洁能源通过规模化实现技术的通用性变得较为困难。另外，能源行业有着较高的进入门槛，清洁能源的创新、推广与区域政府有着密切关系，从而使得清洁能源投资表现为明显的地理亲近性。风险资本作为逐利型资本，必然会受到区域地理位置的内生性影响。内生性影响使得参数估计有偏且不一致，为此，本章采用包含工具变量的两阶段最小二乘法（TSLS）进行回归，消除区域地理位置可能存在的内生性问题。首先，建立区域地理位置 Location 的多项 Probit 模型，计算清洁能源风险投资选择某一区域位置 Location 的概率，进而利用第一阶段模型的预期值对模型 I 进行回归，探讨其他相关因素对清洁能源风险投资资本的影响数。其次，利用现有数据样本，将清洁能源风险投资区域分别划定为华北、华东、东北、西北、华南、华中和西南 7 大区域，变量 Location 分别取值 0，1，2，3，4，5，6。两阶段最小二乘法（TSLS）的结果如表 4 - 13 所示，将华东地区作为基准变量，检验结果显示区域地理位置对风险投资有明显的影响，无论是随机效应模型，还是混合模型，都显示区域地理位置的影响是在 1% 水平上显著，说明了清洁能源领域风险资本具有明显的地理亲近性。

4.6　本章小结

本章结合风险资本地理亲近性理论，探讨了清洁能源领域风险资本的地理亲近性。研究发现，在我国，清洁能源领域的风险资本表现出明显的地理亲近性。该地理亲近性主要受到清洁能源投资区域资源禀赋的影响，及金融资本区域集中的影响，并不呈现常规意义上的金融资本和清洁能源投资区域地理的邻近性特征，而是表现为金融资本和清洁能源区域地理的“异地化”投资特征，该特征为实证研究所证实，并符合我国的现实特征。

风险资本对清洁能源企业创新绩效的影响研究

5.1　风险资本与创新活动相互作用的机理分析

5.1.1　风险资本推进创新假说

风险资本作为推动高风险企业成长的权益资本在美国存在近 60 年，在 20 世纪 80 年代之前其影响力有限（Gompers and Lerner, 1998）。1978—2007 年，根据美国风险资本协会（NCVA）的统计，美国风险资本募集的资本从 5.49 亿美元增加到 359 亿美元。许多分析家、政治家和企业家普遍认为，风险资本在推动区域经济和整体经济发展方面发挥了重要作用（Bottazzi and Rin, 2002）。因此，加拿大、德国和以色列等国家的政府通过公共政策扩大风险资本的供给（Gilson，2003；Cumming and MacIntosh，2007）[71]。然而，是什么因素推动了风险资本对经济增长作出的巨大贡献？其中重要的假设是风险资本能够对企业创新产生积极推动效应，进而给企业带来巨大的市场价值。

Kortum 和 Lerner（2000）[72]对美国 20 个产业数据的研究表明，风险资本的增加会带来专利数量的增加，其效应是普通 RD 投入的 3.1 倍。有风险投资背景的公司有更多专利，专利被引用的次数更多。Hellman 和 Puri（2000）[73]以美国硅谷 173 个高技术创业公司为样本，研究发现与非风险投资公司相比，拥有风险投资背景的公司有更多的创新战略；Engel 和 Keilbach（2007）分析了一系列年轻德国公司的面板数据，发现有着较高比例专利申请的公司较容易获得风险资金；一旦这些企业获得风险资本后，相对于没有获得风险资本的企业来说，成长速度更快。Caselli，Gatti 和 Perrini（2006）、Peneder（2007）[74]在研究意大利和以色列公司时，发现了类似情况。这些研究通过采用倾向匹配得分（PSM）消除风险资本和创新之间的内生性问题。Haeussler，Harhoff 和 Müller（2009）[75]研究德国和英国的生物技术公司发现：有着较多专利的公司较快获得风险资本，特别是那些专利引用率较高的企业，获得风险资本的速度更快；企业获得风险资本以后，能够大幅度提高其专利引用率，说明风险资本家具有识别高质量创新的能力。Tang 和 Chyi（2008）[76]发现，通过知识的内部扩散渠道，风险投资行业提高了中国台湾制造业的全要素生产率。Chemmanur，Krishnan 和 Nandy（2008）[77]利用普查数据研究有风险投资背景的制造公司，发现与非风险投资公司相比，具有风险投资背景的公司在最初的风险投资进入时具有更高的全要素生产率，且在风险投资进入之后保持了更高的全要素生产率增长。

Masayuki，Hirukawa，Masako 和 Uedaz（2008）[78]分析美国制造业中风险资本和创新之间的因果关系。通过采用全生产要素和专利数量作为测量创新的指标，采用面板的自回归模型和按产业分类的自回归模型，发现全生产要素与未来的风险资本投资正相关，从而支持创新第一的观点。

5.1.2　风险资本抑制创新假说

风险资本并不一定会推动创新，反而可能会抑制创新。Tredennick（2001）[79]研究显示，风险资本家往往会支持那些传统的，或已得到证明的思想。Bhide（2000）[80]认为，如果风险资本家对创业公司持续监督，使得这些公司更追求短期获利机会和更少的不确定性，从而不利于创新的诞生。Zucker，Darby 和 Brewer（1998）[81]研究了生物科技创立公司的原因，发现风险投资市场的规模与生物科技创新率呈负相关。

Gilbert 和 Newbery（1982）[82]提出，风险投资支持的企业有时会申请一些阻止性专利，当这些阻止性专利质量低于市场竞争下的专利质量，风险资本的进入导致专利质量下降。研究者也发现，风险投资会增加专利数量，但对全要素生产率没有显著影响。风险资本仅仅鼓励公司将已经存在的技术转化为专利。

5.1.3　创新范式与风险资本

创新是人类社会发展的重要驱动力。然而，对创新的研究诚如《牛津创新手册》所描述的“盲人摸象”的情况，没有一个学科能包含创新的全部内涵[83]。1995 年，欧盟出版的《创新绿皮书》对创新理论的内涵作出界定：创新是“在经济和社会领域内成功地生产、吸收和应用新事物。它提供解决问题的新方法，并使得满足个人和社会的需求成为可能”。“创新不仅是一种经济机制或技术过程，此外还是一种社会现象。”巴尼特在《创新：文化变迁的基础》（1953）中说：创新是指“在实质上不同于现有形式的任何新思想、新行为或新事物”。

由上述学者对创新的定义，我们大致可以“捕捉”到创新本质。所谓创新本质是指基于一定软件或硬件条件的某种新规则或模式，体现了“相互关联的，同类型的技术和组织原则”，并在实质上预示了经济生活潜在生产率的“量子跃迁”。创新内核往往“诞生”在原有组织结构的边缘，而为原有结构所无法包容。创新内核超越了原有的思维层次，并寻求在技术层次和组织层次的“突破”。1908 年，亨利·福特发明了内燃发动机，开创了规模化生产大众汽车的时代；1971 年，在美国加利福尼亚一个小镇上诞生了世界第一台微处理器，功能强大而低廉的芯片为一个时代开创了无数的商业和技术机会。创新“内核”反映了创新的原创力，然而，创新“内核”也是最难以把握，难以依赖经验、逻辑和技术路线形成，其未来发展的结果具有强烈的不确定性，这使得创新常常成为人们的“口头之禅”，而真正实现创新，让创新转化为现实生产力的却少之又少。推动创新“内核”演化，使之成为“浩浩荡荡”的创新之源，还取决于创新范式的塑造和奠基。创新范式是承载创新原创力的技术与经济范式。Dosi（1982）认为创新范式是一系列技术问题的解决方案，包括解决方案的知识、规则、标准、习惯的总称。Winter（1984）从组织的创新行为、搜寻行为、知识来源、组织的知识基础等方面来界定技术范式。Malerba 和 Orsenigo（1993，1996）提出了创新范式的四维理论，分别用技术机会、收益性、累积性及知识基础来描述创新范式的本质特征。在人类社会发展的进程中，不乏创新“火花”和原创力，但大多“湮灭”在历史发展的长河中，其重要原因在于缺乏成功的创新范式。创新特征

(Gompers and Lerner, 2001b) 主要体现为技术的不确定性，面临着较高风险，高度依赖于无形资源和技术，对市场波动存在高度的敏感性。由于上述特征，使得仅仅依靠创新，企业家难以通过传统融资模式获得资金。

5.1.4　风险资本对创新影响因素分析

(1) 风险资本来源。Berlin (1999)[84] 将美国风险资本分为 4 种类型：第一种是由金融机构投资经理转化而来，这一类风险资本家往往具有金融业和投资银行的工作经验；第二种是由创业家转化而来，曾经的创业经历和行业经验，有助于风险资本家对行业、技术和市场的把握；第三种是由科技型企业高级管理者转化而来，往往具有高层管理经验、行业和技术专长。第四种是直接来自高校科班训练的人才，具有高学历，受过投资后管理的全面训练，但缺乏人际网络和创业管理经验。

(2) 风险资本家的个人才能。Knockaer (2006)[85] 认为，人力资本个人才能、咨询经验和创业经验有助于企业进行投资后的管理。Bottazz (2008) 对欧洲风险资本交易样本进行分析，发现从事过商业活动并拥有经验的风险资本会更频繁介入创业活动，从而有助于风险资本的增值活动。风险资本家的个人才能表现在专业化能力、网络资源、声誉机制和投资经历对投资后的管理都有积极影响。Hochberg (2007) 发现，具有较好网络的风险资本绩效显著好于其他公司，具有较好网络的风险资本投资风险企业存活的概率更高。Yang et al. (2009) 发现，风险资本多样性的行业经验与相对较高的财务潜力有助于提高风险企业的能力。风险投资家的行业经验和丰富的风险投资经历有助于风险资本家选择具有战略潜力的风险企业。

(3) 风险资本家的介入时机和介入时间。Rosenstein

(1988)[86]研究发现，风险资本对创业企业介入时间越早，对企业创新和企业价值的影响越大，对逆向选择和道德风险规避越有效。Rosenstein（1993）发现，在企业发展早期，风险资本早期的管理参与、激励和监督给风险企业带来的效用远远超过成熟期，说明风险资本早期介入有利于提高绩效，增加 IPO 成功率。Goman（1989）[87]对 49 家风险资本家进行问卷调查，发现大部分风险资本家有一半以上的工作时间花在被投资企业的管理上，平均每个风险资本家负责管理 9 个被投资企业。Bobzider（2001）[88]发现，美国风险资本投入风险企业的时间占整个风险投资流程的 75%。Gu 和 Chen（2008）调研发现，风险资本活动和企业选择参与时间、风险企业的价值增值有一定关系。

（4）风险资本的控制方式。风险资本的控制方式取决于创业企业发展的阶段性。在发展初期，企业控制权往往是由风险资本家和创业者之间共同享有。风险资本家在创业早期，积极参与企业董事会，拥有较大的裁量权。在创业企业进入发展的成熟期，风险资本家对创业企业更多依赖制度和合约方式来实现其控制影响。Timmons（1999）[89]认为，典型的风险资本家实质上是创业者、创新者的教练和合伙人，帮助他们塑造和发展企业。风险资本家对创新企业价值增值的作用体现在对创新企业专业化的指导方面。风险资本支持的企业往往会有突破性的创新活动，并且能够利用更为激进的营销手段。因此，风险资本支持的企业往往有更多的专利技术。Gompers 和 Lerner（2000）研究显示，相对于无风险资本支持的企业来说，有风险资本支持的企业 IPO 的业绩也较高。

（5）风险投资公司的类型。由于风险投资公司的类型不同，风险资本的介入方式和介入程度也不同。风险投资企业的类型分别有风险投资公司、有限合伙投资公司和天使投资 3 种形式。一般情况下，天使投资介入公司的业务较少，风险投资公司介入次之，有限合伙风险投资公司介入程度最深，风险投资公司经理介入公司业务的程度较低，而独立风险投资公司较积极地介入企业管理活动。

（6）风险资本带来的无形资源。风险资本家带来的不仅仅是资本，更重要的是技术、经验、声誉及由此而带来的网络效应。风险资本之间所形成的“辛迪加”对于创业企业投资有着重要影响。所谓风险资本“辛迪加”是指若干个风险资本联合起来进行一项创业投资。根据 Deli，Santhana 和 Krishnan（2009）[90] 的统计显示，1989—2005 年，美国大约 63% 的投资是由风险资本合作人联合组成的“辛迪加”进行的投资。

5.2　清洁能源领域风险资本与企业创新行为的理论分析和假设提出

5.2.1　风险资本与区域投资风险对企业创新绩效的影响

风险资本清洁能源投资面临着较高的区域投资风险，主要是在不同区域，清洁能源需要和传统能源进行竞争，相对于传统能源技术，清洁能源技术给用户带来的变化并不明显。尽管清洁能源创新能够给经济环境带来较高的正向外部性，例如减少碳排放等，然而，这一外部性并不能完全被清洁能源创新者所吸收，清洁能源领域创新投资水平低于社会最优水平。清洁能源的创新，更多体现在其社会价值方面，而不是投资者个体私有收益方面。不同于生物技术和信息技术，清洁能源诸多投资项目依赖于物理位置和物理条件才能发挥作用；也不同于通信产品创新研发技术能为全球市场而享有，清洁能源技术难以在全国所有区域适用和推广。清洁能源产业链的空间投资效应意味着创新技术仅仅适用于本地市场或本地客户。因此，我们可以提出：

假设1：在传统能源禀赋较好的省份，清洁能源领域风险资本对企业创新绩效的影响作用被弱化。

清洁能源产业属于战略新兴产业，政府和企业保持良好的政商关系，有助于企业创新战略的实施和推行。因此，我们提出：

假设2：政府和企业关系越好的省份，清洁能源领域风险资本对企业创新绩效的影响作用越明显。

来自Wind数据库的数据显示，2011—2014年，全部A股非金融类上市公司获得政府补贴累计高达3959亿元，政府补贴年均增长率为21%，这些统计数据显示了政府财政对于经济发展的强力推动。在2819家非金融上市公司中，326家新能源类上市公司政府补贴588.9亿元，占比14.9%，反映出政府补贴对推动新能源产业发展、推动企业创新力提高的重要目的和意图。为此，我们提出：

假设3：得到政府补贴越多的企业，风险资本对其进行投资的创新绩效越高。

5.2.2 风险资本与区域技术风险对企业创新绩效的影响

风险资本在清洁能源领域投资中面临着较高的系统风险，系统性风险主要来自于研发的技术风险、产品风险和市场风险等（Wistenhagen and Teppo，2004）。持续的清洁能源技术尽管能够给终端用户带来一些节能方面的收益，但清洁能源项目具有技术复杂性，使其难于为外部投资者理解和认识。在清洁能源技术方案提出以后，面临着市场、技术基础条件和公共政策等方面巨大的不确定性，这些不确定性往往由风险投资者来承担。由于清洁能源项目是资本密集型的投资项目，有着较长的回报期，技术风险对其整个生命周期的投资显得尤为重要。图 5－1 描述了在清洁能源领域资本密集度与技术风险之间的关系。图 5－1 的坐标左上方领域显示，资本密集度较高，但技术风险相对较低，这一区域是技术成熟的清洁能源设备的生产、制造及应用技术，在这个领域可以进行大规模的商业投资，2007—2009 年，大约 50% 以上的新增投资是成熟技术的项目投资，诸如风力发电机组、太阳能薄膜及第一代生物发电等（Ghosh and Nanada，2010）。图 5－1 的坐标的左下方，表示较低资本密度能源投资和较低技术风险领域，在该领域，往往是清洁能源配件的生产，是现有技术应用于清洁能源领域，往往是现有企业的技术增量创新。在这一领域，企业面临较低的技术风险，也比较容易获得银行贷款来支持其运营（Ghosh and Nanada，2010）。图 5－1 的坐标右边领域，反映了较高的技术风险，这些领域难以吸引债务资本。尽管清洁能源技术在实验室能够成功应用，但不能保证大规模生产（Ghosh and Nanada，2010）。在清洁能源领域，资本密集度的问题也是阻碍风险资本投资的重要障碍。在清洁能源投资项目中，早期商业项目存在明显的、巨大的财务“鸿沟”。由于昂贵的能源技术设施投资对于风险资本来说无疑难以逾越，而较高的技术风险也

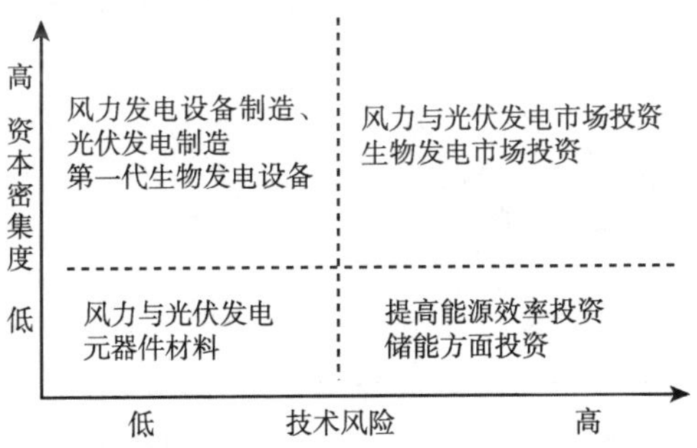

图 5－1　清洁能源投资风险与资本密集度示意图

使得债务资本“望而却步”。相对来说，居于清洁能源产业链下游的太阳能技术和光伏技术有着较为稳定的现金流，其技术风险相对较低，而处于研发阶段的清洁能源技术等由于其市场前景不明，经营模式和盈利模式尚在探索之中，风险资本投资面临着较高的技术风险，从而会削弱风险资本对清洁能源企业创新绩效的影响。为此，我们提出：

假设4：清洁能源技术投资风险越高，风险资本投资对企业创新绩效的影响越小。

5.2.3 政府公共政策与政府投资对清洁能源创新绩效的影响

清洁能源风险投资机构的背景分为国有和民营背景。国有背景往往是指以政府名义进行各类投资。拥有政府背景的风险投资机构往往有着不同于民营背景风险投资机构的投资目的。拥有政府背景的风险投资机构往往发挥着引导基金作用，其目的是以少量资金为“杠杠”，一方面，投资于那些非国有风险投资机构鲜有介入的天使轮或者处于创业初期的企业，另一方面，通过资金引导，吸引更多社会资金进入创业企业，推动创业企业发展。但拥有政府背景的风险投资机构相对而言，其在创业企业技术投资、管理咨询方面的能力相对薄弱。因此，我们提出：

假设5：相对于非国有背景的风险投资机构，在清洁能源领域拥有国有背景的风险投资机构对企业创新绩效的影响较小。

5.2.4 公司治理结构对企业创新绩效的影响

公司治理结构对企业创新绩效会产生一定影响。风险投资机构如果作为战略投资者，相对来说，对公司绩效影响较小，如果作为第一大股东参与企业管理，则风险投资机构会显著地影响企业的创新绩效。

假设6：如果风险投资机构是公司的第一大股东，则对企业创新绩效有显著性影响。

5.3　实证研究设计与检验结果

5.3.1　研究样本和数据来源

本节以沪深A股、中小企业板、创业板中属于清洁能源概念类的企业为研究样本。考察2011—2014年清洁能源产业概念提出以后，风险投资与企业创新绩效之间的内在关系。选取2011—2014年作为创新研究的时间跨度。企业财务资料、内部研发投入数据等来自Wind数据库；有关风险投资背景资料来自公司年报信息，为手工收集。剔除数据不全的样本共得到166个有效样本。有关样本的详细情况见本书附录1列表。

5.3.2　模型假设和变量含义

(1) 变量含义。有关变量含义和计算列示在表5-1中，其中，被解释变量分别采用内部研发投入（RDintense）和发明专利、发明专利、实用新型专利、其他专利之和（Innovation）表示创新绩效。

解释变量包括风险资本参与指标（VC）、政府补贴（Govergrant）、技术风险（Tech）、政商关系（Gverbusiness）、实际控制人（Ultimate control）、第一大股东持股比例（Bigshare）和第一大股东为风险投资公司（Board control）等变量。控制变量为企业规模（Size）、企业上市时间（Time）、资本密集度（PPE）和资产负债率等变量。

表 5－1　　变量说明

变量符号	变量含义	变量计算
被解释变量：创新绩效（Innovation）		
Innovation	创新绩效	用发明专利、实用新型专利、其他专利之和表示
外生解释变量（EXvariable）		
VC	风险资本参与	哑变量。VC 参与为 1，否则为 0
Govergrant	政府补贴	政府补贴数除以企业资产规模的比值来表示
Tech	技术风险	处于产业链的上游、中游和下游，分别为 0，1，2 表示
RDintense	内部研发投入	用内部研发投入金额占总资产比例来计算
CapitalRD	研发投入的资本化数额	用年报中研发费用资本化数额来计算
Gverbusiness	政商关系	采用王小鲁等《中国分省份市场化指数报告（2016）》中的指标
Ultimate control	实际控制人	实际控制人为国家，取值为 1，否则，实际控制人为民营企业家，取值为 0
Bigshare	第一大股东持股比例	第一大股东持股数量与总股数之比
Board control	第一大股东为风险投资机构	第一大股东为风险投资机构，取值为 1，否则为 0
Energyintense	能源强度	指单位实际地区生产总值的能源消费量
控制变量（Controlvariable）		
Size	企业规模	用企业资产规模的对数反映企业规模
Time	企业上市时间	用截至 2016 年上市公司的上市年度来表示
PPE	资本密集度	用固定资产和无形资产之和占总资产比例来反映企业的资本密集度
Lev	资产负债率	用资产负债率表示

（2）构建模型。

$$Innovation_{it} = \gamma_0 + \gamma_1 VC_{it} + \gamma_2 \mathrm{Regulat}_{it} + \gamma_3 controlvariables_{it} + \gamma_4 VC_{it} \times regulat_{it} + \varepsilon_{it}$$

5.3.3　描述性统计分析

表 5－2 列示了与清洁能源企业创新有关的主要变量描述性统计分析结果。创新绩效变量（Innovation）用企业发明专利、实用新型专利、其他专利之和来表示。据表 5－2 显示，166 家清洁能源企业平均专利数为 39.17 件，中位数为 21.5 件，最大数为 381 件，最小值为 0 件，标准差为 57.32。通过 VC 指标，我们可以看到，在 166 家清洁能源企业中，获得风险资本投资的企业为 30.7%，标准差为 0.463。政府补贴（Govergrant）平均值和中位数均为 0.003，最大值为 0.018，最小值为 0，标准差为 0.003。技术风险指标（Tech）用清洁能源产业链的上游、中游和下游表示，一般认为处于下游的企业，技术风险较低，而处于上游企业，需要进行技术研发、新材料开发等创新性活动，面临着较大的技术风险。表 5－2 显示大多数企业处于产业链的中游位置，技术风险（Tech）平均值为 1.03，中位数为 1，标准差为 0.71。在 166 家企业中，国家作为最终控制人的企业占比为 31.90%，标准差为 0.47。第一大股东持股平均占比为 31.79%，最大值为 72.11%，最小值为 2.63%，中位数为 29.66%，基本符合正态分布。

5.3.4　相关性分析

表 5－3 列示了主要变量的 Spearman 相关检验结果。从表5－3 可以看到，风险资本 VC 变量与创新绩效之间呈现正相关性，相关系数为 0.1544，且在 1% 水平上显著，说明风险资本投资对

表 5 – 2　　主要变量的描述性统计分析

主要变量	样本数	均值	中位数	最小值	最大值	标准差
Innovation	166	39.17	21.50	0	381	57.32
VC	166	0.31	0	0	1	0.46
Size	166	21.61	21.48	19.57	27.02	1.05
Govergrant	166	0.003	0.003	0	0.018	0.003
Tech'	164	1.03	1	0	2	0.71
CaptialRD	166	0.58	0	0.00	2.80	0.49
Gverbusiness	164	7.21	7.13	2.14	16.19	1.21
expenserd	164	0.0168	0	0	0.311	0.0467
Energyintense	158	0.51	0.46	0.30	1.11	0.16
Ultimate control	163	0.3190	0	0	1	0.47
Bigshare（%）	164	31.79	29.66	2.63	72.11	14.57
Board control	165	0.2848	0	0	1	0.4527
Time	166	9.33	6	1	24	6.22

资料来源：Wind 数据库。

清洁能源创新绩效有显著影响。其他变量的相关性表现为终极控制人属性对企业研发投入、政府补贴等方面有显著影响。相对于终极控制人为国家的企业，自然人控制企业对研发的投入更大，所获得的政府补贴更多。

5.3.5　基本模型检验结果分析

表 5 – 4 利用基本模型对若干个变量对清洁能源企业创新绩效的影响进行了实证检验。表 5 – 4 显示，风险资本对清洁能源创新绩效有显著性正向影响，回归系数为 16.52，且在 1% 水平上显著。基本模型也显示，企业费用化的研发投入和资本化的研发投入对企业创新绩效产生积极作用。费用化的研发投入对创

表 5-3　主要变量的 Spearman 相关检验结果

序号	变量符号	1	2	3	4	5	6	7	8	9	10
1	Innovation	1									
2	VC	0.1544**	1								
3	CaptialRD	0.0485	0.004	1							
4	expenserd	0.5140***	0.022	-0.007	1						
5	Govergrant	-0.1148	-0.020	0.1042	-0.0001	1					
6	Gverbusiness	-0.0657	0.113	-0.023	0.0628	-0.0309	1				
7	Ultimate control	0.0426	-0.036	0.0489	-0.187**	-0.244***	-0.265***	1			
8	Bigshare	-0.1473	-0.092	-0.1445	-0.0456	-0.0776	0.143	0.084	1		
9	Energyintense	-0.0795	-0.053	0.0772	-0.1516	0.1152	0.021	0.029	-0.119	1	
10	Tech’	0.0416	-0.126	0.024	-0.027	-0.090	-0.020	0.080	-0.144	0.0005	1

新绩效的回归系数为497.01，在1%水平上显著；资本化的研发投入对企业创新绩效也产生积极作用，回归系数为111.93，在10%水平上显著。表5-5显示，模型总体显著，调节R平方为33.44%，F系数为12.70，且在1%水平上显著。

表5-4 基本模型检验

RDintense	Coef	Std. Err	z	P>|z|	95% Conf.	Interval
VC	16.52	8.23	2.01	0.047	0.25	32.78
expenserd	497.01	63.78	7.79	0.000	371.02	623.00
CaptialRD	111.93	79.66	1.41	0.162	-45.42	269.28
lnsize	13.62	4.68	2.91	0.004	4.38	22.86
lev	43.15	26.65	1.62	0.107	-9.49	95.79
ppe	-5.66	8.26	-0.69	0.49	-21.97	10.65
Time	-0.71	0.69	-1.02	0.307	-2.08	0.66
concept	-302.90	95.52	-3.17	0.002	-491.58	-114.23
Number of obs	164					
Adj R^2	0.3344					
F	12.70 (000)***					

5.3.6 扩展模型检验结果分析

(1) 假设1。表5-5中的模型Ⅰ中增加了能源强度的影响，模型Ⅰ显示风险资本仍旧对创新绩效有积极的影响作用，回归系数为14.43，且在1%水平上显著；模型Ⅱ中增加了能源强度和风险资本参与的交叉项，交叉项回归系数为-64.96，且在10%水平上显著；说明在传统能源禀赋较好的省份，清洁能源领域风险资本对企业创新绩效的影响作用相对被弱化，这是由于能源禀赋较好的省份，会忽略清洁能源投资，而弱化风险资本的激励效应。模型Ⅱ的 R 平方为 32.79%，F 系数为 7.89，且在 1% 水平上显著。假设 1 得以验证。

表 5-5　　　　　　　　假设 1 模型检验

	模型 I	模型 Ⅱ
VC	14.43 (1.49)*	46.81 (1.45)*
expenserd	489.03 (6.85)***	488.94 (6.86)***
CaptialRD	122.75 (1.39)*	126.53 (1.43)*
Size	17.27 (3.11)***	17.63 (3.17)***
lev	37.72 (1.19)	39.57 (1.25)
ppe	-17.38 (-1.59)	-18.15 (-1.65)*
Time	-0.50 (-0.53)	-0.56 (-0.59)
Energyintense	-3.03 (-0.11)	15.14 (0.46)
Energyintense × VC		-64.96 (-1.05)*
concept	-372.86 (-3.29)***	-389.72 (-3.41)***
Number of obs	128	128
Adj R^2	0.3274	0.3279
F	8.73 (0.000)***	7.89 (0.000)***

（2）假设2检验。表5-6显示，政企关系指标对企业创新绩效的回归系数为-5.07，且在10%水平上显著，说明政府和企业关系较好的省份，并不意味着企业创新绩效水平高。表5-6模型Ⅱ增加了政企关系和风险资本投资之间的交叉项，该交叉项的回归系数为9.62，且在10%水平上显著，说明在政府和企业关系较好的省份，风险资本能够对清洁能源企业创新绩效发挥积极作用，克服政企关系给企业创新绩效带来的负面影响。假设2得以验证。

表5-6　　　　假设2模型检验

	模型Ⅰ	模型Ⅱ
VC	17.76 (2.16)**	-52.73 (-0.99)
expenserd	499.11 (7.87)***	490.34 (7.71)***
Captialintense	108.88 (1.37)*	102.65 (1.30)*
Size	13.14 (2.82)***	13.02 (2.80)***
lev	44.36 (1.67)*	44.76 (1.69)*
ppe	-7.47 (-0.90)	-8.09 (-0.98)
Time	-0.78 (-1.13)	-0.76 (-1.10)
Gverbusiness	-5.07 (-1.64)*	-7.39 (-2.09)
Gverbusiness × VC		9.62 (1.35)*

续表

	模型Ⅰ	模型Ⅱ
concept	-255.44 (-2.57)***	-235.56 (-2.35)**
Number of obs	164	164
Adj R^2	0.3415	0.3449
F	11.57 (0.000)***	10.54 (0.000)***

（3）假设 3。表 5-7 是对假设 3 的验证，验证政府补贴与风险资本的相互作用，对清洁能源企业创新的影响。表 5-7 模型Ⅰ显示，政府补贴越高，清洁能源创新绩效越大，政府补贴对创新绩效的回归系数为 7147.90，且在 1% 水平上显著，说明政府补贴越多的企业，越有足够资金进行专利申请和技术开发。因此，实证检验证实政府补贴越多的企业，创新绩效越高。模型Ⅱ中增加了风险资本投资和政府补贴的交叉项，交叉项的回归系数为 -5741.99，且在 10% 水平上显著，说明在风险资本投入的企业，政府补贴对企业创新绩效的影响是在减弱，与假设 3 不符。在政府补贴越高的清洁能源企业，风险资本投入并不能增加企业创新绩效，说明在政府补贴较高的企业，风险资本投资机构的管理创新作用并不显著。

表 5-7　　假设 3 模型检验

	模型Ⅰ	模型Ⅱ
VC	18.67 (2.29)**	36.93 (2.76)***
expenserd	513.25 (8.12)***	521.73 (8.28)***

续表

	模型Ⅰ	模型Ⅱ
Captialintense	106.08 (1.35)	96.81 (1.24)
Size	28.45 (3.71)***	27.06 (3.53)***
lev	41.24 (1.57)*	42.45 (1.63)***
ppe	-4.57 (-0.56)	-3.88 (-0.48)
Time	-0.48 (-0.70)	-0.46 (-0.67)
Govergrant	6213.70 (2.41)***	7147.90 (2.73)***
Gvergrant × VC		-5741.99 (-1.71)*
concept	-646.32 (-3.79)***	-620.94 (-3.65)***
Number of obs	164	164
Adj R^2	0.3544	0.3623
F	12.18 (0.000)***	11.29 (0.000)***

（4）假设4检验。表5-8是对假设4的验证，验证清洁能源企业存在较高的技术风险时，风险资本对企业创新绩效的影响。表5-8模型Ⅰ显示，技术风险越高的企业，创新绩效越大，说明技术风险越高企业，企业获得发明专利等越多，但该验证不显著。表5-8中模型Ⅱ中增加了技术风险与风险资本的交叉项，模型Ⅱ显示在技术风险较高的企业中，风险资本对企业创新绩效

的影响是弱化了，技术风险与风险资本的交叉项的回归系数为 -6.05，但验证显著性不高。

表 5-8　　　　假设 4 模型检验

	模型Ⅰ	模型Ⅱ
VC	12.53 (1.35)	18.24 (1.21)
expenserd	482.08 (7.0) ***	478.12 (6.87) ***
Captialintense	119.75 (1.38) *	115.98 (1.33)
Size	15.85 (2.95) ***	16.07 (2.97) ***
lev	36.70 (1.27) *	40.46 (1.29)
ppe	-16.19 (-1.51)	-15.92 (-1.48)
Time	-0.52 (-0.56)	-0.54 (-0.58)
Tech	2.97 (0.50)	5.13 (0.69)
Tech × VC		-6.05 (-0.48)
concept	-347.63 (-3.18) ***	-354.77 (-3.21)
Number of obs	134	134
Adj R^2	0.3202	0.3159
F	8.83 (0.000) ***	7.83 (0.000) ***

（5）假设5检验。表5-9是对假设5的验证，验证清洁能源企业终极控制人为政府或自然人时，风险资本对企业创新绩效的影响。表5-9模型Ⅰ显示，政府控制的清洁能源企业，相对于自然人控制企业，创新绩效更高一些，说明政府控制的清洁能源企业对创新投入更大一些。表5-9中模型Ⅱ增加了终极控制人和风险资本的交叉项，模型显示相对于非国有背景的风险投资机构，国有背景的风险投资机构对清洁能源企业的创新绩效影响作用较小，假设5得以验证，说明自然人控制的风险投资机构对清洁能源企业创新绩效有着更积极的影响。政府控制风险投资机构不同于自然人控制的企业，前者更倾向于政策导向、社会影响等方面的目标。

表5-9　假设5模型检验

	模型Ⅰ	模型Ⅱ
VC	15.17 (1.84)*	21.72 (2.23)**
expenserd	501.84 (7.85)***	497.27 (7.78)***
Captialintense	101.10 (1.27)	99.12 (1.24)
Size	12.67 (2.69)***	12.34 (2.62)***
lev	37.56 (1.40)	40.14 (1.49)
ppe	-8.27 (-0.99)	-9.58 (-1.13)
Time	-1.09 (-1.49)	-1.15 (-1.58)*

续表

	模型Ⅰ	模型Ⅱ
Ultimate control	14.46 (1.53)	21.65 (1.96)*
Ultimate control × VC		-22.05 (-1.26)
concept	-278.84 (-2.88)***	-273.68 (-2.83)***
Number of obs	163	163
Adj R^2	0.3393	0.3393
F	11.40 (0.000)***	11.40 (0.000)****

(6) 假设 6 检验。表 5-10 是对假设 6 的验证，验证清洁能源企业第一大股东持股比例对企业创新绩效的影响。表 5-10 模型Ⅰ显示，第一大股东持股比例越大，企业创新绩效越小，说明第一大股东持股比例越大的企业，对专利技术的投资相对较弱。表 5-10 模型Ⅱ中增加了第一大股东持股比例与风险资本投入的交叉项，模型Ⅱ显示，在第一大股东持股比例较高的情况下，风险资本投入对清洁能源企业创新绩效的影响减弱了，假设 6 得以验证，说明在控股股东持有股份比例较高的情况下，风险资本推动企业创新的作用大大减弱。

表 5-10　　　　假设 6 模型检验

	模型Ⅰ	模型Ⅱ
VC	10.73 (1.17)	47.81 (2.31)**
expenserd	476.58 (6.97)***	475.75 (7.04)***

续表

	模型Ⅰ	模型Ⅱ
Captialintense	100. 48 (1. 15)	124. 07 (1. 43)
Size	15. 81 (2. 97)***	15. 46 (2. 94)***
lev	41. 67 (1. 35)	47. 03 (1. 54)
ppe	-15. 98 (-1. 50)	-17. 24 (-1. 64)*
Time	-0. 47 (-0. 51)	-0. 56 (-0. 61)
Bigshare	-0. 47 (-1. 58)*	-0. 05 (-0. 14)
Bigshare × VC		-1. 24 (-1. 99)*
concept	-329. 40 (-3. 03)***	-336. 61 (-3. 13)
Number of obs	134	134
Adj R^2	0. 3322	0. 3476
F	9. 27 (0. 000)***	8. 87 (0. 000)***

5.4 本章小结

本章探讨了风险资本对清洁能源创业企业创新行为的影响，研究显示，风险资本对清洁能源创业企业创新行为有显著正向影响。进而结合能源禀赋、政府补贴、清洁能源技术投资风险、清洁能源投资背景、公司治理结构等方面的因素来考核风险资本对清洁能源企业创新行为的影响，研究发现：在能源禀赋较好的省份，清洁能源领域风险资本对企业创新绩效的影响作用相对弱化；在政府和企业关系较好的省份，清洁能源领域风险资本对企业创新绩效的影响作用较为显著；在政府补贴越高的清洁能源企业，风险资本投入并不能增加企业创新绩效，说明在政府补贴较高的企业，风险资本投资机构的管理创新作用并不显著。研究显示，自然人控制的风险投资机构对清洁能源企业创新绩效有着更积极的影响，政府控制的风险投资机构的投资目的不同于自然人控制企业，更倾向于政策导向、社会影响等方面的目标，在控股股东持有股份比例较高的情况下，风险资本推动企业创新的作用大大减弱。

第6章 风险资本在清洁能源领域的控制机制研究

6.1 风险资本投资企业的契约控制研究

6.1.1 不完全契约理论

在信息完全对称的经济环境中，在阿罗－德布鲁一般均衡下，当事人能够实现帕累托最优的契约集合，契约集合中包含了当事人对未来的或有索取权（contingent claims）。然而，脱离了新古典完美市场假设，在信息不对称的情况下，契约往往难以实现最优结果。正是基于契约不完全性的认识，Grossman 和 Hart（1986）、Hart 和 Moore（1990）开创了不完全契约理论。契约的不完全性主要来自以下几个方面（Tirole，1999）：（1）当事人的有限理性，使得难以对未来所有状态有确定的预见；（2）较高的缔约成本：契约当事人为未来所有或有状态写入契约中面临着较高的谈判成本和缔约成本；（3）证实成本：有关契约的重要信息尽管为双方可观察，但难以为第三方面证实和验证，使得契约“事后监督和仲裁”变得相对困难。

完全契约倾向于事后的监督；不完全契约主张通过再谈判（renegotiation）适应契约不完全性。因此，不完全契约的重心在于机制设计或制度安排。在不完全契约理论中，契约中除了能够具体规定的相关权利以外，还有些剩余权利难以在契约中明晰确定。这些剩余权利也称之为剩余控制权（residual rights of control）。剩余控制权和物质资产所有权有密切的联系，往往契约一方的物质所有权越大，剩余控制权越大，得到的剩余越多，契约一方的专用型投资激励越强。在不完全契约理论中，剩余控制权和资产所有权之间的配置变得尤其重要。在契约结构中，资产所有权并不是唯一的权力来源，因而，也不必然享有剩余控制权。控制权的配置不仅仅取决于资产所有权，还取决于决定企业价值的其他资源权力，Rajan 和 Zingales（1998）指出，能够接近、使用关键资源的能力和机会也是控制权的一种源泉。

6.1.2　风险资本投资企业的双边契约关系

在风险投资企业中，存在着双边的契约关系，分别是风险资本家和风险投资者之间、风险资本和创业企业家之间的契约关系。风险投资者是风险资本的主要提供者，包括家庭、个人、金融机构、各种类型的基金机构以及政府资金。风险资本家是风险资本的募集者和管理者，是连接风险投资者和创业企业之间的“桥梁”，是风险投资企业重要的推动者和组织者，一方面，需要持续性、周期性的向投资者募集资金，另一方面，需要寻找富有创新性的孵化项目，投入大量的技术和管理资源，直至项目退出。创业企业家是创新企业的经营者和管理者，凭借先进、创新性的技术和管理理念，能够在一定领域和市场中实现颠覆性、富有创造性的经营和发展的企业家。

根据契约理论，风险投资企业的契约关系同样面临着代理成本、道德风险和逆向选择问题的影响。在普遍的公司制代理问题分析框架中，有一系列相对成熟的控制权配置和治理机制来约束和规范契约各方面的责、权、利。而在风险投资整个环节中，一方面，表现为组织形式的多样性，公司制是风险投资企业的形式之一，而不是唯一；另一方面，投资环节的多样性、多阶段等特征，使得风险投资过程中的契约关系更为复杂，所面临代理问题的不确定性程度更高。具体表现在以下几个方面：

（1）风险资本家和创业企业家之间的契约关系。风险资本家募集到一定的资金，通过项目筛选和项目评估，确定其投资对象。风险资本家决定将资金投向创业企业，需要和创业者签订投资合约。在投资过程中，无疑会面临由于信息不对称和不完全而产生的道德风险和逆向选择问题。

（2）投资者和风险资本家之间的契约关系。投资者将资金投向风险资本家成立的基金中，同样面临着逆向选择和道德风险问题。逆向选择属于投资前的信息甄别问题。投资者难以识别风险资本家的真实才能，在这个环节中，风险资本家或风险投资机构的“声誉”资源发挥了重要作用。另外，关系投资、“圈子投资文化”或“跟投策略”等方式都是化解逆向选择过程信息不对称的重要路径。道德风险问题是属于事后的代理问题。投资者将资金投入风险投资机构中，投资者难以完全观察到风险资本家的行为，风险资本家可能利用自己的信息优势，从事投资者所不期望进行的投资，或者占有私有收益，损害投资者利益。道德风险具有普遍性，只要存在契约签订的地方，都必然存在道德风险。在投资者和风险资本家之间道德风险化解主要通过制度设计、组织机构建立来缓解存在的代理问题。

6.1.3　风险投资契约的特征

Gifford Sharon（1997）指出了风险投资合约有 3 个主要特征：首先，明确承诺资本投资的阶段性，并保持放弃进一步投资的选择权；其次，风险投资合约中写明了与价值创造的补偿机制；最后，投资者可以对管理层的整个投资流程施加影响。风险投资合约的 3 个特征实现的同时需要解决风险资本家的激励问题，即如何筛选风险资本家，使其能够为创业投资企业价值最大化发挥作用和影响[91]。

风险投资合约面临着不确定性和风险可以分为以下 3 种情况：（1）由于外部环境不确定性而带来的风险，诸如缺乏基础的投资条件，政策不透明或不清晰，影响投资决策的实施，这一类不确定信息往往为契约制定双方所掌握。（2）由于内部环境不确定性而带来的风险，诸如技术不确定性、研发过程中的不确定性，这一类不确定信息只有创业者掌握，而风险投资家不掌握。（3）与权益资本相关的，更复杂的内部或外部不确定性，诸如涉及风险资本的控制问题、权益的补偿问题等。

正是存在上述契约不确定性，使得风险投资契约的签订变得比较复杂，其中对应的条款正是对上述风险的防范和应对。

6.2　风险资本家和创业者之间的契约机制设计

（1）风险资本家和创业者之间的现金流和控制权配置关系。

在风险投资企业中，风险资本家对创业企业有着普遍的控制性，包括解雇创业者等。根据契约不完全理论，风险资本家对创业企业的控制，能够避免与防止创业者的“套牢”行为，并且为风险资本家寻求优秀管理团队提供激励。创业企业家放弃控制权，在某种程度上主要受到财务约束的影响，要么获得融资，要么失去控制权，而别无选择。Aghion 和 Bolton（1992）[92]认为，创业者要保留控制权，则必须为投资者提供最低保证的回报率，否则就会放弃控制权。风险资本家和创业者之间的内在矛盾在于创业者试图维系自身控制权收益，而风险资本家期望获得财务投资报酬。因此，创业者控制权往往处于或有状态，获得最低工资、期权等是在财务绩效和控制权收益之间寻求平衡。风险资本家和创业者之间不完全合约处于或有状态，给予双方根据情形进行再谈判的可能性，从而能够约束双方的非合约行为。

（2）早期阶段的融资。早期阶段，大多数交易中的风险资本家仅仅拥有少数股权，风险资本合同中董事会控制权的分配，主要是在风险资本家和企业之间进行，外部股东相对弱小，尚未正式对董事会构成控制[93]。在这一时期，风险资本家往往持有优先股，创业者持有普通股，不考虑正式投票规则，风险资本家和创业者之间的矛盾冲突尚未表面化，风险资本家也不关心退出决策，风险资本家仅仅通过简单合约条款来抑制创业者利用优先股进行的机会主义行为。然而，当企业进入成熟阶段，新的冲突显得更为突出，特别是一方获得利益，另一方并没有享有该利益。私有收益难以通过合约形式确定下来，难以以清晰的语言在合约中反映，原因在于其难以证实，不容易观察。根据 Philippe, Aghion 和 Patrick Bolton 的不完全合同理论，由于投资结果的不确定，合同不可能对所有的结果提前预期，因此，倾向于根据未来行动分配控制权。根据 Aghion 和 Bolton 理论，当创业者私有收益与整体利益保持一致时，创业者拥有正确决策的权利；当风险资本家的货币收益与整体收益一致时，风险资本家拥有正确决策的权利。根据这一规则，当自然状态是好时，创业者控制企业；反之，风险投资家控制企业。

然而，对自然状态的描述也是不确定的，难以简单用好或不好来描述，更多的状态是处于两个极端中间的无限可能性。因此，Aghion 和 Bolton 假定自然状态是不能事前描述，或者描述它的成本很高，这意味着控制权分配与某一特点自然状态的联系是困难的。因此，契约各方愿意按照某一特定信号行动，这一特定信号是对自然状态的最佳估计和暗示；依赖这一信号，控制权的分配为风险资本家和创业者双方或多方接受。在风险资本合约中，优先回购条款等或有控制权机制会在业绩较差时被触发，由此，意味着控制权的转移。

（3）阶段性融资。在不完全合同条款中，初始合同不可能建立在确定的信息基础上，某些隐含信息随着阶段性融资而逐渐显现和披露。因此，中止连续性投资是创业者和风险资本家在面临契约不确定的内生性决定的。由于信息不对称而产生的选择权问题为有着较好前景的创业者提供了退出屏障，但同时也"套牢"了风险资本家，因此，风险资本家预期可能会遭受租金损失，会在契约中要求获得阶段性融资的选择权。在整个投资周期中，风险资本家会随时保留其放弃进一步投资的选择权。每一轮次投资都意味着项目进入了一个新的重要阶段。风险资本经历的主要阶段包括资金注入、完成设计、生产规划、取得盈利、进一步产品迭代等，在每一个阶段中，都会不断释放有关投资的信息（Sahlman，1990；Kaplan and Stromberg，1999）[94]。在阶段性融资中，风险资本家可能行使其终止投资权，迫使创业者放弃失败项目，进行项目清算。风险资本家的阶段性选择权，对创业者形成了一定的激励作用，使其能够谋求企业价值最大化。

然而，阶段性融资带来的弊病在于这一清算预期使得创业者追求短期目标，忽略长期的有价值投资，为获得下一轮次的融资，往往追求短期好看的指标；某些短期信号也存在人为操纵的问题。创业者采用“窗饰”手段将那些难以验证的信息转化为可验证、可观察的有利信息，使得看起来糟糕的项目变得可接受，从而通过再融资的门槛；另外，通过操纵短期信号，也避免了创业项目被清算的可能性，增加了再融资的可能性。

在这种情况下，风险资本家可行使其债务转换权利，从而将可能的风险转移给创业者。利用可转换条款能够抑制创业者操纵短期信号行为，认股权有着同样的功能和作用。在可转换契约条款的谈判中，债务转换比例成为再谈判的“焦点”，在可能或有再谈判的状态下，通过债务转换比例的设计，能够决定双方各自的谈判实力[95]。在 Neher's 模型中，阶段性融资是风险投资框架中内生产生的结果，是对套牢问题的纠正。Neher 提出：创业者与人力资本供给的不可分割性，使得风险资本家投资面临套牢风险；阶段性融资使得创业者不可分割的人力资本包括在风险资本的物化投资中，成为其不可分割资源，从而有效规避了风险资本家面临套牢问题。在阶段性融资中，创业企业物化的资源会随着时间而增长，在一定意义上为未来投资轮次，形成可抵押资产。

（4）可转换证券在风险资本企业控制权配置中的作用机制分析。可转换证券的主要作用是根据未来代理成本和利益冲突的变化来进行控制权的配置。在创业型企业中，所有权和控制权分离是提高创业型企业效率的重要因素。可转换债券和可赎回、可转换优先股是风险资本家常用的金融工具。Berglöf（1994）[96]研究显示，可转换债券能够促进创业型企业有效率地购并。Sahlman（1990）[97]认为，可转换证券将企业家和风险资本家之间的激励相互融合，通过有效的证券机制设计，促进了所有权和剩余控制权之间的配置。在可转换证券中，契约约束条款的使用和潜在的代理成本是直接相关的。Gompers（1995）对各种代理成本变量进行检查，利用有关会计变量来反映代理成本，并和监督强度密切相关。在风险投资的早期阶段，代理冲突比较明显。信息不对称程度较大，研发强度也非常大，导致巨大的代理冲突。契约条款反映了代理成本，并通过期权设计，将企业家激励与企业未来成长的期权相联系。成长期权增长，企业家越有潜在动力做出决策，提高企业家价值。每一个变量与契约约束条款的概率是相关的。

Gompers（1993）建立了一个包含风险道德和逆向选择的风险资本融资模型，该模型显示在中性假设中，可转换优先权益相对于直接权益融资和直接债务融资有着优势。可转换优先证券成为创业家的激励系统和监督系统，根据激励/监督模型，可转换证券难以转换为普通股，直到投资者得到了企业将会成功的正向信息。这些信息包括企业将会上市，或达到某种业绩目标。在这种情况下，融资优先权利原则相对就不重要而可能放弃。类似的业绩目标加强了强制性转换要求，而可能在风险投资企业的早期实施。

Berglöf（1994）证实企业家和风险资本家是如何对控制权和现金流量权进行分配，并产生最佳的退出方案的。企业家和风险资本家都假设希望在未来某一时点能够对他们的投资进行变现。采用可转换证券能够提供最佳的激励，卖出企业，使得双方能从对方那里获得最大的剩余。Berglöf 和 Marx（1994）借助可转换证券控制权来协调激励或促进正确的决策。

（5）风险契约条款的有效性。Gompers 和 Lerner（1996）发现，风险资本市场的供给与需求条件也影响着风险契约条款的有效性。Gompers 和 Lerner（1997a）发现，资金流入风险资本的规模会影响着私募权益投资的价格水平。如果风险资本供给十分充裕，企业家和风险资本家的谈判力较强，会影响约束条款的加入。当风险资本较多时，会削弱风险资本家的谈判力，创业企业家能够获得持续融资；在较紧的约束条款下，可转换证券作为和直接权益融资相对的融资形式，更容易接受和理解。Green（1984）[98]提出了一个可转换债务模型，来反映风险投资创业企业的这一关系。在 Green（1984）的模型中，一家企业愿意发行债务来融资两个投资项目，两个项目拥有不同的风险水平，企业难以事先保证资金在两个企业之间的分配。正如 Jensen 和 Meckling（1976）所指出的，一家企业采用债务进行融资，倾向于投资一个风险性项目。而采用可转换债务融资，由于可转换权利的存在，企业会限制其风险投资。

6.3 清洁能源领域风险资本与创业者之间的双边契约模型设计

根据上文的理论分析，我们看到风险资本家对创业企业主要是通过契约形式进行控制，而不是通过现金流量权的设定来控制，原因在于在风险投资的初期，未来现金流量的不确定性非常高，明晰的股权比例无法保证风险资本家的权利，特别是创业者往往以人力资本或技术入股，标准化的股权比例设计可能使得风险资本家最后“竹篮打水一场空”，什么也无法获得，而人力资本的不可“独占性”，也使得创业者能够全身而退。因此，以契约条款的形式实施对创业企业的控制成为风险资本家的唯一选择。

根据不完全合同理论，创业企业的控制权处于不确定状态，在契约合约的设计中，契约条款赋予风险资本家在优先权、董事会权、清算权等方面诸多的控制权，这些控制权是否实质性归属于风险资本家，往往和经济环境对创业企业的业绩影响有一定关系，并和创业者和风险投资家之间在合同框架下各自的利益选择有一定关系。在不同的产业领域，风险投资面临的风险和不确定性是不同的，在创业企业的具体经营过程中，可能面临着控制权的不同配置状态。例如，在契约条款的设计中，风险资本家通过阶段性融资来控制道德风险，而拥有实质性控制权的创业者也需要在控制权私有收益和后续融资方面进行权衡。众所周知，在清洁能源领域，不仅仅投资周期长，投资额大，且投资后未来现金流量存在极大的不确定性，阶段性融资和契约条款设计是否能够抑制清洁能源领域投资面临的巨大代理风险，是一个需要思考和探究的问题。以下通过模型来说明在清洁能源领域风险投资契约条款的设计原理，及可能产生的相关影响。

6.3.1　模型前提和假设条件

假定在清洁能源领域有一个创新性项目，该项目的未来收入与自然状态有一定相关性，该项目时间周期如图 6－1 所示：

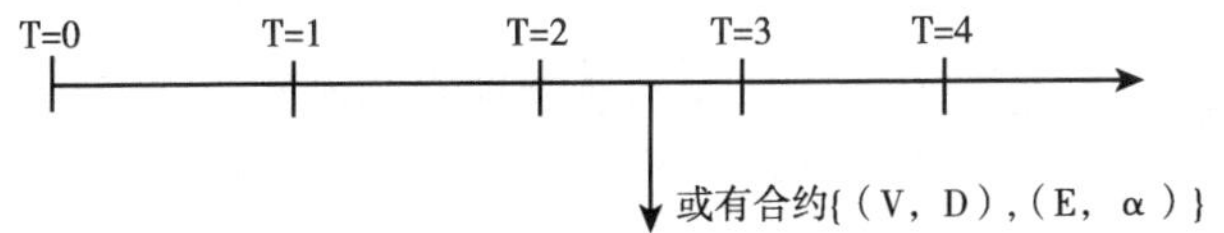

图 6－1　项目周期图示

T＝0，创业者（EN）为清洁能源项目进行融资 I，创业者除了清洁能源技术外，没有任何有形资本，创业者以其拥有的技术和能力与风险资本家（VC）合作，VC 接受合作，投资额为 I_0，假设创业者和风险资本家均为风险中性；

T=1，自然状态出现，假设自然状态分为两种情况：$\theta \in (\theta^h, \theta^l)$，其中，自然状态较好的情况为$\theta^h$，概率为 q；自然状态较差的情况为$\theta^l$，概率为 1-q。

T=2，创业者（EN）选择努力水平和技术投入，同时也可以选择从项目中获得控制权私有收益 b，该私有收益只能为创业者所享有，一旦失去了控制权，创业者无法获得相应的私有收益 b=0。

T=3，在该时点，风险投资家（VC）决定是否掌握对创业企业的控制权，用 r 表示，r=1，表示风险投资家（VC）对创业企业享有控制权，可以用外部经理人来替代创业者；r=0，表示创业者保持原有的控制权。假定外部职业经理人的成功概率 P^R 要高于创业经理人的成功概率 P^E，即有：$P^R > P^E$。

T=4，项目产出水平已经实现，项目产出函数为 $m=m(b,\theta)$，其中，项目成功概率在创业者（EN）和外部经理人的控制下分别为 P^E 和 P^R，对于创业者来说，私有收益显然会降低项目收益，即有$\frac{\partial m(b, \theta)}{\partial b}<0$，私有收益可以表现为项目清算之前，管理层获得优厚待遇，扩大投资带来的投资风险。项目产出水平实现以后，需要在创业者和风险资本家之间进行分配。α 为风险资本家分享份额，(1-α) 为创业者享有的份额。

如果创业者（EN）享有全部创业企业股份 1-α=1，创业者（EN）选择 b，满足$b^*(\theta)=\arg\max(P^E m(b,\theta^h)+b)$，可以证明在这种情况下，b=0。

一般情况下，我们假设：

在好的自然状态 θ^h 下，虽然创业者（EN）享有控制权，但项目整体可以获得较高回报，高于风险投资家（VC）享有控制权时的收益。我们假设（1）成立：

$$P^{E}m(b,\theta^{h})+b^{*}(\theta^{h})>P^{R}m(0,\theta^{h}) \tag{1}$$

在较差的自然状态 θ^{l} 下，风险资本家（VC）掌握有控制权，可以替换创业者，从而提高项目整体收益，我们假设（2）成立：

$$P^{R}m(0,\theta^{l})>P^{E}m(b^{*}(\theta^{l}),\theta^{l})+b^{*}(\theta^{l}) \tag{2}$$

上述不等式说明在较好的自然状态下，包含有控制权私有收益的项目整体收益高于在外部经理人控制下的项目收益。而在自然状态不好的情况下，由外部经理人管理下的项目收益要好于创业者管理时的收益水平。

假定创业者从 VC 那儿获得权益资本，融资比例为 α，企业家的权益份额为（$1-\alpha$），其获得收益为 $e(m)=(1-\alpha)m$；风险投资家（VC）获得的收益为 $v(m)=\alpha m$。

6.3.2　控制权的分布状态与项目收益

在上述模型框架下，以下说明创业者和风险资本家的控制权处于或有状态，有利于项目收益的实现；而如果控制权完全为创业者所掌握，或者完全为资本家所掌握，都不利于项目收益的实现。

（1）假设创业者拥有全部的控制权，而风险资本家没有。在自然状态处于较好的情况下，由于有 $P^{E}m(b,\theta^{h})+b^{*}(\theta^{h})>P^{R}m(0,\theta^{h})$，则 $b^{*}(\theta)=\text{argmax}(P^{E}m(b,\theta^{h})+b)$。如果创业者享有全部股份，即 $\alpha=0$ 时，创业者会选择 $b=0$，即创业者不会有动机谋求控制权私有收益。如果 $\alpha>0$，创业者选择最优的控制权私有收益：

$b(\alpha)=\text{argmax}(P^{E}(1-\alpha)m(b,\theta^{h})+b)$，且有 $b(\alpha)>b^{*}$，

$b'(\alpha)>0$，则有：$P^E(1-\alpha)m(b(\alpha),\theta^h)+b(\alpha)>P^E(1-\alpha)m(b^*,\theta^h)+b^*>P^R(1-\alpha)m(0,\theta^h)$

以上不等式说明，在自然状态好的情况下，由创业者掌握控制权，能够使得项目整体获得更好的收益，该收益水平要高于风险投资者控制下的收益水平。但带来的负面影响是创业者会享有更高的控制权私有收益水平$b(\alpha)$，且该水平会随着风险资本家的持股水平 α 的增加而增加。

当自然状态处于较差的情况时，由于创业者拥有控制权，他可以选择放弃控制，也可以选择继续享有控制权。如果放弃控制权，创业者预期回报为 $P^R(1-\alpha)m(0,\theta^l)$，没有控制权私有收益 $b=0$，当风险资本家的持股水平 α 非常高时，创业者回报不断减少，趋于0。如果创业者选择不放弃控制权，即 $r=0$，创业者预期回报为 $P^E(1-\alpha)m(b,\theta^l)+b$，根据假设（2），我们有：

$$P^R(1-\alpha)m(0,\theta^l)>P^E(1-\alpha)m(b^*,\theta^l)+(1-\alpha)b^*,$$

其中：$b^*(\alpha)=\operatorname{argmax}(P^E(1-\alpha)m(b,\theta^l)+b)$，显然，在创业者持股比例（$1-\alpha$）比例较低的情况下，创业者选择保留控制权，并获得控制权私有收益 $b^*(\alpha)$ 是最优选择，而对于整个项目而言，则是效率较低的情况。

（2）假设风险资本家拥有全部的控制权，而创业者没有。根据假设（1）和（2），对于所有 $\alpha>0$，无论处于状态 $\theta\in(\theta^h,\theta^l)$，风险资本家都倾向于替代创业者（EN）。根据假设（1），显然在自然状态较好的情况下，由于创业者必须承担（$1-\alpha$）控制权收益的成本，创业者享有控制权私有状态的水平会下降，因此，创业者努力会增加 $m(b^*,\theta^h)$ 水平，从而提高整体项目的盈利水平。在风险资本家处于控制状态时，整个项目没有达到其最优状态。

（3）或有控制权状态。或有合约的项目周期见图6－2。

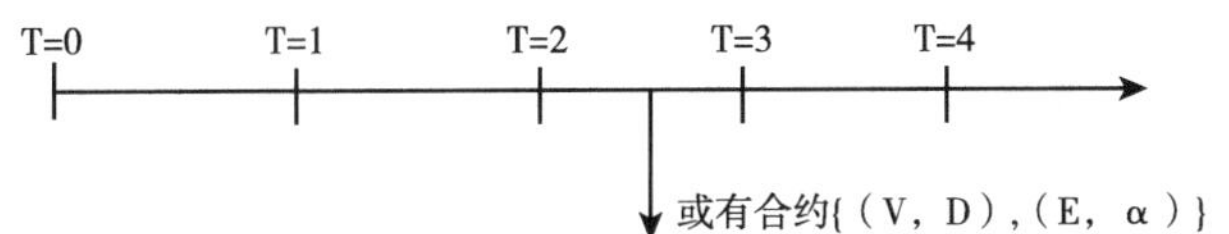

图6－2　或有合约的项目周期示意图

创业者和风险资本家之间可以签一个合约｛(V，D)，(E，α)｝，在该合约下，风险资本家可以选择享有控制权，也可以选择放弃控制权。

如在自然状态较差的情况θ^l下，风险资本家选择享有固定回报权益D，且有权力在创业企业表现不佳的情况下，替换创业者。则风险资本家享有的收益为$P^R D$；如果风险资本家享有权益α，创业者享有控制权，则当满足以下条件：

$$P^R(1-\alpha)m(0,\theta^l) > P^R(1-\alpha)m(b,\theta^l)P^E(1-\alpha)m(b^*,\theta^l) + b^* \quad (3)$$

创业者才愿意放弃控制权，由外部管理者来替代自己。根据不等式（3），可以看到α必须满足：

$$\alpha < \bar{\alpha} = \frac{(P^R - P^E)m(b,\theta^l) - b}{(P^R - P^E)m(b,\theta^l)} < 1$$

以上条件意味着风险资本家的持股比例α足够低，而创业者的持股比例要足够高，当$\alpha \geqslant \bar{\alpha}$，创业者宁愿自己保留控制权，而不会被替换。因此，在自然状态较差的情况下，风险资本家选择享有固定回报$P^R D$，并有权替换掉创业者。

在自然状态较好的情况θ^h下，风险资本家选择享有权益α，创业者享有控制权，整个项目的运营收益是处于最佳状况。

在自然状态较好的情况下，当满足条件$b \leqslant b^*(\theta^h)$，有$P^E \alpha m(b,\theta^h) \geqslant P^R D$，风险资本家将控制权给予创业者，能够获

得更高的收益。前提条件是创业者获得控制权私有收益 b 需要控制在一定限度内 $b^*(\theta^h)$。如果 $b > b^*(\theta^h)$，VC 选择（D，V）的股权结构形式，并在 T = 3 时替代创业者。这对整个项目来说都是不利的。

6.3.3 清洁能源领域创业企业控制权配置分析

相对于其他领域，清洁能源领域的投资更容易受到外部自然环境的影响，控制权在风险资本家和创业者之间的配置显得尤为重要。根据上述模型推导，我们对于清洁能源领域的风险资本投资企业，提出以下命题：

命题 1：在自然状态较好的情况下，创业者享有控制权，不用担心被外部经理人替换；风险资本家可以享有一定的剩余权益。

命题 2：在自然状态较差的情况下，风险资本家享有控制权，有权用外部经理人替换创业者，并从创业企业中享有固定回报。

从上述命题可知，清洁能源领域完全的权益控制或债权控制效果都较差，而可转换证券控制的效果较为有效。

6.4 QL 生物能源公司风险投资案例

6.4.1 案例背景

（1）案例主体及投资方基本情况。QL 生物能源公司（以下简称 QL 公司）是一家利用非粮生物资源进行生物精炼的科学技术研究与开发的清洁能源公司，其利用非粮生物资源炼制丁醇、丙酮、乙醇和无水酒精等生物燃料，出口多个国家和地区。QL 公司在行业内技术领先，享有一定的知名度。

QL 公司的投资方来自 2 家公司，分别为 QH 公司和 LK 公司。其中，QH 公司是一家具有商业化生产能力，利用非粮食生物质资源生产丁醇等生物燃料以及从事生物化工的技术研究和商业化生产的厂家。QH 有 4 条丁醇生产线，其中，ABE 溶剂年产能为 500000 吨，其秸秆生物加工设施每年可处理加工 700000 吨玉米秸秆和农作物废弃物。LK 公司是一家风险投资公司，专注于对发展型和扩展型业务的技术创新与投资，LK 公司在中国管理着多家基金，基金总规模达 2 亿美元。LK 公司已参与不同产业的技术创新、投资和业务国际化进程，其中，投资包括林业和农业、自然资源和生物化工等其他高新技术领域。同时，LK 公司具有丰富的 IPO 运作经验，其成功推动数家创新型企业上市。

（2）双方合作目标。新公司 QL 是双方出资在中国设立的一家有限责任公司。新公司注册资本 3 亿元人民币。QH 公司持有 QL 公司 55% 的股权，其出资形式分别是公司的实物资产和无形资产，具体包括设备和厂房、专有技术等；LK 公司以货币资金出资 1.5 亿元人民币，取得 QL 公司 45% 的股权。

QL 公司成立以后，初期清洁能源溶剂年生产能力达到 90000 吨，之后可增产至 150000 吨。LK 公司采用阶段性融资形式分期出资，QH 公司对新公司的实物资产和无形资产出资形式如下：

A. QH 公司在 LY 市经营场所的一条清洁能源溶剂生产线，清洁能源溶剂年产能 50000 吨，包括一条清洁能源溶剂生产线的所有机械设备、生产设施以及相关土地的土地使用权。

B. QH 公司采用玉米皮、秸秆原料及相关溶剂生产加工清洁能源溶剂时的工艺文件、手册、数据及管理信息系统等所包括的全部知识产权和专有技术。

6.4.2 具体契约条款分析

（1）股票认购权：授予 LK 公司一项不可撤销的选择权用于收购在 QH 公司价值人民币 1 亿元的股权，该价值是依据 QH 公司经过审计的 201×年净利润的 8.33 倍的估值确定。该选择权必须在 QH 公司 201×年度财务报表正式提交后的 6 个月之内行使，否则视为 LK 公司自行放弃该项股权认购选择权。

（2）QH 公司与新公司 QL 公司签订服务与担保协议（以下简称“QH 服务协议”），根据该协议，QH 公司同意向新公司提供服务、原料和其他技术支持，使新公司能够正常经营。QH 服务协议包括为使得 QL 公司正常开展业务活动所需要的生产配套服务、支持和稳定原料供应，授予 QL 公司一项不可撤销并且免特许费的许可（以下简称“QH 许可协议”），使 QL 公司可以使用 QH 公司在采用非粮食生物质等原料生产加工清洁能源溶剂所需要的相关知识产权和专业技术（包括操作清洁能源溶剂生产线所必需的工艺文件、手册、数据和管理系统）的全部其他知识产权。

（3）董事会控制机制。董事会由 7 名成员组成，按以下方式委派：1 名执行董事由 QH 公司委派；6 名非执行董事中，QH 公司委派 2 名，LK 公司委派 2 名以及独立董事 2 名。独立董事由双方协商委派。独立董事将在新公司治理、未来扩展和海外资本市场未来融资中发挥重要作用。双方认可，独立董事的人数将在今后增加以满足公司治理的要求或有关的上市标准。新公司的所有重大决定均应得到全体董事 2/3 以上同意方可通过。双方将协商具体的表决规则以及协商结果写入最终协议。有关法律规定的或由当事人另行约定的事项，如合并、分立、解散、修订章程、增加和减少注册资本，必须按法律要求一致通过。QH 公司有权推荐高级管理人员（包括 CEO、CFO 和其他高级行政人员）的人选，由董事会 2/3 以上同意后作出任命。新公司应按双方在新公司中的股权比例向双方分配利润。QH 公司与 LK 公司一致同意，一旦新公司成立，不论将来双方是否继续持有新公司的股权，双方及其关联方公司均不应直接或间接与 QL 公司进行竞争。

6.4.3　契约具体执行情况分析

（1）项目启动初期：项目启动初期，双方均能够按照协议计划执行。投资方 LK 公司的资金如期到位；新公司 QL 公司根据投资计划进行有关生产线的建设，及有关原材料的采购。在项目启动初期，企业创业团队拥有大部分公司的控制权，包括公司投资计划的制订、生产计划的安排、人员招聘等日常管理等方面的决定权。投资方 LK 公司仅仅派驻一位公司财务总监，对公司资金支付等行为进行审批和监督。

（2）项目运营阶段：在清洁能源领域，有关生产工艺、专利和专有技术掌握在创业团队里，因此，有关生产计划和原料采购计划完全控制在创业团队手中，财务总监仅仅是对有关资金支付进行形式上的审核，缺少对整个业务流程、投资计划等实质上的把控。随着项目运营的深入，投资方和创业团队在项目运营过程中的资金安排等方面产生分歧。财务总监对于项目承建等方面存在利益关系人的疑虑，对于原材料盲目的采购计划感到担忧。果不其然，投资方投入的上千万元资金，在 4 个月的时间内基本消耗殆尽。

（3）项目终止阶段：在整个运营阶段，创业团队极力证明项目的可行性，但由于清洁能源项目采用玉米皮、秸秆原料来生产清洁能源溶剂等燃料，在成本控制方面面临着巨大难题，尽管也有成品生产出来，但生产成本高昂。后续没有足够的资金支持，其持续生产是难以完成的。在投资方投资6个月以后，投资方终止投资，重要原因是创业团队承诺的专利技术和专业技术进入被投资企业没有实现，加之其他重要事项有隐瞒未报的情况，致使投资方失去对创业团队的信任。在项目运营6个月以后，项目基本处于维持状态，一年后项目进入停滞状态。

6.4.4 项目失败的契约原因分析

（1）清洁能源产业领域技术的高风险使投资方和被投资方之间存在高度的信息不对称。清洁能源产业领域存在着较高的技术风险。技术团队的创新技术、专利权等对整个项目成败有着关键影响。专利技术的独占性使得投资方和创业团队之间存在明显的信息不对称。特别是在清洁能源项目成功概率非常低的情况下，作为投资方无法识别创业者行为是出于技术投资的需要，还是出于获取私有权收益的需要。从上述模型可以看到，信息不对称程度越大，技术风险越高，创业者获得控制权私有收益的可能性越大。

（2）创业团队的控制权私有收益使得创业企业可持续性受到影响，加重了投资方对创业团队的不信任感。创业团队的扩张行为和快速的资金“枯竭”使得创业企业可持续性受到重大影响，加之项目执行过程中创业者的不谨慎行为加重了投资方对创业团队的不信任感，使得项目后续资金难以为继，导致该清洁能源项目因资金“断流”而停顿下来。

（3）契约设计功能失效。在董事会控制中，投资方和创业者几乎有着均衡的控制权，各自代表的董事人数几乎均等。但由于清洁能源领域投资存在高度的信息不对称。如模型推导，在前景不错、自然状态很好的情况下，控制权配置给创业团队，能够实现双赢。只要将控制权私有收益控制在一定范围内，风险资本同样可以从投资中获得回报。当未来项目盈利前景渺茫时，风险资本家应掌握控制权，能够随时实施对创业团队的接管，并谋求从投资中获得固定回报。在上述案例中，风险资本家缺乏实质上的控制权，也没有通过有效契约设计保证投资的固定回报。阶段性投资尽管能够及时止损，但也导致投资方损失惨重，其投资本金几乎丧失殆尽。

通过该风险资本在清洁能源领域的投资案例，命题 1 和命题 2 的推断得以证实。

6.4.5　清洁能源企业风险投资契约设计的思考

该案例进一步证实了在清洁能源企业，由于技术风险和外部自然状态的影响，控制权配置状态显得尤为重要。如果创业企业的控制权配置状态没有和外部自然状态相联系，一方面会由于风险资本家的超强控制，使得创业企业失去发展机会，另一方面，在自然状态变差、技术风险畸高的情况下，风险资本家应选择以获取固定回报为投资目标，并及时掌握创业企业控制权，能够避免创业者谋求更大的控制权私有收益，从而有效减少清洁能源领域的投资风险。

6.5　本章小结

本章以不完全契约理论为研究基础，探讨了风险资本在清洁能源投资中所面临的双边契约风险等问题，以及如何通过有效的契约设计，如阶段性融资、有控制权配置等方式减少风险资本投资面临的契约风险。通过研究模式推导和清洁能源领域风险资本投资的实际案例，说明清洁能源领域最佳的风险资本家和创业者之间的控制权配置是处于或有状态，即控制权配置需要结合自然环境和创业企业未来盈利前景相机设计，才可能实现风险资本和创业者之间的双赢合作。

第7章 风险资本在清洁能源领域退出方式的研究

7.1　风险资本主要的退出方式

风险资本退出是指风险资本进入创业企业以后，经过一定的发展阶段，风险投资者选择合适的时机以一定方式将股权资金转化为流动性较强的资本形态，实现从投资项目中退出，以获得较大收益或减少损失的一种方式。风险资本的固有属性是通过投资高新技术创业企业获得较高的资本增值，而不是传统意义上通过企业盈利获得回报。因此，成功退出决策不仅仅意味着高额回报，同时也是风险资本家将风险控制在可承受范围内，从而保证风险资本进入新一轮投资的重要手段。退出决策是风险资本投资的关键一环，既是一轮投资的终点，也是新一轮投资的起点。一般情况下，风险资本退出方式主要包括首次公开发行股票（IPO）、兼并与收购（M&A）、股权回购、管理层回购和公司清算等。

7.1.1 首次公开发行股票（IPO）

首次公开发行股票（IPO）是指创业企业获得上市资格，向资本市场公开发行股票，使得风险资本能够通过资本市场出售或转手，实现资本的回收和增值。在我国，IPO 按照创业企业的不同标准，分为主板上市、中小板和创业板上市。普遍认为，IPO 是创业企业和风险投资者实现双赢的最佳退出方式。对于创业企业而言，采取 IPO 方式退出，能够保证管理上的连续性和独立性，同时，也能为后续的发展提供资金。对风险投资者来说，IPO 退出能为资本提供较为便利、通畅的退出通道，并借此获得丰厚的回报。IPO 退出方式的缺点在于创业企业上市门槛较高，审批周期长，上市费用高，获得 IPO 资格难度较大，使得风险投资者难以通过该方式实现退出。

7.1.2 兼并与收购

兼并与收购是指风险投资者择机将所投资的创业企业股份出售，实现风险资本的退出，借此获得一定回报，并控制风险。兼并与收购方式相对于 IPO，运作机制较为灵活，门槛低，费用少，具有较大的灵活性，支付形式多样，并适用于不同规模、不同性质的创业企业，往往是难以达到上市要求的创业投资企业较好的选择。兼并与收购可能会影响创业者的控制权，这种退出方式往往以创业者失去控制权为代价，特别是并购以后企业管理、文化等方面的整合存在一定难度，从而影响并购以后企业整体的发展效率。

7.1.3　股权回购

股权回购是创业者、管理层或员工，采用现金或票据等形式回购风险投资者持有的创业企业股份，使得风险资本从创业企业成功退出。股权回购分为主动回购和被动回购。主动回购是企业发展前景令人看好，创业者为保证充分独立性，主动要求回购风险投资者所持有的本公司股份；被动回购是当投资期满以后，风险资本无法通过 IPO、兼并收购形式实现退出，风险投资者会按照风险投资协议中回购条款规定的价格和方式要求创业企业回购其所持有的股份。股票回购对于风险投资者来说，是在创业企业经营不成功的情况下，保证其投资资本安全性的重要举措。同时，也是激励和控制创业者积极经营的重要手段，其缺点在于给予创业企业较大的财务压力，可能由于没有充足现金，回购企业会面临巨大的偿债压力。

7.1.4　公司清算

公司清算是创业企业因经营不佳、前景黯淡而采取解散、破产的退出方式。这种方式往往意味着投资项目的失败，风险投资者难以实现预期的投资回报。风险投资者采用清算方式退出，及时止损，并可能收回部分投资。公司清算是迫不得已的选择，但也是投资失败后使损失最小化的一种退出方式选择。

7.2　风险资本在清洁能源领域退出机制的分析

风险资本退出机制主要指风险资本转化为现金形态的方式、退出时机选择及相关的配套制度安排。本章根据清科集团公司私募通数据库所提供的1998—2017年清洁能源领域风险资本退出案例，就有关风险资本退出方式、退出时机等内容进行了统计分析。

7.2.1 清洁能源风险资本退出方式的分析

表7-1显示，1998—2017年，在清洁能源领域一共有567件风险资本退出案例。256件案例选择IPO方式退出，占比达45%；171件以并购方式实现退出，占比为30%；117件以股权转让方式实现退出，占比为20%。由此可见，IPO、并购和股权转让是清洁能源领域风险资本的3种主要退出渠道，这3种退出渠道合计占比为95%。另外，公司回购、管理层收购、清算等3种方式在总体退出形式中所占比例较低，仅仅为5%左右。

表7-1 风险资本在清洁能源领域退出方式的统计表

退出方式	IPO	并购	公司回购	股权转让	管理层收购	清算	合计
事件数	256	171	26	117	22	1	567
占比	45%	30%	4.6%	20%	4%	0.2%	100%

资料来源：私募通中清洁能源领域风险投资数据。

7.2.2 清洁能源领域风险资本退出地域的分布

表7-2分别就清洁能源领域风险资本的退出地域进行了统计分析，根据风险资本主要分布区域，考察风险资本在华北、华东、中南和西部地区的主要退出方式。表7-2显示：华北地区退出案例数有143件，占比21%；华东地区退出案例数为361件，占比53%；中南地区退出案例数为140件，占比20%；西部地区退出案例数为40件，占比仅仅为4%。可见，华东地区是风险资本投资密集地区，也是其退出最为集中的地区。

表 7-2　　2000—2017 年清洁能源领域 VC 退出地域的统计分析

		华北	华东	中南	西部	合计
IPO 方式退出	项目数（件）	71	258	55	17	401
	项目数比例（%）	0.18	0.64	0.14	0.04	1.00
	金额（百万元）	130.78	150.78	352.92	135.26	769.74
	金额比例（%）	0.17	0.20	0.46	0.18	1.00
并购方式	项目数（件）	37	52	47	14	150
	项目数比例（%）	0.25	0.35	0.31	0.09	1.00
	金额（百万元）	114.83	49.32	106.87	44.10	315.12
	金额比例（%）	0.36	0.16	0.34	0.14	1.00
股权转让	项目数（件）	32	44	24	6	106
	项目数比例（%）	0.30	0.42	0.23	0.06	1.00
	金额（百万元）	55.03	33.22	90.48	14.48	193.21
	金额比例（%）	0.28	0.17	0.47	0.07	1.00
回购方式	项目数（件）	3	7	14	3	27
	项目数比例（%）	0.11	0.26	0.52	0.11	1.00
	金额（百万元）	12.80	25.56	44.47	19.74	102.57
	金额比例（%）	0.12	0.25	0.43	0.19	1.00
合计	项目数（件）	143	361	140	40	684
	项目数比例（%）	0.21	0.53	0.20	0.06	1.00
	金额（百万元）	313.44	258.88	594.74	213.58	1380.64
	金额比例（%）	0.23	0.19	0.43	0.15	1.00

资料来源：私募通中清洁能源领域风险投资的数据。

由表 7-2 可知：在 IPO 退出案例中，华北 71 件，占比 18%，华东 258 件，占比 64%，中南 55 件，占比 14%，西部地区 17 件，占比 4%。通过 IPO 方式退出的企业中，华东企业占比最高，其次是华北地区。对 IPO 退出金额进行统计显示，中南地区 IPO 退出金额最大，占比达到 46%，其次为华东地区，占比为 20%。

在并购方式退出案例中，华北为 37 件，占比 25%，华东 52 件，占比 35%，中南地区 47 件，占比 31%，西部地区 14 件，占比 9%。统计显示，华东、中南地区创业企业通过并购方式退出的占比较高，两者合计占总数的 66%。对并购方式退出金额进行比较，发现华北地区占比最高，为 36%，其次为中南地区的创业企业。

以股权转让方式退出的，华北 32 件，占比 30%，华东 44 件，占比 42%，中南地区 24 件，占比 23%，西部地区 6 件，占比 6%。

以回购方式退出的，华北地区有 3 件，占比 11%；华东地区 7 件，占比 26%；中南地区 14 件，占比 52%；西部地区 3 件，占比 11%。由以上分析可知：在各地区中，华东地区偏向于以 IPO 形式退出，说明这一地区资本市场较为发达；华北、华东地区和中南地区以并购方式退出情况占比基本一致，说明并购方式在这些地区有着相似的影响；华东地区在股权转让方面占有较大的比例，说明这一地区的资本市场活跃度较高。

7.2.3 清洁能源领域风险资本退出时间的分布情况

表 7-3 列示了不同地区清洁能源领域风险资本退出时间的统计情况。如表 7-3 所示，以 IPO 方式退出方式来说，华北地

区退出时间为 7.92 年，华东地区为 7.95 年，中南地区退出时间最长，为 9.45 年，西部地区退出时间较短，为 6.15 年。以并购退出方式来说，华北地区为 1 年，华东地区为 0.56 年，中南地区为 3.75 年，西部地区为 2.33 年。综上所述，中南地区风险资本从开始投资到退出的时间最长，反映了这一地区风险资本对创业投资的支持力度。

表 7－3　2000—2017 年清洁能源领域 VC 退出时间的统计分析

单位：年

		华北	华东	中南	西部
IPO 方式退出	风险资本持有到退出时间	7.92	7.95	9.45	6.15
并购方式	风险资本持有到退出时间	1	0.56	3.75	2.33

资料来源：私募通中清洁能源领域风险投资的数据。

7.2.4　清洁能源领域风险资本退出绩效的分析

表 7－4 显示了风险资本在清洁能源领域不同退出方式下的退出规模和退出绩效。从表 7－4 中可以看到，在 4 种退出方式中，IPO 退出方式平均总的投资金额最高，为 71.16 百万元，退出账面回报倍数最高，为 20.62 倍，平均内部收益率也是最高，为 103.06%。并购、公司回购和股权转让，相对 IPO 退出在投资金额、退出回报等方面都低很多。并购退出回报倍数为 2.78 倍，平均内部收益率为 19.6%，平均总投资金额为 68.22 百万元；股权转让平均退出账面回报为 2.48 倍，平均内部收益率为 47.66%，平均总投资金额为 27.20 百万元。

表 7-4　风险资本在清洁能源领域的退出规模和绩效

	平均退出账面回报（倍数）	平均内部收益率（%）	平均总投资金额（百万元）
IPO 方式	20.62	103.06	71.16
并购	2.78	19.60	68.22
公司回购	1.65	16.29	29.88
股权转让	2.48	47.66	27.20

资料来源：私募通中清洁能源领域风险投资的数据。

7.3　影响清洁能源领域风险资本退出决策的理论分析

7.3.1　基于市场时机（market timing）理论的分析

所谓市场时机理论是指利用市场估值较高的时间“窗口”，在资本市场上谋求上市或增资扩股。市场时机理论解释了 IPO 发行随着时间波动而变化的情况。Lowry（2003）[99]发现，市场 IPO 的发行规模与发行后续年度的市场加权回报率呈现反比关系，这一结果源自管理者对市场时间“窗口”的利用。市场时间“窗口”在某种程度上反映了市场的无效性。市场时机特点存在，不仅仅会影响 IPO 的发行规模，同时也会影响上市企业的筹资方式，使得企业在公开发行股票、私募融资、债务融资或收购等方式中进行选择。Lerner（1994）比较了以风险资本支持的生物企业通过 IPO 募集资金，或者通过私募形式募集资金的不同，研究发现风险投资机构能够在产业下滑时发行股票。

市场时机特征的存在，意味着风险投资机构会选择恰当的时间“窗口”退出，退出方式显然和市场时机有着密切关系。Brau，Francis 和 Kohers（2003）[100]采用 1984—1988 年美国样本数据发现，IPO 市场“热度”、债务成本和企业规模与以 IPO 形式退出呈现正相关性；Poulsen 和 Stegemoller（2008）发现，倾向于通过 IPO 方式融资的企业，普遍具有成长性较高、有着较大的资本约束和容易估值等特征。Chiu 和 Kini（2009）[101]发现，IPO 发行规模会影响流入权益共同基金的资金量，与市场时间“窗口”理论假设相一致，即 IPO 选择时机往往与资金需求量高、逆向选择代理成本较低，及募集资金相关成本等有关。

7.3.2　基于控制权理论的分析

Aghion 和 Bolton（1992）认为，企业作为不完全合同的主体，其本身存在控制权私有收益，该收益是不能转移给外部股东的。Aghion 和 Bolton（1992）认为，寻求权益回报率的最大化，未必会导致控制权私有收益的最大化，从而会使得掌握有控制权的内部股东选择偏离权益最大化的行动方案。在风险资本框架下，Berglof（1994），Black 和 Gilson（1998），Bascha 和 Walz（2001），Hellmann（2006），De Bettignies（2007）[102]等学者研究显示，相对于股权被收购，创业企业在 IPO 过程中创业者获得的控制权私有收益要高很多。因此，风险资本的退出方式与风险资本在创业企业控制权的分布状态有密切关系。由于控制权私有状态的存在，使得创业者可能获得远高于现金收益回报的私有收益。为此，外部股东不得不采取一定的措施，激励内部股东选择有利于权益最大化的行动规划，使得事前公司控制权会转移给外部股东。相对于 IPO，通过股权转让方式，创业者获得的私有收益要低一些，原因在于以 IPO 方式退出，创业者可以成为上市企业的 CEO，而风险资本很少参与企业经营，并且在上市以后的 6

个月或 2 年内转让其所持有的被投资企业的股份。以股权方式退出企业，风险资本家和创业者将股份出售给收购者，并且不再担任公司 CEO，企业实际控制者获得的控制权私有收益相对于 IPO 退出方式，要低很多。如果风险投资预期价值较低，或者在进行退出时利益冲突非常高，风险投资机构会谋求获得控制权。另外，风险投资机构倾向于通过收购退出方式来实现对被投资企业的控制。收购无疑会影响创业者的控制权私有收益（Fried and Ganor，2006）[103]。由此可见，风险资本控制权的分布状态直接影响了退出方式的选择。

风险投资机构与创业者之间控制权分布还会受到企业内部信息结构的影响。相对于风险资本来说，创业者有着明显的信息优势，创业者管理能够产生较高的管理效率，创业者能够将权力分配给掌握充分信息的代理人。风险资本享有控制权，给市场带来对该企业信任的利益；与创业者享有控制权，实现较高的管理效率。控制权配置就是在上述两者之间寻求平衡。

如果一个成功的创业企业选择以 IPO 方式退出，风险资本和创业者之间在退出方式选择方面的利益冲突相对要低很多。然而，如果风险资本的控制权较弱，并且不可能影响管理者决策，往往会导致较低的风险资本支持力度，创业企业借此很可能被清盘。另外，如果风险资本有着较强的控制权，会倾向于改进创业企业的公司治理，提高企业业绩，从而增加企业成功退出的可能性，降低创业企业被清盘的风险。

7.3.3 基于信息不对称和信号理论的分析

根据信息不对称理论和信号理论，风险投资机构和创业企业特征会影响退出方式的选择。普遍认为，有着较高声誉的风险投资机构能够有助于创业企业通过 IPO 方式退出；同时，高声誉的风险投资机构释放了创业企业获得较大支持的“信号”，从而能够降低股权转让时新投资者和创业企业的信息不对称程度。对于圈养型风险投资（Captive VCs）来说，其资金来自母公司的股东或管理层，对创业企业投资缺少战略目标的风险投资机构来说，倾向于以股权转让方式实现退出（Gompers and Lerner，1999）；企业的特征，如规模、行业，上市需求等也会影响退出方式的选择。由于 IPO 或者股权转让的现金流入情况不同，企业未来成长的潜力不同，对资本的需求也不同，因此，选择退出的方式不同。在不同行业，如在市盈率都非常高的行业中，企业有着较高的增长期权，会倾向于选择以 IPO 方式退出（Gompers and Lerner，1999）。

7.4　理论假设的提出

根据上述理论分析，本节就清洁能源行业风险企业退出方式进行理论分析，提出相应假设。

7.4.1　风险资本类型对退出方式的选择

不同的风险资本进入创业企业的目的和动机不同。风险资本进入创业企业动机一般有两个：一是财务收益动机；二是战略导向动机。基于战略导向动机进行投资的风险资本，在选择退出方式时，会考虑退出方式对其未来战略的影响。Yohanes，Armin 和 Schwienbacher（2003）[104]对1991—1997年美国创业企业多轮融资进行回归分析，发现具有战略导向的风险资本相比于财务收益导向的风险资本，更倾向于选择 IPO 方式退出，选择 IPO 的频率要明显高于并购、破产清算等方式。在清洁能源领域投资的风险资本面临着较大的投资风险。不同的风险资本类型，其投资的目的和动机不同。风险资本类型根据投资主体的不同，可以分为内资风险投资企业和外商投资风险企业，根据风险企业组织类型，划分为公司制和合伙制。由于外商企业对中国本土环境不熟悉，倾向于按照国际管理规则来进行投资，因此，IPO 应该是这一类型企业首选的退出方式；通过 IPO 方式退出，对于风险资本来说，可能面临着较长的等待期，合伙企业承受着较大的风险和不确定。因此，相对于公司制的风险投资机构，合伙型风险投资机构以 IPO 方式的退出可能性较低。最后，根据风险企业终极控制人，风险资本可以分为国有和私人两种类型的风险资本，相对于国有风险资本，私人风险资本自身不存在社会责任的压力，实现营利目标，尽早从创业企业成功退出，是私人风险资本的重要经营目标。根据以上分析，我们提出：

假设 1：外资型风险资本以 IPO 方式退出的可能性较大；

假设 2：合伙型风险资本以 IPO 方式退出的可能性较低；

假设 3：相对于国有风险资本，私人风险资本以 IPO 方式退出的可能性更大。

7.4.2 风险资本声誉的影响

风险资本家的声誉资本对风险投资退出的时机选择有重要影响。Gomper（1996）对 339 家首次公开发行生物行业的风险企业样本进行研究，发现没有经验的风险资本家一般在企业成立后的 55 个月后选择上市，有经验的风险资本家大约在企业成立 80 个月后选择上市。Bar（1994）发现风险资本家需要筹集下一个基金，为及时报告前一个基金的投资业绩，风险资本家可能会在时机尚未成熟时将企业推上市（刘曼红，1998）。

假设 4：清洁能源领域声誉较高的风险资本倾向于选择 IPO

方式退出；

假设5：风险资本注册时间越长，越倾向于选择IPO方式退出。

7.4.3　经营环境和经营风险对退出方式的影响

经营环境越活跃的地区，资本流动性较强，有较深厚的资本交易市场，越可能选择IPO方式退出。在清洁能源领域，风险资本家在闯过“死亡之谷”后，面临着是否能够成功地从其投资中退出的风险。根据Ghosh和Nanda（2010）的观点，在清洁能源领域经过10—15年的基础设施投资建设，退出风险最终能被清洁能源的创新系统所克服。传统化石能源企业较少受到来自终端消费者使用清洁能源的压力，对于消费者来说，能源使用取决于不同能源的成本比较，而不须分辨是来自化石能源，还是来自清洁能源。因此，传统能源企业也不会有动力投资清洁能源的早期投资，这就使得在清洁能源领域，风险资本退出周期较其他产业更长，大约在3—5年。随着清洁能源市场的发展，投资者和传统企业越来越认识到清洁能源创业企业的价值，越来越多的风险资本家对未来清洁能源企业的成功有较高预期。因此，在清洁能源领域，成功退出变得越来越有可能。2000—2009年，清洁能源领域并购交易金额最高达到了575亿美元，在2009年，并购交易数量达到最高。从2009年以后，清洁能源并购交易活动日趋活跃，占全球并购交易量的1.5%（Cleantech and Group，2011b）。2000—2009年，美国清洁能源领域IPO共有274宗交易，总金额为353亿美元。大多数IPO集中在清洁能源发电领域。随着经济环境复苏，大量风险资本投资通过IPO市场退出。

假设6：经营环境越活跃的地区，以IPO方式退出的可能性越大；

假设7：清洁能源企业经营风险越高，风险资本选择并购退出的可能性越大。

7.5 实证研究设计

7.5.1 数据来源与样本选择

有关清洁能源领域风险资本退出的数据来自于清科集团私募通数据库。其中，重点选取以IPO方式和并购方式退出的样本数据，总计有427件风险资本退出案例。

7.5.2 变量含义及说明

变量含义如表7-5所列示，分别包括被解释变量（VCexit），及有关创业企业类型和风险投资机构类型的解释变量。

表7-5 变量说明

变量符号	变量含义	变量计算
被解释变量		
退出方式	VCexit	采用IPO方式退出，VCexit为1，采用并购方式退出，VCexit为0
企业类型解释变量（*Firm*）		
企业融资需求	Dealsize	投资金额（人民币）的自然对数
清洁能源领域细分产业	VCIndustry	清洁能源领域中新材料、新能源和环保等细分差异 根据这些行业风险从高到低变化，新材料=2，新能源=1，环保=0

续表

变量符号	变量含义	变量计算
风投企业类型解释变量（*VC*）		
风投成立年数	VCage	风险投资机构成立时间
风投投资企业年数	VCtime	风险投资机构进入企业的时间（年）
风投国别属性	VCtype	风投属于本土机构为 1，外资为 0
风投机构声誉	VCreputation	风投机构管理资产规模的对数
风投机构组织形式	VCorganisation	风投组织形式为合伙制，VCorganisation 为 1，否则为 0
风险资本的终极控制人	VCcontrol	控制人为国家的，VCcontrol = 1，否则为 0
风险投资机构存续时间	VCduation	VC 成立至今的时间
风险投资机构总部所在地	VClocation	总部所在地在东部，Vclocation = 1，否则 = 0
被投资企业机构注册地	VCsite	被投资企业注册地在东部，VCsite = 1，否则为 0
其他变量（*Market*）		
市场走势	Index	沪深指数增幅
市场资金状况	Capital	退出前 6 个月股票市场的融资规模（千亿元）

7.5.3　模型建构

反映有关风险资本退出方式选择的模型如下：

$$Logit(VCexit) = \beta_0 + \beta_1 Firm + \beta_2 VC + \beta_3 Market + \beta_4 Control + \varepsilon$$

7.5.4　描述性统计分析

表 7 – 6 显示了主要变量的描述性统计分析。根据表中变

量 VCexit 统计信息，可知 72.64% 的被投资企业采用 IPO 方式退出，27.36% 的样本采用并购方式退出。表中变量 VCtype 显示，76.87% 的风险资本属于本土企业，23.13% 的风险资本属于外资企业；变量 VCorganisation 显示，88.34% 的风险资本组织结构形式是合伙制企业形式，11.66% 的风险资本组织结构形式是公司制形式。表 7 – 6 中的风险资本退出样本中，变量 VCcontrol 显示，终极控制人为国家的风险投资机构占比为 12.32%，其余风险投资机构终极控制人为自然人的占比为 87.68%。风险投资机构声誉（VCreputataion）采用风险投资机构管理资产规模的对数来表示，管理资产的规模越大，则风险投资机构的声誉越大。表 7 – 6 显示，VCreputatiion 的平均值为 6.2647，中位数为 7.5317，最大值为 14.006，最小为 0，标准差为 4.019，可见风险投资机构声誉（VCreputataion）呈现正态分布；衡量 VC 声誉的另一个指标为 VCduation 反映了 VC 成立至今的时间，表 7 – 6 显示，在风险资本退出样本中，VCduation 最长为 16 年，最短为 2 年，平均为 10 年，标准差为 4.019。VCtime 反映了风险投资机构进入清洁能源企业的时间，VCtime 平均值为 7.6124，中位数为 8 年，最大值为 16 年，最小值为 2 年，标准差为 2.8513。VClocation 显示 80.07% 的风险投资机构都在东部，仅仅有 19.93% 的风险投资机构在非东部地区。VCsite 表示 VC 进入的被投资企业注册地，表 7 – 6 显示 75% 的企业在东部地区，25% 的企业在非东部地区。VCIndustry 表示清洁能源领域产业链中不同行业的细分差异，根据这些行业风险从高到低变化，VCindustry 分别取值 2，1，0；表 7 – 6 中显示 VCindustry 平均值为 0.75，中位数为 1，标准差为 0.6512。

表 7－6　　主要变量的描述性统计分析

主要变量	样本数	均值	中位数	最小值	最大值	标准差
VCexit	427	0.7264	1	0	1	0.4462
VCtype	427	0.7687	1	0	1	0.4221
VCorganisation	427	0.8834	1	0	1	0.3212
VCcontrol	427	0.1232	0	0	1	0.3290
VCreputation	427	6.2647	7.5317	0	14.0060	4.0190
VCduation	427	12.8054	10	2	16	11.5700
VCtime	427	7.6124	8	2	16	2.8513
VClocation	427	0.8007	1	0	1	0.3998
VCsite	427	0.7500	1	0	1	0.4334
VCindustry	427	0.7500	1	0	2	0.6512

7.5.5　单变量回归分析

（1）假设 1，2 和 3 的检验。

A. 风险投资机构类型的影响。表 7－7 检验了风险投资机构类型对 VC 退出方式的影响。相对于外资投资机构，本土投资机构采用 IPO 方式退出的可能性较低，表 7－7 显示 VCtype 对退出方式的回归系数为－1.4170，且在 1% 水平上显著，假设 1 得以验证。

表 7－7　　风险投资机构类型对退出方式的影响

VCexit	Coef	Std. Err	z	P > |z|	95% Conf.	Interval
VCtype	－1.4170	0.3108	－4.56	0.000	－2.0262	－0.8079
concept	2.1712	0.2927	7.42	0.000	1.5975	2.745
Log likelihood ＝ －306.45　LR chi^2 （1） ＝27.06　Prob > chi^2 ＝0.000						
Number of obs ＝427						

B. 风险投资机构组织形式的影响。表 7 - 8 检验了风险投资机构组织形式对 VC 退出方式的影响。表 7 - 8 检验显示，VC 组织机构形式（VCorgansiation）对 VC 退出方式有显著性影响。相对采用公司制的风险投资机构，合伙企业选择 IPO 方式退出的可能性较小，说明很多合伙风险投资机构选择并购形式退出；采用公司制的风险投资机构有更大可能通过 IPO 方式退出。VCorganisation 的回归系数为 - 0.7643，且在 1% 水平上显著，假设 2 得以验证。

表 7 - 8　风险投资机构组织形式对退出方式的影响

VCexit	Coef	Std. Err	z	P > |z|	95% Conf.	Interval
VCorganisation	- 0.7643	0.3587	- 2.13	0.033	- 1.4673	- 0.0613
concept	1.6864	0.3442	4.90	0.000	1.0117	2.3612
Log likelihood = - 317.373		LR chi^2 (1) = 5.21		Prob > chi^2 = 0.0224		
Number of obs = 427						

C. 风险投资机构终极控制人的影响。表 7 - 9 检验了风险投资机构终极控制人对退出方式的影响。相对于自然人控制企业，国有控制的风险投资机构更多采用并购形式退出。风险投资机构终极控制人 VCcontrol 对退出方式 VCexit 的回归系数为 - 0.4274，显著性不强，假设 3 没有得到验证。

表 7 - 9　风险投资机构终极控制人对退出方式的影响

VCexit	Coef	Std. Err	z	P > |z|	95% Conf.	Interval
VCcontrol	- 0.4274	0.2740	- 1.56	0.119	- 0.9644	0.1096
concept	1.0335	0.1033	10.00	0.000	0.8310	1.2361
Log likelihood = - 322.71		LR chi^2 (1) = 2.35		Prob > chi^2 = 0.0036		
Number of obs = 427						

（2）假设4和5检验。

A. 风险投资机构声誉的影响。表7－10检验了风险投资机构声誉对VC退出方式的影响。如表7－10所示，声誉越高的风险投资机构选择IPO退出的可能性越大，说明声誉越高的VC，其满足IPO上市条件的可能性较大，因此，通过IPO方式退出的可能性更大。风险投资机构声誉VCreputation变量对退出方式VCexit的回归系数为0.0344，且在5%水平上显著，模型Log likelihood的系数为322.83，假设4得以验证。

表7－10　　风险投资机构声誉对退出方式的影响

VCexit	Coef	Std. Err	z	P > |z|	95% Conf.	Interval
VCreputation	0.0344	0.024	1.46	0.144	－0.01177	0.08060
concept	0.7654	0.1711	4.47	0.000	0.4301	1.1006
Log likelihood = －322.83　LR chi^2（1）=2.12　Prob > chi^2 =0.1451						
Number of obs =427						

B. 风险投资机构存续时间的影响。表7－11检验了风险投资机构存续时间（VCduation）对VC退出方式的影响。风险投资机构存续时间在某种程度上反映了风险投资机构的声誉。如表7－11所示，成立时间越长、声誉越高的风险投资机构选择IPO退出的可能性越大。风险投资机构成立时间VCduation变量对退出方式VCexit的回归系数为0.0489，且在5%水平上显著，模型Log likelihood系数为－201.25，Prob > chi^2 为0.0015，假设5得以验证。

（3）假设6和7检验。

A. 假设6检验。以下分别从风险投资机构注册地和被投资机构注册地两方面研究经济活跃程度对风险资本退出方式的影响。

表 7－11　风险投资机构存续时间对退出方式的影响

VCexit	Coef	Std. Err	z	P > |z|	95% Conf.	Interval
VCduation	0.0489	0.0186	2.63	0.009	0.0125	0.0854
concept	-0.5143	0.2468	-2.08	0.037	-0.9978	-0.0307
Log likelihood = -201.25		LR chi^2 (1) = 10.13		Prob > chi^2 = 0.0015		
Number of obs = 427						

a. 风险投资机构注册地点的影响。表 7－12 检验了风险投资机构注册地点对 VC 退出方式的影响。风险投资机构注册地点分为东部地区和非东部地区，表 7－12 显示，相对于非东部地区，东部地区风险投资机构选择并购方式退出的可能性较大，从某种程度上说明东部地区的风险资本市场较为活跃，有更多投资机构通过并购方式实现股权转让。风险投资机构注册地变量 VClocation 对退出方式 VCexit 的回归系数为 -0.4330，且在 10% 水平上显著，模型 Log likelihood 系数为 -322.39，Prob > chi^2 为 0.0834。

表 7－12　风险投资机构注册地点对退出方式的影响

VCexit	Coef	Std. Err	z	P > |z|	95% Conf.	Interval
VClocation	-0.4330	0.2568	-1.69	0.092	-0.9365	0.0704
concept	1.3304	0.2345	5.67	0.000	0.8709	1.7900
Log likelihood = -322.39		LR chi^2 (1) = 3.00		Prob > chi^2 = 0.0834		
Number of obs = 427						

b. 被投资企业注册地点对退出方式的影响。表 7－13 检验了风险投资机构进入被投资企业注册地点（VCsite）对 VC 退出方式的影响。VC 被投资企业注册地点分为东部地区和非东部地区，表 7－13 显示，相对于非东部地区，被投资企业在东部地区

注册公司选择 IPO 退出的可能性更大，说明东部被投资企业实力更强，更容易满足 IPO 上市条件，从而选择 IPO 方式退出。检验显示，在经济活跃地区，选择 IPO 作为退出方式的可能性较大。风险投资机构进入被投资企业注册地点（VCsite）对 VC 退出方式 VCexit 的回归系数为 0.4315，且在 5% 水平上显著，模型 Log likelihood 系数为 -321.87，Prob > chi^2 为 0.0062，假设 6 得以验证。

表 7-13　风险投资机构进入被投资企业注册地点对退出方式的影响

VCexit	Coef	Std. Err	z	P > |z|	95% Conf.	Interval
VCsite	0.4315	0.2124	2.03	0.042	0.0152	0.8477
concept	0.6607	0.1796	3.68	0.000	0.3087	1.0128
Log likelihood = -321.87		LR chi^2 (1) = 4.04		Prob > chi^2 = 0.0062		
Number of obs = 427						

B. 清洁能源企业产业风险对退出方式的影响。表 7-14 检验了清洁能源企业产业风险（VCindustry）对 VC 退出方式的影响。根据清洁能源领域产业的风险状况，可以将该行业风险从高到低变化依次排列，其中，新材料风险最高，其次为新能源，最后为环保产业。从表 7-14 可以看出，风险水平越高的企业，选择 IPO 方式退出的可能性越大，与假设 7 不相符合。清洁能源企业产业风险（VCindustry）对 VC 退出方式 VCexit 的回归系数为 0.4472，在 1% 水平上显著，模型 Log likelihood 系数为 -316.90，Prob > chi^2 为 0.0137。这种结果说明，这一类企业较容易得到国家的较大力度的政策扶持，能够满足 IPO 上市条件，获得上市资格，从而保证风险资本较容易通过 IPO 方式实现退出。

表 7-14　清洁能源企业产业风险对退出方式的影响

VCexit	Coef	Std. Err	z	P > |z|	95% Conf.	Interval
VCindustry	0. 4472	0. 1536	2. 91	0. 004	0. 1462	0. 7482
concept	0. 6736	0. 1406	4. 79	0. 000	0. 3981	0. 9491
Log likelihood = -316. 90　LR chi^2 (1) = 8. 77　Prob > chi^2 = 0. 0137						
Number of obs = 427						

7. 5. 6　多变量回归分析

表 7-15 显示风险投资机构的类型 VCtype、被投资企业注册地 VCsite、清洁能源投资风险 VCindustry 等变量对退出方式 VCexit 等有显著性影响，与单变量检验结果一致。相对于公司制，合伙企业选择并购退出的可能性更大；VCtype 对退出方式 VCexit 回归系数为 -0. 9737，且在 5% 水平上显著；被投资企业注册地在东部地区，VC 选择 IPO 退出的可能性更大，VCsite 对 VCexit 的回归系数为 0. 7112，且在 1% 水平上显著；清洁能源产业分布中，新材料选择 IPO 退出的可能性更大些。其他变量如风险投资机构组织形式（VCorganisation）、风险投资机构终极控制人（VCcontrol）、风险投资成立时间（VCduation）、风险投资机构的声誉（VCreputation）等变量影响方向与单变量检测是一致的，但显著性不够明显。

表 7-15　各个因素对 VC 退出方式的影响

VCexit	Coef	Std. Err	z	P > |z|	95% Conf.	Interval
VCtype	-0. 9737	0. 4228	-2. 30	0. 021	-1. 8024	-0. 1450
VCorganisation	-0. 3415	0. 4616	-0. 74	0. 459	-1. 2463	0. 5632
VCcontrol	-0. 5324	0. 3708	-1. 44	0. 151	-1. 2591	0. 1944
VCreputation	-0. 0036	0. 0345	-0. 11	0. 916	-0. 0712	0. 0639

续表

VCexit	Coef	Std. Err	z	P > |z|	95% Conf.	Interval
VCduation	0.0353	0.0237	1.49	0.137	-0.0112	0.0819
VClocation	0.0692	0.3831	0.18	0.857	-0.6817	0.8200
VCsite	0.7112	0.2984	2.38	0.017	0.1262	1.2961
VCindustry	0.4844	0.18667	2.60	0.009	0.1188	0.8500
concept	-0.0584	0.6600	-0.09	0.929	-1.3520	1.2351
Log likelihood = -189.55			LR chi^2 (1) = 32.05		Prob > chi^2 = 0.0001	
Number of obs = 427						

7.6　本章小结

本章探讨了清洁能源领域风险资本的退出方式，并对影响风险资本退出决策的相关因素进行了实证研究。研究显示，风险投资机构的类型、被投资企业注册地、清洁能源投资行业风险等变量对退出方式选择等有显著性影响，与单变量检验结果一致：相对于公司制风险投资机构，合伙型的风险投资企业选择并购退出的可能性更大；被投资企业注册地如果在东部地区，风险投资机构选择 IPO 方式退出的可能性更大，反映了区域经济环境和资本市场对风险资本退出方式的影响。在清洁能源产业的分布中，新材料行业企业选择 IPO 退出的可能性更大些，其他变量如风险投资机构组织形式、风险投资机构终极控制人、风险投资机构的成立时间、风险投资机构的声誉等变量影响方向与单变量检测是一致的，但显著性不够明显。

第8章 清洁能源领域风险资本与IPO抑价关系的研究

8.1 风险资本与IPO抑价分析

8.1.1 IPO抑价理论概述

IPO抑价现象是指首次公开发行定价明显低于上市初始市场价格的现象，具体表现为新股一级市场的发行价低于二级市场的上市价，从而使得上市首日购买股票的投资者能够获得超额收益。高的IPO抑价率推动了投资者对一级市场的申购热情，助推了投机心理在资本市场的蔓延。根据有效市场理论，在完全有效的市场中，信息完全公开，股票价格反映了其内在价值；发行价格根据市场供应需求而确定，新股上市的首日价格不应显著高于发行价格。按照经济学均衡理论，发行市场不可能长期处于失衡状态，大量逐利行为会使超额利润消失。然而，IPO 抑价现象在不同国家普遍存在。关于 IPO 抑价现象解释也有不同理论流派，大致有以下几种：

（1）基于信息不对称假说。Baron（1982）提出的委托人和投资银行之间的委托－代理模型；Rock（1986）提出的“赢者诅咒假设”观点认为，由于在股票发行中，存在发行人、承销商和投资者之间的信息不对称，IPO 抑价成为各个主体寻求自身利益最大化的合理选择。如根据 Baron（1982）的委托－代理模型，股票承销商在发行市场拥有较大的信息优势，为保证发行成功，会抑价发行，特别是承销风险较大的情况，IPO 抑价程度更大。根据 Rock（1986）提出的逆向选择模型，投资者之间存在的信息不对称，会抑制新股的发行。因此，发行商通过抑价发行，来有效降低逆向选择带来的发行风险。

（2）基于声誉理论的信号模型假说。根据该假说，股票发行的承销商为维护自身声誉，确保股票发行成功和合理定价，会通过较高的股票抑价，释放积极的信号。高声誉的承销商往往和较高的股票抑价呈现正相关性。Hanley（1993）提出，由于发行市场的不确定性，承销商通过高抑价来补偿真正的投资者，以换取发行成功。针对投资者与发行机构信息不对称的情况，发行人需要释放更多的信息给投资者。

（3）社会从众心理模型假说。根据社会心理学观点，个人行为较容易受到集体行为的影响，个人决策和投资行为较容易跟随大众的趋势。在新股首发过程中，潜在的投资者会根据其他投资人行为模式决定是否跟随。新股高抑价会吸引潜在的投资者购买，引发“羊群效应”，从而增加股票发行的成功率。

（4）基于公司治理假说。Booth 和 Chua（1996）认为，IPO 抑价与发行企业的公司治理结构与控制权的争夺有一定关系。发行企业管理层为保持对企业的控制，防止大股东出现，吸引更多中小股东参与新股发行，产生大量的超额认购倍数，从而在公司控制结构中居于主导地位，会以较高的 IPO 抑价来达到上述目标。

8.1.2 风险资本对 IPO 抑价影响的不同假说

风险资本是实行专业化管理，对创新、创业企业进行的股权投资形式。根据上述 IPO 抑价解释理论，可以推导出风险资本对 IPO 抑价的影响。体现在以下几个方面：

（1）风险资本的认证效应。普遍认为，风险资本投资并不是普通的权益资本，风险资本家作为积极的投资者，介入创业企业的管理创新，不仅仅通过监督、培育、发掘企业潜在价值，提升企业创新力，还通过自身声誉向市场传递公司高质量的投资信号，发挥其保证和监督功能。Megginson 和 Weiss（1991）[105] 提出风险资本机构认证假说，该假说认为：质量好的公司会吸引风险投资公司参与投资，当市场上缺乏传递公司真实价值的有效途径时，风险投资公司无疑发挥了认证功能；风险资本的参与无疑传递了公司良好前途的信号，减少发行人、承销商和投资者之间的信息不对称，从而使得 IPO 的定价更合理，与企业内在价值更接近。由此可以推断，风险投资机构能够有效降低 IPO 抑价效应。另外，风险投资机构的社会网络资本，能够通过自身影响力和资源为被投资公司吸引声誉高的承销商、中介机构，从而最大限度地降低信息不对称性给 IPO 公司带来的融资损失。

（2）风险资本的监督假说。Barry，Muscarella，Peavy 和 Vetsuypens（1990）提出“监督监管假说”（Monitoring Hypothesis），认为风险资本相对于没有风险资本参与的企业，风险资本投资者能够给创业企业带来更高质量的监督，风险资本的监督作用能够有效地提高被投资公司的经营效率，从而使得市场对风险资本参与企业的 IPO 定价更接近企业内在价值，因此，IPO 抑价率更低。

（3）哗众取宠假说。Gompers（1996）、Lin 和 Smith（1998）提出了另外一种理论“哗众取宠假说”（Grandstanding Hypothesis），认为风险资本为了获得资本市场的认可从而募集到更多资金，为自己建立良好的声誉，可能以高 IPO 抑价率来推动企业较早上市。该理论认为，风险资本的参与会提高 IPO 抑价率。根据 Gomper（1993）的观点，风险资本介入创业投资公司，存在信息不对称的因素。风险资本家无法获知或分辨企业价值，为规避逆向选择风险，风险资本家会压低创业企业发行价，从而获得加高的 IPO 抑价。创业投资企业的风险越高，则 IPO 抑价越大。Gompers（1997）、张丰（2009）、寇样河等（2009）实证研究发现，风险资本支持公司的 IPO 抑价显著高于非风投支持公司，蒋健等（2011）、陈工孟等（2011）实证研究发现，风险资本参与企业的 IPO 折价显著高于无风险资本参与企业，原因是风险资本以 IPO 方式退出投资项目，IPO 折价越高，越支持声誉效应假说。李曜和张子炜（2011）、游达明和曾蔚（2012）基于创业板数据实证发现，风险资本显著提高了 IPO 抑价，存在逆向选择效应。

8.1.3　风险资本对企业 IPO 抑价影响的经验证据

（1）国外的经验证据。Clement（2003）[106] 以新加坡 164 家上市公司为样本进行研究，发现风险资本参与降低了公司 IPO 抑价，并吸引了声誉更高的承销商参与股票发行。另外，Clement（2003）也发现，成立时间较短的风险投资机构，所投资公司的 IPO 抑价较高。Sahlman 等（2012）[107] 以 274 家美国和英国风险投资支持的 IPO 公司为样本，发现有多样性特征的风险投资公司有更高的 IPO 抑价率。

（2）国内的经验证据。唐运舒和谈毅（2008）[108]对中国香港 220 家 IPO 公司进行实证检验，发现风险投资公司对 IPO 后的经营业绩有积极作用，并有助于降低发行公司、承销商和中介机构之间的信息不对称，证实风险投资机构能够有效降低 IPO 抑价的“认证假说”。李曜和张子炜（2011）[109]对 IPO 前股权投资者进行了界定和区分，发现成熟市场普遍认同的“认证作用”适合我国资本市场。在我国创业板市场，风险投资支持的公司有着更高的抑价率。朱元甲和李阳（2012）[110]通过对 2009—2011 年在创业板上市的 218 家公司进行研究，发现风险资本对于 IPO 抑价率并不显著。余楠和费一文（2013）[111]通过配对的方法进行研究，发现国外学者提出的“认证假说”和“逐名效应”在我国资本市场表现得不显著，但实力较强的风险投资机构能够有效发挥其“第三方认证”作用，降低 IPO 抑价率。刘祥东和范彬等（2015）对 268 家创业企业进行实证研究分析，发现我国创业板企业的 IPO 抑价率逐年下降，风险投资企业对上市公司 IPO 抑价率的影响发挥先升后降的作用。张学勇、张叶青和廖理等（2014，2016）[112]发现，风险投资持股的上市公司 IPO 抑价率较低。曹婷和冯照桢（2015）[113]发现，成立时间长的风险投资能够降低 IPO 抑价，发挥认证和监督作用，而成立时间短的风险投资随着持股比例的增加，IPO 抑价呈“U”形变化趋势，而且异质性风险投资的联合持股能够显著降低 IPO 抑价，投资机构的增加数能够降低 IPO 的抑价率。曾江洪等（2010）以 2004—2007 年深圳中小板上市公司为研究对象，发现风险资本对 IPO 抑价的影响不显著，雷星晖等（2011）[114]、李善民和陈旭（2011）[115]发现，风险投资持股比例没有显著影响创业板的 IPO 抑价程度。

8.2　清洁能源领域风险资本对 IPO 抑价影响的分析

根据上述有关风险资本对 IPO 抑价影响的分析，可以进一步分析在清洁能源领域，影响风险资本投资企业 IPO 抑价的相关因素。

8.2.1　行业与技术不确定性的影响

清洁能源领域的投资有其特殊性，使得风险资本在该领域的投资受到该领域特殊因素的影响。据瑞士能源署（SEA）报道，尽管瑞士有着非常成熟的风险资本市场，但风险资本对清洁能源的投资十分谨慎，特别是清洁能源领域发展的早期阶段，仅仅有 0.5% 比例的风险资本在该领域投资[116]。从风险资本投资机构的角度来说，清洁能源领域投资的不确定性是影响投资者进行估价的重要因素。风险资本家试图将风险投资过程中潜在的不确定性转化为可控制、可预期的，能够以综合的风险—收益—报酬为参考依据进行的投资方式，并对投资过程中的不确定和风险进行评估。Teppo 和 Wüstenhagen（2006）[117]认为，清洁能源领域资本密集性较高、较长的技术开发时间使得清洁能源技术不确定性较高。技术复杂性越高，产品进入市场的时间就会更长。清洁能源领域除了一些特定的技术工具，还需要和现有的能源基础设施相适应，构建整个清洁能源领域基础的技术架构。这些技术面临着与传统化石能源系统的“适配性”问题，也面临着未来如何发展创新，如何满足社会对清洁能源不断增长的需求的问题。从现有清洁能源发展的现状看，远远没有实现上述技术目标。清洁能源行业与其技术的不确定性，意味着承销商、发行者和中介机构面临着较高的发行风险，在该领域的信息不对称性和逆向选择问题显得更为显著。根据风险资本的认证假说，在该领域，风险资本对上市公司 IPO 抑价有降低作用，考虑到清洁能源领域较高的行业风险和技术不确定性，在该领域，风险资本的认证影响作用应该更为明显，因此，我们提出：

假设 1：风险资本能够降低技术风险较高的清洁能源企业 IPO 的抑价程度。

8.2.2 市场影响

清洁能源是否满足能源市场客户需求仍旧存在着不确定性。一方面，在有的国家，能源市场处于高度管制状态，清洁能源替代传统能源，需要政策引导和补贴。同时，需要推动传统能源基础结构的变化，以适应清洁能源技术的应用。另一方面，在有的国家，能源市场解除管制，也面临市场分散和分割的问题。满足这一市场的客户需求，需要清洁能源市场在价格、质量和分布渠道等方面下功夫。小型太阳能板技术和微型发电装置（micro - CHP）等较为成熟的清洁能源技术也需要客户同意将其装置接入网络，并允许客户将多余电能在电网上出售。显然，清洁能源市场的需求还有待培育和发展。Meijers（2007b）认为，清洁能源技术的开发者往往忽略清洁能源应用市场问题，而客户、政府或能源中间组织认为，由于清洁能源未来市场还存在许多不确定性，对清洁能源市场的评价反过来会影响风险资本对该领域创业企业价值的评估。在能源富集地区，传统能源企业的作用往往十分强大，清洁能源企业面临着较大的竞争压力，因此，其发行成本相应也会比较高，对于在该区域上市的企业来说，风险资本对 IPO 抑价有着类似的认证作用。为此，我们提出：

假设 2：风险资本能够抑制能源富集地区清洁能源上市企业

IPO 的抑价率；

假设 3：风险资本能够抑制碳排放强度较大地区的清洁能源上市企业 IPO 的抑价率。

8.2.3　政府政策与规则影响

一项新的技术出现时，会受到政府政策和政治环境的影响。政策会影响新技术出现的频率、时间和实质内容（Marcus, 1981）。政府政策会刺激创新，形成创新的良性循环。另外，政府政策也会阻碍创新（Bergek et al.，2004），政策的不确定性导致价格波动，进而影响投资意愿。

在清洁能源领域中，政府政策和规则是清洁能源市场发展的最大不确定性。政府政策引导直接影响清洁能源的投资力度。政府的换届和更迭，影响政府对清洁能源政策的走向。因此，对于风险资本家来说，宁愿在政策明朗以后再进行投资。Meijer（2007a）发现，生物公用事业的应用和许可执照程序、碳排放规则等政策有关。这些政策对于技术开发者和应用者来说都存在一定的不确定性。在清洁能源领域，另一项政策不确定性来自于该领域金融工具的应用问题，清洁能源投资是资本密集型和技术密集型投资，缺乏有效的融资工具，势必使得该领域投资存在极大的不确定性。

清洁能源政策的制定往往是各种政治力量较量的结果，政治团体的目标是寻求稳定和长期发展，并且需要和现有的传统能源政策相协调，因此，可能做出有利于或不利于清洁能源投资的政策选择。尽管发展清洁能源、有利于全球气候的治理成为不同政治家的共识，然而，如何到达“彼岸”，中间还隔着“星辰大海”。Teppo 和 Wüstenhagen（2006）认为，欧盟能源市场解除管制，并没有使得清洁能源企业较为容易进入能源市场，相反，能源市场的解禁带来了更复杂的市场环境。

政府的政策对清洁能源风险资本投资的影响存在一定的不确定性。有的风险资本家认为政府的政策取向非常重要，对于清洁能源市场的启动，清洁能源企业的扶持都有着重要的意义和影响。然而，有的风险资本家认为过度的政府政策干预会扭曲清洁能源市场。

总体而言，政府干预有利于制定促进风险资本投资清洁能源的相关政策。政府政策对于公共投资领域进行政策规划，对于投资方向给予指导，并通过公共风险资本的引导，投资于清洁能源的初创领域。风险资本家一方面寄希望于政府补贴政策推动投资，另一方面寄希望于市场管制解除，有利于新进入者的投资。然而，前者面临着补贴政策难以为继的问题，对于后者来说，能源市场的解除管制，意味着清洁能源企业需要和更多的有着明显竞争优势的传统能源企业进行竞争，无疑面临着更大的挑战。

在政府政策透明、补贴力度更大的省份，往往有着较低的IPO抑价率，风险资本在市场化程度较低、政府政策力度有限的省份发挥认证作用是有限的，为此，我们假设：

假设4：风险资本能够抑制市场化程度较高地区的清洁能源上市企业IPO的抑价率。

8.3 清洁能源领域风险投资IPO抑价的实证研究设计

8.3.1 样本选择和数据来源

本节以沪深A股、中小企业板、创业板中属于新能源概念类的企业为研究样本，考察这些企业上市过程中的 IPO 抑价情况，所有数据都来自 Wind 数据库。有关企业股东来自风险投资机构的信息为年报手工获取。剔除数据不全的样本共得到 164 个有效样本，有关样本列表见附录 1。

8.3.2　变量含义和模型框架

（1）被解释变量 IPO 抑价率（underpricing）。

A. 采用上市公司首日收盘价与发行价差额与发行价的百分比表示。

B. IPO 初始调节抑价率：考虑市场收益率、上市公司的抑价率。

（2）解释变量。

A. 风险资本参与（VC）：上市公司前五大股东列表中有“投资公司”“股权投资合伙公司”等名词，作为风险投资机构参与上市公司 IPO 的依据。如果有风险投资机构，则该变量 VC = 1，否则为 0。

B. 风险资本的背景（VCbackground）：如果风险资本是国有背景的投资机构，则 VCbackgroud = 1，否则，VCbackgroud = 0。

（3）调节变量。

A. 技术风险调节变量（RDexpense）：采用上市公司研发支出占营业收入的比例反映企业的技术风险；研发支出比例越大，说明企业的技术风险越高。

B. 能源强度（Energyindex）和碳排放强度（TCOindex）：采用上市公司注册地的能源强度指数和碳排放强度支出反映不同地区的能源富集程度。

C. 市场化环境指标（Marketindex）：采用上市公司注册地的市场环境指数反映不同地区的市场化程度，分别可以用政商关系指数（Governmentindex）、金融化程度（Financialindex）指数来反映。

（4）控制变量。控制变量包括企业规模、资本密集度、企业上市时间、企业营利指标等相关变量。有关变量含义和计算列示在表8-1中，其中，被解释变量包括抑价率（underpricing Ⅰ）和经过调整的抑价率（underpricing Ⅱ）。

表8-1　　　　变量说明

变量符号	变量含义	变量计算
被解释变量：IPO抑价率		
Underpricing Ⅰ	IPO初始抑价率	上市首日收盘价与发行价的差额与发行价的百分比
Underpricing Ⅱ	调整的IPO初始抑价率	未调整的初始收益率与当日市场收益率之差
外生解释变量（EXvariable）		
VC	风险资本参与	哑变量。VC参与为1，否则为0
VCbackground	与VC相关关系构成	国资背景VCbackgroud=1，民营等为0
VCpaiming	风险资本的影响力	采用风险投资机构在大股东中的排名，排名越靠前，影响越大
调节变量（Mediate variables）		
RDexpense	研发支出	采用上市公司研发支出占营业收入比例反映企业的技术风险
Energyindex	能源强度	采用上市公司注册地的能源强度指数反映不同地区的能源富集程度
TCOindex	碳排放强度	采用上市公司注册地的碳排放强度反映不同地区的能源情况

续表

变量符号	变量含义	变量计算
调节变量（Mediate variables）		
Marketindex	市场化环境指标	采用上市公司注册地的市场环境指数反映不同地区的市场化程度
控制变量（Controlvariable）		
Size	企业规模	用企业资产规模的对数反映企业规模
Lev	财务杠杆	用资产负债率表示
Captialintense	资本密集度	用固定资产和无形资产之和占总资产的比例来反映企业的资本密集度
Time	企业上市时间	用截至 2014 年上市公司的上市年度来表示
Roe	净资产收益率	净资产收益率
sharexchange	换手率	用上市首日换手率表示

（5）模型构建。以下模型反映了风险资本及相关调节变量对 IPO 抑价的影响：

$$underpricing_{i,t} = \beta_0 + \beta_1 VC_{i,t} + \beta_2 Mediate_{i,t} + \beta_3 VC \times Mediate + \beta_4 Controlvariables_{i,t} + \varepsilon_{i,t}$$

8.4　实证检验结果分析

8.4.1　描述性统计分析

从表 8－2 可以看到主要变量的描述性统计分析结果：IPO 初始抑价率（underpricing Ⅰ）平均值为 0.76，中位数为 0.46，最大值为 4.05，最小值为－0.62，标准差为 0.79；经过调整的

IPO 抑价率（underpricinⅡ）平均值为0.47，中位数为0.53，最大值为6.94，最小值为－5.94；163家清洁能源上市公司，得到风险资本支持的企业占比为61%，标准差为0.49。从变量VCbackground可以看出风险投资机构投资背景是国有投资公司，还是非国有投资公司。风险投资机构在股东序列中的排名（VC-paiming）平均值为2.86，中位数为2，最大值为7，最小值为1，说明大多数风险投资机构是第二大股东，在公司治理中应该能发挥一定的影响力。

表8－2　　　主要变量的描述性统计分析

Variable	Mean	25%	Median	75%	Max	Min	Std.
UnderpricingⅠ	0.76	0.22	0.46	1.06	4.05	－0.62	0.79
UnderpricingⅡ	0.47	－0.65	0.53	1.47	6.94	－5.94	1.91
VC	0.61	0	1	1	1	0	0.49
VCbackground	0.34	0	0	1	1	0	0.48
VCpaiming	2.86	1	2	3	7	1	1.138
RDintense	3.70	2.29	3.37	4.52	31	0.02	3.20
INsize	22.41	21.70	22.34	23.09	26.37	19.46	0.79
Lev	0.46	0.32	0.47	0.60	0.98	0.06	0.19
Captialintense	0.301	0.16	0.26	0.40	0.84	0.03	0.17
Time	8.96	5	6	15	26	0	6.29
Roe（%）	26.54	16.53	24.88	36.44	93.55	－32.41	3.20

资料来源：Wind数据库。

8.4.2　实证检验结果

（1）假设1的检验。表8－3的模型Ⅰ显示，风险投资机构和被解释变量IPO抑价率UnderpricingⅠ之间呈现显著正向相关性，说明我国的风险投资机构对上市公司的投资，能够提高IPO

公司的抑价水平，对 IPO 公司的并没有发挥其“认证”作用。企业的技术风险用研发强度（RDintense）来表示，RDintense 越大，表示企业的技术风险越高。表 8 – 3 显示，技术风险越高的企业，IPO 抑价率越高；用 VC × RDintense 的交叉项来考察，显示交叉项的回归系数为 – 0. 0147，说明在技术风险较高的情况下，风险投资机构的参与可以降低清洁能源企业 IPO 的抑价程度，假设 1 得以证明。

（2）假设 2 的检验。表 8 – 3 的模型Ⅱ显示，清洁能源上市公司注册地的能源强度对 IPO 抑价率没有显著影响，风险资本也没有能够抑制能源富集地区清洁能源上市企业 IPO 的抑价率。检验进一步说明，风险资本对上市公司 IPO 的“认证”作用有限。相反，表 8 – 3 模型Ⅱ中显示，在能源富集地区上市的清洁能源企业，能源强度越大，企业的 IPO 抑价率越小，说明投资者并不看好在能源富集地区注册的清洁能源企业。由于在能源富集地区，传统能源强度无疑会影响清洁能源企业的经营业绩；相对来说，风险投资机构的参与能够提高 IPO 的抑价率，这一结论和假设 2 的推断不尽相同。

（3）假设 3 的检验。表 8 – 3 的模型Ⅲ显示，清洁能源上市公司注册地的碳排放强度对 IPO 抑价率的影响不显著，与假设 2 的检验相似，风险资本对上市公司 IPO 的“认证”有限；TCO × VC 的交叉项回归系数为 0. 0475，且在 1% 水平上显著，说明风险投资机构的参与能够提高碳排放强度较大地区注册的清洁能源上市公司 IPO 的抑价率，这一结论说明假设 3 推断不成立，即风险资本不能抑制碳排放强度较大地区的清洁能源上市企业 IPO 的抑价率。

（4）假设 4 的检验。表 8 – 3 的模型Ⅳ显示，市场化程度 Market 对 IPO 抑价率的回归系数为 – 0. 0446，且在 1% 水平上显著，说明清洁能源上市公司注册地的市场化程度越高，上市公司IPO抑价率越低，与理论的推测是一致的。Market × VC 的回归系数为0.0338，且在10%水平上显著；说明风险投资机构的参与提高了市场化程度较高地区注册的清洁能源上市公司IPO抑价率，与假设4的推断不一致。

表8-3　　实证检验结果（一）

	模型Ⅰ	模型Ⅱ	模型Ⅲ	模型Ⅳ
VC	0.6381 (1.18)	0.2257 (0.20)	0.4181 (0.70)	0.1566 (0.12)
VCpaiming	-0.0394 (-0.69)	-0.0442 (-0.79)	-0.0444 (-0.80)	-0.0392 (-0.71)
VCbackground	-0.0645 (-0.31)	-0.0816 (-0.43)	-0.1318 (-0.65)	-0.0759 (-0.39)
RD	0.0210 (0.13)			
Energy		-0.3299 (-0.20)		
TCO			1.3163 (0.25)	
Market				-0.0446 (-0.26)
RD × VC	-0.0147 (-0.09)			
Energy × VC		0.3330 (0.19)		
TCO × VC			0.0475 (0.01)	

续表

	模型 I	模型 II	模型 III	模型 IV
Market × VC				0.0338 (0.19)
Size	-0.1510 (-1.77)**	-0.1939 (-2.34)	-0.1882 (-2.31)	-0.1634 (-2.07)***
Lev	0.1985 (0.42)	0.3469 (0.73)	0.3477 (0.73)	0.1914 (0.43)
Captialintense	0.0534 (0.12)	-0.2488 (-0.59)	-0.2075 (-0.49)	-0.2503 (-0.61)***
Time	0.0609 (3.87)	0.06270 (4.05)	0.0630 (4.06)	0.0612 (4.01)***
Roe (%)	-0.0047 (-0.88)	-0.0038 (-0.77)	-0.0033 (-0.67)	-0.0041
Concept	3.0475 (1.59)	4.4344 (2.19)	4.0138 (2.25)	3.9948 (1.97)***
Observe	97	100	99	103
Adj - R^2	18.55%	21.06%	21.37%	20.56%
F	3.19 (0.000)***	3.64 (0.000)***	3.66 (0.000)***	3.64 (0.000)***

8.4.3 稳健性检验分析

采用经过调整的 IPO 抑价率作为被解释变量，对原有模型重新进行稳健性检验，检验结果如表 8-4 所示，模型 I 显示，技术风险越高的企业，IPO 抑价率越高，当有风险投资机构参与投资时，能够降低 IPO 抑价率，反映在技术风险较高的情况下，风险资本能够发挥一定的“认证”作用。在能源富集地区和碳排放强度较大地区注册的上市公司，风险资本的参与没发挥其认证作用，相反，在风险资本参与的情况下，IPO 的抑价率得以提高。模型Ⅳ发现，在市场化程度越高地区注册的上市公司 IPO 抑价率越低，说明在这些地区注册登记的上市公司经营透明度较高；在风险资本参与的情况下，IPO 抑价率显著提高，同理证明了风险资本未发挥其认证作用。

表 8－4　　实证检验结果（二）

	模型Ⅰ	模型Ⅱ	模型Ⅲ	模型Ⅳ
VC	2.383 (1.47)	-0.108 (-0.03)	-0.093 (-0.05)	1.597 (0.41)
VCpaiming	0.093 (0.54)	0.089 (0.52)	0.093 (0.56)	0.105 (0.63)
VCbackground	0.634 (1.02)	0.691 (1.19)	0.0930503 (0.56)	0.581 (1.00)
RD	0.733 (1.53)			
Energy		-1.315 (-0.26)		
TCO			6.896 (0.27)	
Market				0.137 (0.27)
RD × VC	-0.702 (-1.47)			
Energy × VC		0.676 (0.13)		
TCO × VC			4.611 (0.48)	

续表

	模型Ⅰ	模型Ⅱ	模型Ⅲ	模型Ⅳ
Market × VC				-0.207 (-0.38)
Size	0.171 (0.67)	0.036 (0.15)	0.095 (0.41)	0.096 (0.42)
Lev	-1.131 (-0.79)	-0.709 (-0.53)	-0.552 (0.41)	-0.677 (-0.53)
Captialintense	-1.018 (-0.74)	-1.660 (-1.32)	-1.014 (-0.81)	-1.381 (-1.14)
Time	0.037 (0.79)	0.032 (0.68)	0.030 (0.64)	-1.381 (0.63)
Roe (%)	-0.018 (-1.15)	-0.014 (-0.95)	-0.010 (-0.66)	-0.012 (-0.82)
Concept	-5.233 (-0.91)	0.597 (0.10)	-2.042 (-0.39)	-2.303 (-0.38)
Observe	163	163	163	163
Adj - R^2	12.16%	7.65%	11.31%	8.23%
F	3.19 (0.000)***	0.75 (0.000)***	1.14 (0.000)***	0.83 (0.000)***

8.5　本章小结

本章研究了在清洁能源领域的上市企业 IPO 过程中，风险资本对 IPO 抑价的影响，借此探讨风险资本与资本市场之间的相互关系。研究显示，风险投资机构和被解释变量 IPO 抑价率

(Underpricing Ⅰ) 之间呈现显著正向相关性，说明我国的风险投资机构对上市公司的投资对 IPO 公司并没有发挥其“认证”作用；在技术风险较高的情况下，风险投资机构的参与可以降低清洁能源企业 IPO 的抑价程度。清洁能源上市公司注册地的能源强度对 IPO 抑价率没有显著影响，风险资本没有能够抑制能源富集地区清洁能源上市企业 IPO 的抑价率。检验进一步说明，风险资本对上市公司 IPO 的“认证”作用有限。风险投资机构的参与，能够显著提高在市场化程度较高地区注册的清洁能源上市公司 IPO 抑价率，反映风险资本不仅没有发挥“认证”作用，反而呈现出一定的投机迹象。

公共政策与清洁能源领域的风险资本投资

9.1　清洁能源领域政府公共政策的主要内容

清洁能源是一系列以低碳经济为导向的产业集群大融合。清洁能源产业发展是人类生产方式和生活方式的一场变革，是从传统的以碳化石能源为主的消费和生产模式，转换为以低碳排放为导向的清洁能源生产和生活方式。这种变革的长期趋势尽管是确定无疑的，但短期的波折、反复却是在所难免的。特别是清洁能源产业涉及国际政治的博弈和有关清洁能源产业规则制定权的争夺，这都增加了清洁能源产业发展的不确定性。政府换届带来的公共政策的变动，使得投资者的预期发生重要变化。应对气候变化政策而迫使全球各个国家制定适当的公共政策，以推进清洁能源产业的发展。一方面，通过碳税及碳排放权交易，获得支持清洁能源发展的财政收入；另一方面，通过财政补贴清洁能源产业的发展，支持产业基础层面的绿色转型。清洁能源领域政府公共财政的主要内容具体表现在以下几个方面：

9.1.1 形成组合性的财政政策

为了加快清洁能源的发展，各个国家政府提供强有力的财政资金支持清洁能源的发展。各个国家财政政策的支持方式大约表现在三个方面：一是增加清洁能源的技术研发投入，促进清洁能源技术的创新发展；二是对清洁能源项目开发及清洁能源消费进行补贴，推动清洁能源的使用；三是设立清洁能源发展的公共产业基金，发挥基金的引导作用，为推动清洁能源产业的发展提供强大的支撑。在清洁能源技术的科研投入方面，美国在 2009 年 2 月的经济刺激方案中向清洁能源领域投入 600 多亿美元，并于 2010 年申请 264 亿美元的资金预算，重点开发清洁能源，以提高能源效率和减少碳排放。在对清洁能源技术产业化进行激励的补贴政策方面，日本经产省已对 42 家企业补贴了 297 亿日元，使得日本的清洁能源产业规模不断扩大。在清洁能源公共基金的引导作用方面，澳大利亚政府于 2010 年 7 月设立“新能源与可再生能源基金”，计划从 2013—2014 年开始，在 5 年内投入 100 亿澳元，用于支持企业开展清洁能源的开发与创新，而到 2020 年，该资金已投入达 200 亿澳元，清洁能源发电达 20%，到 2050 年，该基金总额将达 1000 亿澳元，为抢占世界未来清洁能源产业的制高点奠定了基础。补贴的模式各地亦有差异，有实行发电量补贴的，有实行上网电价补贴的，有实行一次性初装补贴的。电价补贴标准为每千瓦时 0.42 元（含税），光伏发电项目自投入运营起就执行标杆上网电价或电价补贴标准，期限原则上为 20 年。不同的地区也会采取不同的补贴政策，比如无锡市，鼓励支持城乡居民利用自有产权住宅屋顶安装、使用光伏发电系统，对居民屋顶使用本地产品的分布式发电项目，可按照 2 元/瓦的标准给予补贴。分布式电站一次性补贴 20 万元/兆瓦。采用合同能源管理模式实施的项目，对实施合同能源管理用能项目的单位和项目投资机构，分别一次性给予每个项目不超过 20 万元和 100 万元的奖励和项目扶持。

9.1.2　合理的税收优惠政策

税收政策是国家宏观调控的重要工具，在促进能源节约、能源可持续利用和清洁能源的推广方面具有其他经济手段难以替代的作用。近年来，国外在制定或修改能源法案时，都注重利用税收政策扶持清洁能源的发展。世界各国针对清洁能源的税收优惠政策主要有两类：一类是直接对清洁能源企业或个人实施税收优惠政策，包括减免关税、固定资产税、增值税和所得税等，如印度政府为加快风电机和部件的出口，全额免除风电设备制造业和风力发电企业的生产经营增值税、关税和消费税；此外，对非常规能源开发项目除减免货物税、关税及附加税外，还可享受免税期、软贷款和设备加速折旧待遇。另一类是对清洁能源企业实施强制性税收政策，如征收碳税、气候变化税、燃油税等，其目的是通过增加企业成本以减少供给。例如，德国从 1999 年 4 月起分阶段实行对石油企业、电力企业等能源消耗单位征收生态税。生态税是德国改善生态环境和实施可持续发展计划的重要政策，该税收收入用于降低社会保险费、工资附加费、生态税的征收，使德国的能源供给结构得到显著优化。

税收优惠政策是促进清洁能源技术商业化、提高市场渗透力和经济竞争力的重要政策手段。我国现行主要税种对于支持清洁能源发展已有一定的政策体现，但目前我国清洁能源在能源总量中所占比例仍然较低。针对我国能源资源节约和环境保护税收政策存在的问题，建立税收优惠促进机制势在必行。我国应充分考虑本国国情，有步骤、分层次地进行生态税收改革，研究完善能源资源节约和环境保护工作中的清洁能源开发利用、环境保护等重点领域的税收政策，逐步建立健全促进清洁能源发展的绿色税收促进机制。

9.1.3　技术收入税收抵免政策

税收优惠包括技术转让收入的税收减免、技术转让费的税收扣除、对引进技术的税收优惠等，它有利于降低清洁能源和清洁能源企业的资本边际使用成本，从而鼓励企业投资或再投资，增强企业的国际竞争力。针对我国清洁能源技术创新的特点，可以实行增值税退税激励政策，调整企业所得税优惠政策，给予清洁能源项目及节能产品设备一定税收抵免政策，完善清洁能源设备进口的关税政策。对用于科研、实验和生产等的进口设备，给予税收减免等优惠；同时，对国内尚存在技术缺陷而无法生产的零部件，免除进口关税和进口环节增值税，以降低清洁能源企业发电设备的成本，带动国内相关产业的发展。风力发电属于《企业所得税法》及《实施条例》规定的公共基础设施项目，可以享受“三免三减半”的税收政策；同时，清洁能源企业在享受技术收入税收抵免政策时，需要办理备案程序，避免不必要的税收损失。销售利用风力生产的电力实现的增值税实行即征即退50%的政策。

9.1.4　适时开征碳税

碳税指为减少温室气体的排放，提高能源资源效率，通过增加税负来提高化石能源的价格，对二氧化碳的排放课以征收的一种税制。开征适度的碳税，一方面，通过加重高能耗企业和高排放企业的负担，加快淘汰能耗高、排放高的落后工艺，达到抑制高能耗、高污染企业发展的目的，另一方面，有利于刺激企业开发利用清洁环保的能源，以及研究和使用碳回收技术等节能减排技术。世界各主要国家为应对气候变化，相继制定了适合本国国情的、不同形式的碳税税制，有力地提高了能源资源利用的效率。我国应借鉴国外经验，根据经济社会发展的需要，在以“绿化”为主题的环境税制建设时，把碳税作为新一轮改革的“引擎”，促成通盘的合理配套联动。结合我国的国情，在适当的情况下可以采取以下两种方式：一是新开征环境保护税，碳税作为其中的一个税目引入；二是比照我国的燃油税改革，在消费税中引入碳税。在我国目前没有开征碳税的情况下，建议先尝试开征企业排碳费，对钢铁、建筑、化工等高耗能企业征收排碳费，以达到抑制温室气体排放和促进低碳经济发展的目的。

9.2　清洁能源公共政策对风险资本投资的影响

9.2.1　推动清洁能源需求市场的形成

通过制定清洁能源政策目标，如降低污染、碳排放交易的形式，间接鼓励可再生能源需求；或者制定能源电力标准，直接鼓励可再生能源的购买，政府作为消费者，直接购买可再生能源。通过鼓励风险资本在清洁能源的投资，保证和推动清洁能源市场需求的增长[118]。

在清洁能源领域中，新技术应用面临的最大的挑战是如何弥补风险资本投资者提供的资金与传统项目融资资金之间形成的“资金缺口”。在清洁能源领域投资，往往需要花费数百万甚至数亿美元的投资，这一数额远远超过风险资本的投资数额。特别是清洁能源技术自身可能面临的技术风险及商业化问题，是传统能源企业所难以承受的，需要有力的政府清洁能源公共政策推动各种资源整合，弥补清洁能源投资需求和风险资本之间的“资金缺口”。

在风险资本模型中，所投资企业需要在较短的时间内快速增长，以便风险资本能够快速从创业企业中退出，获得足够的投资回报，进而进入下一个投资周期中。因此，风险资本所投资企业需要有足够的市场需求，促进企业能够快速成长。强有力的政府清洁能源公共政策能够推动公众对清洁能源消费需求的快速增长；激励政策越强烈，风险资本投资创业企业的意愿越强烈。美国政府通过提供两种类型的政策：生产抵税（PTCs）政策和投资抵税优惠政策（ITCs），刺激风险资本在清洁能源领域的投资。

9.2.2 全球气候变化政策的影响

全球气候变化政策显然是影响政府清洁能源政策走向的重要“风向标”。为应对气候变化面临的挑战，政府从收入和费用两方面推动清洁能源投资。一方面，通过税收或拍卖碳排放权，提高公共财政收入，弥补由于清洁能源政策影响而带来的对经济的负面影响；另一方面，推动清洁能源基础设施的投资，减缓或降低适应清洁能源政策而带来的成本增加。通过公共财政政策的支持，释放投资的预期价格信号，遏制碳排放和温室效应。为适应气候变化的清洁能源政策包括建立以市场为基础的碳定价，支持创新或加快技术开发政策，克服阻碍清洁能源市场投资发展的规则和标准。

9.2.3　公共政策风险及政府减缓政策风险的作用

政府政策风险体现为相关政策前后不一、相互协调不畅。如政府对于能源终端市场的过度干预、基于化石能源发电企业的补贴，会影响清洁能源的投资。根据彭博社 2011 年的观察，上网电价补贴政策降低了对清洁能源的需求。由于上网电价补贴政策属于技术供给方的技术推动型措施，需要直接的财政支持，从而对技术创新具有一定的推动力，风能和光伏能企业受到能源终端市场政策不确定性的影响非常大。这种公共政策的不确定性显然成为影响清洁能源投资的重大障碍。

另外，政府对于清洁能源的支持不仅仅是一种风险，同时也是一种机会。政府有能力通过间接方式控制在清洁能源领域风险资本衰退的影响，通过执行相关政策，使这一领域的投资变得有吸引力。在清洁能源领域，技术和服务为个人和社会创造了附加值，风险资本家不像政府，寻找投资机会创造个人价值而不是社会价值。因此，公共政策对于清洁能源领域的投资尤为重要。即使清洁能源技术还未能达到投资的临界点，政府公共政策对产品价格的确定发挥了重要影响。

据图 9－1 所示，风险资本能够介入的部分在四个象限中的右边下部，即技术风险最高，但相对资本密集程度不高的投资领域。对于每一个启动资金而言，风险资本能够投资的资本额度为 1000 万—1500 万美元，从而实现项目的成功。因此，相对来说，对于 IT 和软件行业来说，资本密集程度不高，适用于风险资本的投资。在这些领域，往往两个或三个投资者就可以完成启动资金的募集，直到实现 IPO，从而在较短时间内实现商业价值。

从图 9－1 中可以看到，技术风险高、融资风险高的区域正

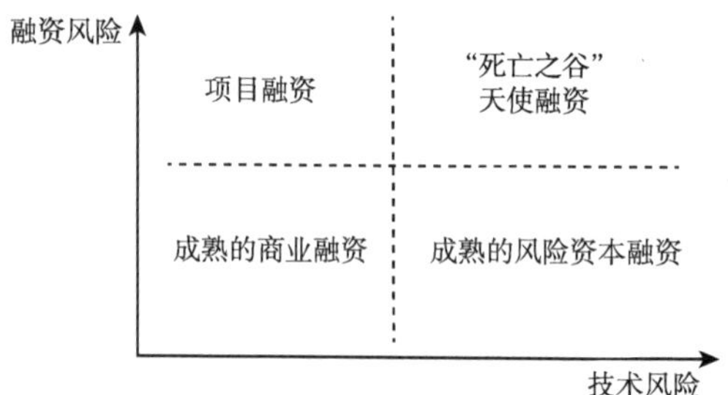

图 9－1　技术风险与融资风险影响示意图

是清洁能源领域发展的“死亡之谷”，能够帮助清洁能源创业企业跨过“死亡之谷”的资本主要来自天使投资和政府产业引导基金。技术风险较低、融资风险较高的清洁能源项目可以通过项目融资形式，获得资金支持。尽管融资风险较高，但企业往往有较好的现金流，借此可以作为抵押，而获得融资。图 9－1 坐标的左下角表示成熟商业模式，在这一区域，清洁能源企业财务风险和技术风险都比较低，因此，比较容易获得资金支持。

9.2.4　政府公共风险资本的支持

风险资本具有不确定性和投资长期性特征，使得风险资本家必须对未来企业的成长空间有足够的信心，在清洁能源领域，风险资本能够发挥其在其他领域的作用，需要在这个系统中有足够的资金支持风险资本的成功退出，以保证其可持续的投资清洁能源创新技术。政府公共资金对清洁能源领域风险资本的支持，主要通过设立政府基金和私人中介机构合作等方式进行。

政府基金支持高度有价值的，特别是私人部门不会投资的领域，但在某种程度上可能撬动现有以市场为基础的初期可再生清洁能源投资领域，从而推动后续风险资本进入清洁能源部门，解决时间敏感等问题，满足新企业对于资金的需求[119]。

9.2.5　低碳创新政策：技术推动抑或是市场拉动

图 9 - 2 描述了在新技术走向市场的过程中政府的作用。这一作用既有技术推动力，也有市场拉动作用；而政府正是在技术推动作用和市场拉动作用方面同时发挥重要作用。在这个过程中，企业要经历一个“技术死亡之谷”的考验，即在整个创新链条中，技术原型已经开发出来，但商业化还面临巨大的考验。正是在“技术死亡之谷”，即跨越政府支持的 RD 活动和自我可持续经营之间的中间地段，往往活跃着风险资本和私募资本，了解这一阶段偏好对于投资是至关重要，沿着创新链条是众多不同的融资方式诸如项目融资、公司融资。相对于风险资本和私募资本，这些资金缺少一定的清晰度和杠杆作用。

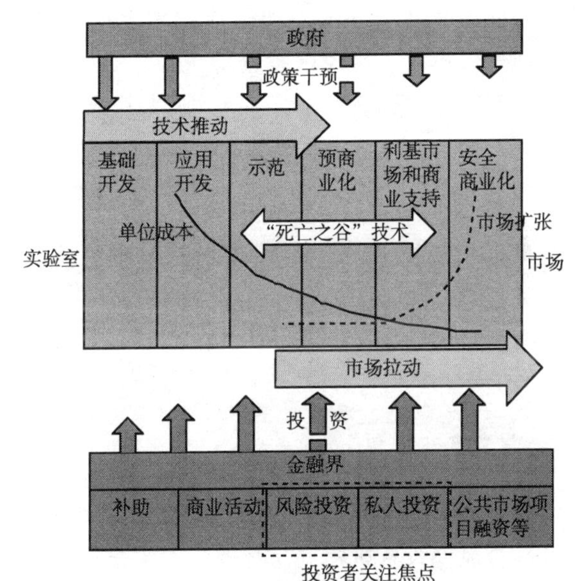

图 9 - 2　风险资本投资历程示意图

推动低碳经济的公共政策可以分为两种情况：一种是技术推动型，另一种是市场拉动型政策。技术推动型政策包括 RD 支持研发活动、推动技术供给活动等；市场拉动型政策通过政府公共购买或者生产税收抵免（PTC），给予顾客或企业以激励机制，增加对新技术或新产品的需求。有的学者认为，应该通过推动技术需求来实现清洁能源技术的突破（Hoffert，2002）。Grubb（1998）认为，市场拉动政策是建立在一定的前提下，即新技术确实能带来某种变化，政府角色与其是在对创新产品需求发挥刺激作用，不如说是促进技术的真正变革。许多专家也认为这两种方法是互补的。

Kasemiret 等（2000）[120]调查了 6 个风险资本家，发现欧洲气候政策和投资者认为补贴和税收抵免是有效的政策。然而，风险资本家也可能并不关心单一政策，他们对于政策保持一定距离，有意地规避政策。一位风险投资者认为，如果政策不清晰，则宁愿远离它们。还有调研显示，一些风险投资者主动管理政策风险（Richtel，2007）。

9.3 清洁能源领域公共政策实施情况的调研报告

9.3.1 调查样本来源

本节通过清科集团下属的北京清科创业信息咨询有限公司，对清洁能源领域风险投资机构的高管进行了调查。基于清科集团的私募通数据库，从清科集团公司投资过的清洁能源项目的机构中挑选出 50 家机构，作为本次调研对象。调查时间为一个月，调研方式包括电话、邮件和短信等方式，向上述调研对象发放调查问卷 50 份，回收 35 份，回收率为 70%。由于有关问题较为敏感，问卷采用匿名方式答题。

（1）样本描述。表 9－1 对所调查的样本进行了统计分析后发现，投资总监、高级经理和其他重要高级角色达到了 97%，他们所管理的基金 74% 是私募基金（Private Equity），20% 是天使基金（angle fund）。这些基金中所投资的清洁能源领域中，51% 是在环保领域，23% 是在新能源汽车领域，29% 是在清洁能源的其他领域。这些基金在清洁能源投资的轮次基本比较均匀，其中，天使轮占比 20%，A 轮占比 29%，B 轮占比 17%。投资清洁能源项目的资金规模从 500 万元到 10 亿元以上均占有一定的规模，其中，低于 500 万元以下的投资规模占比 23%，500 万—1000 万元（含 500 万元）的投资规模占比 9%，1000 万—5000 万元（含 1000 万元）的投资规模占比 23%，5000 万—1 亿元（含 5000 万元）的投资规模占比 9%，1 亿—5 亿元（含 1 亿元）的投资规模占比 17%，10 亿元以上（含 10 亿元）的投资规模占比 14%。投资清洁能源项目持续时间从 1 年以内，到 7 年以上分布比较均匀，其中，没超过一年的基金占比 14%，7 年以上（含 7 年）的基金占比 23%，1 年以上、5 年以内的占比达 43%。

（2）问卷设计。本调查问卷一共有 21 个问题，主要围绕清洁能源领域的风险投资机构对于政府合作、政府清洁能源公共政策等方面的内容进行调查。主要调查内容如表 9－1 中列示。具体涉及测度问题时，被调查者根据自身对问题的实际理解和判断进行打分。为了保证问卷的可靠性和有效性，问卷在试填后，我们根据获得的问卷汇总结果，进行了数据分析，剔除了部分不符合标准的问卷选项；同时，结合了部分受访者的反馈修改意见对问卷内容做了更进一步的调整和优化，最终得到正式分析。

表 9-1　　风险投资机构的特征描述

被调查对象的身份	合伙人	3%
	投资总监	20%
	高级经理	31%
	重要管理角色	34%
所管理基金的类型	天使基金	20%
	私募基金	74%
	其他基金形式	6%
所管理基金注册地	一线城市：北京、上海、深圳、广州	49%
	二线城市：天津、武汉、南京、杭州	34%
	其他城市	17%
清洁能源投资领域	光伏领域（含上下游产业链）	3%
	环保领域	51%
	新能源汽车	23%
	其他	29%
清洁能源项目轮次	天使轮	20%
	A 轮	29%
	B 轮	17%
	C 轮	3%
	D 轮	3%
	其他	34%
投资清洁能源项目的资本规模	低于 500 万元以下	23%
	500 万—1000 万元（含 500 万元）	9%
	1000 万—5000 万元（含 1000 万元）	23%
	5000 万—1 亿元（含 5000 万元）	9%
	1 亿—5 亿元（含 1 亿元）	17%
	5 亿—10 亿元（含 5 亿元）	3%
	10 亿元以上（含 10 亿元）	14%

续表

投资清洁能源项目持续时间	没超过一年	14%
	1 年以上，3 年以内（含 1 年）	20%
	3 年以上，5 年以内（含 3 年）	23%
	5 年以上，7 年以内（含 5 年）	14%
	7 年以上（含 7 年）	23%
	其他	6%

9.3.2　调研统计分析

（1）清洁能源领域的风险投资机构对不同类型优惠政策的选择。表 9－2 显示了清洁能源领域的风险投资机构高管对政府不同政策的偏好趋向，其中，60% 的高管倾向于技术推动型优惠政策，30% 的高管倾向于市场拉动型优惠政策。所谓技术推动型优惠政策，是政府通过加大研发力度，将更多资金用于补贴企业研发投入，促进企业向清洁能源领域投资，如给予企业研发补贴，加大税收优惠力度，开展相关培训，发挥引导基金的杠杆作用及成立孵化器等。所谓市场拉动型优惠政策是指政府主要从需求端来拉动清洁能源的投资。通过补贴消费者、建立更环保的技术标准、增加碳税等方式来增加化石燃料消费成本，提高清洁能源的消费比例。

表 9－2　风险投资机构对不同类型优惠政策的选择

清洁能源领域技术推动型优惠政策	选择所占比例
技术推动型优惠政策	60%
市场拉动型优惠政策	30%

（2）清洁能源领域的风险投资机构对技术推动型优惠政策的选择。据表 9－3 显示，在清洁能源领域技术推动型优化政策

中，有71%的高管选择政府税收优化政策，有49%的高管选择政府通过引导基金参与风险投资的政策趋向，有43%的高管选择加大公共财政的研发投入。最不看好的两个政策分别是政府开展的培训项目及加速孵化器，从高管选择的比例看，分别是11%和14%。说明清洁能源领域的风险投资高管更依赖于政府资金输入，而对于软性资源等不太看重。

表9－3　风险投资机构对技术推动型优惠政策的选择

清洁能源领域技术推动型优惠政策	选择所占比例（%）	相应分值
公共财政的研发投入	43	3.2
政府给企业的补贴	20	3.2
政府税收优惠政策	71	3.8
政府开展的有关培训项目	11	2.3
政府成立引导基金，参与风险投资	49	3.5
政府建立孵化器	14	2.7

图9－3中列示了风险投资机构高级管理人员对政府技术推动型优惠政策的评分估值情况：分数最高的为政府税收优惠政策，为3.8分；为政府建立的引导基金，分值为3.5；政府给企业补贴和公共财政的研发投入，分值均为3.2；分值最低的是政府所建立孵化器的政策，分值仅仅为2.7。

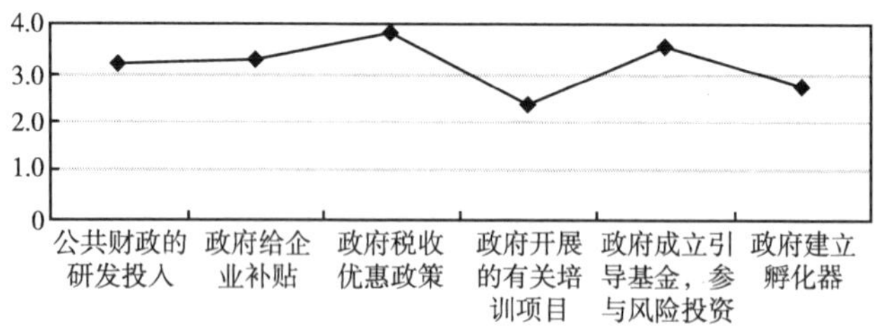

图9－3　清洁能源领域技术推动型各项优惠政策的分值评估示意图

（3）清洁能源领域的风险投资机构对市场拉动型优惠政策的选择。表9－4中显示，在清洁能源领域市场拉动型优惠政策中，71%的高管选择了建立更环保的技术标准，63%的高管选择对用户使用清洁能源给予补贴的优惠政策，并且给予这两项政策较高的评分分值，说明大部分高管认为这两项公共政策是强有力的优惠政策，对于拉动清洁能源投资有显著作用。图9－4中列示了风险投资机构高级管理人员对政府市场拉动型优惠政策的评分估值情况。其中，建立更环保的技术标准评分最高，为3.9分，其次是对用户使用清洁能源给予补贴，分值为3.9分。

表9－4　风险投资机构对市场拉动型优惠政策的选择

清洁能源领域技术推动型优惠政策	选择所占比例（%）	相应分值
减少对化石燃料的补贴	34	3.3
建立更环保的技术标准	71	3.9
对用户使用清洁能源给予补贴	63	3.6
进行碳交易	34	2.7
增加碳税	31	2.8

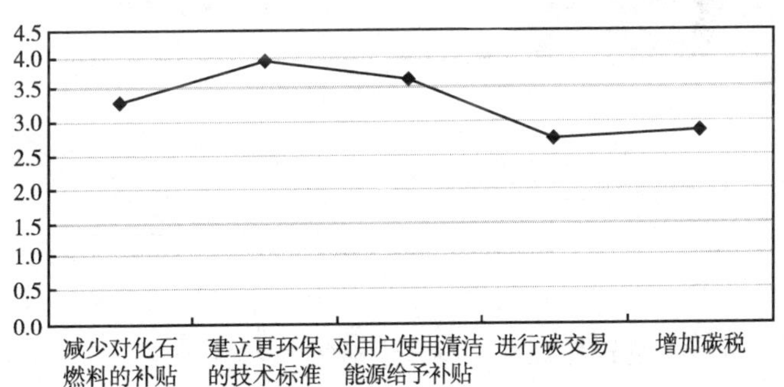

图9－4　清洁能源领域市场拉动型各项优惠政策的分值评估示意图

（4）政府角色定位。表9－5显示高管对政府角色定位的选择。80%的高管希望政府能够制定恰当的公共政策，发挥间接引导作用，而不是直接参与清洁能源领域的投资。

表9－5　　风险投资机构对政府角色定位的选择

清洁能源领域政府角色定位	选择所占比例（%）
减少干预	14
参与直接投资	14
制定政策，间接引导	80
加强监管	20

（5）清洁能源领域政府对风险投资机构的选择。表9－6显示，89%的风险投资机构认为政府在选择与风险投资机构合作时，更倾向于看重投资机构以外所在的行业经验，66%的风险投资机构认为政府更看重风险投资机构的声誉。其他方面如规模、是否是本地企业，并不是主要看重的因素。

表9－6　　清洁能源领域政府对风险投资机构的选择

政府对风险投资机构的选择	选择所占比例（%）
风险投资机构的规模	34
投资机构以往所在的行业经验	89
本省的风险投资机构	17
风险投资机构的声誉	66

（6）影响投资机构与政府引导基金合作绩效的因素。表9－7显示了风险投资机构高管选择的影响政府引导基金合作绩效的因素，54%的高管认为是政府干预过多，51%的高管认为是投资行业固有的缺陷，40%的高管认为缺乏沟通。相对来说，缺乏信任

和契约条款签订不够细致等方面，不是影响合作绩效的主要因素。

表9-7　清洁能源领域影响投资机构与政府引导基金合作绩效的因素

影响合作绩效的因素	选择所占比例（%）
缺乏信任	29
缺乏沟通	40
政府干预过多	54
投资行业固有缺陷	51
签订契约条款不明晰	9

（7）对政府合作效果的评价。表9-8显示清洁能源领域风险投资机构与政府合作效果的评价，其中，40%的高管比较满意与政府的合作，29%的高管认为与政府合作效果一般，只有6%的高管认为合作效果不满意。

表9-8　清洁能源领域风险投资机构与政府合作效果的评价

合作效果的评价	选择所占比例（%）
满意	40
不满意	6
一般	29
不清楚	20

（8）影响合作效果的因素。表9-9显示了影响清洁能源风险投资机构合作效果的因素，86%的高管认为是投资地域限制了合作效果，在不同地区，政府支持力度和管理水平存在显著差异，这是这一选项比例较高的重要原因。另外，54%的高管认为政府过多的干预会影响合作效果。其他因素，如投资行业限制、

投资阶段要求和投资期限要求等占比在30%左右，不是影响合作效果的主要因素。

表9-9 清洁能源领域风险投资机构对政府合作的评估

评估方面	选择所占比例（%）
投资行业限制	37
投资地域限制	86
对创业企业投资阶段的要求	26
过多的监督	54
投资期限的要求	34

9.3.3 调研报告结论

通过对清洁能源风险投资机构高级管理人员的访谈，了解到大多数高管倾向于采取技术推动型优惠政策；具体政策倾向于加大税收优惠政策，及建立更环保的技术标准，来提高清洁能源的投资和消费力度。清洁能源领域的风险投资机构在与政府合作的过程中，投资地域对合作效果评价有重要影响，说明在有些地区，政府的管理水平亟待提高，才有利于投资顺利开展。风险投资机构的高管希望政府能够制定合理的公共政策，采用间接引导方式，而不是对混合投资基金管理进行直接干预。总体来说，大多数风险投资机构高管对于与政府合作还是比较满意，但也认为，政府的管理水平等方面因素会影响合作的效果。

9.4 本章小结

本章重点是研究清洁能源领域的公共政策、公共风险资本的作用和影响。首先，分析了公共风险资本的特征、基本功能与私人风险投资机构的区别，进而进一步回顾了不同国家公共风险资本和私人风险资本具体的合作方式、投资形式及投资规模。其次，对我国目前清洁能源领域公共风险资本的投资情况进行了统计分析，对不同省域地区公共风险资本的投资规模进行具体分析，揭示了公共风险资本投资所存在的明显的地区差异性。最后，利用清洁能源数据库，对清洁能源投资机构的高管人员进行了访谈，就清洁能源领域的公共政策、与政府合作情况等方面内容进行了调研，得出了有价值的有关公共政策实施情况的经验证据，为政府部门制定有关清洁能源领域的公共政策提供了依据。

第10章 清洁能源领域公共风险资本与私人风险资本联合创新机制的研究

10.1 公共风险资本的含义、功能与影响

10.1.1 公共风险资本的含义与特征

(1) 公共风险资本的含义。公共风险资本是政府设立的以市场化政策运作的政策性基金，主要用于扶持企业发展，引导社会资本进入创业投资领域[121]。1958 年，美国设立的中小企业投资计划（SBIC）开创了政府设立风险投资引导基金的序幕。该计划 1983—1997 年向高科技企业投资金额大约为 70 亿美元[122]。1994 年和 1999 年，欧盟分别成立了欧洲投资基金和区域小企业投资基金。2006 年法国国家创业投资引导基金、以色列 YOZ-

MA 母基金、澳大利亚的 IIF 计划、新西兰的创业投资基金 VIF 计划等均是以政府为主导的公共风险资本。英国的创新投资基金（UKIIF）成立于 2010 年，目标是刺激私有风险资本投资于高新技术活动。其中，英国政府投资 180 百万英磅，与私有风险资本组成母基金，该基金主要投资领域包括生命科学、清洁能源、数字技术和先进制造业等领域。

（2）公共风险资本的特征。公共风险资本作为政府设立的政策基金，不可避免地需要反映政府的公共政策意愿，具有公益性特征，弥补市场失灵而导致的“缺位”问题。如一些金融机构不愿意投资一些规模较小、处于早期阶段的创业企业；金融资本往往在空间上聚集在一些经济发达地区，而在其他地区出现投资“真空”。公共风险资本自身的“公有”属性，使其投资方向、投资领域受到国家产业政策、宏观经济调控及政策偏好的影响，忽略营利性目标，公共风险资本难免存在效率低下的问题。公共风险资本的管理者兼具官员和经理人的双重特征，由于公共资本本身具有的“全民所有”的属性，使得公共风险资本管理者势必通过政治程序得以选拔，并符合高阶官员政治选择的偏好；而公共风险资本的设立，也有以市场化为导向发展的意图。因此，强调管理者的专业性和职业经验也是公共基金考量的重要因素。

10.1.2　公共风险资本的积极作用

（1）公共风险资本的信号功能和杠杆作用。创业企业普遍存在高风险和信息不对称的情况。根据信息理论，信息劣势一方面需要通过有效信息甄别机制，识别信息优势一方的信息的含义和内容。公共风险资本作为代表公共利益的资本形式，可发挥信号传递和甄别的作用。公共风险资本进入创投企业，传递了创投企业项目的质量和发展潜力，从而吸引私有风险资本的进入。公共风险资本除具有信号功能外，同时也发挥了资金杠杆作用。公共风险资本在风险投资领域通过 IPO 或并购方式退出，政府仅收回本金，将更多利润让渡给社会资本，从而吸引更多私人资本进入创业投资企业。Benol 和 Surlemontb （2003）[123]研究了欧洲公共风险资本与私人风险资本之间的关系，对 15 个欧洲国家 1990—1996 年公共机构参与小型企业风险资本的发展情况进行分析，研究显示公共风险资本似乎会推动更多资金投入风险资本产业。公共风险资本的介入发挥了担保或鉴证的作用。公共风险资本对风险资本市场提供了一定的激励作用，当风险资本的网络越大，这种激励效应越显著。另外，公共风险资本帮助产业脱离了幼稚状态（Leleux and Surlemont，2003）。

（2）解决市场失灵的问题。风险资本市场存在严重的市场失灵和外部性问题。风险资本投资过程中存在的事前信息不对称问题导致逆向选择，使得私人研发投资的社会回报大于其个体收益回报，从而产生外部溢出效应。因此，在技术创新领域，普遍存在社会研发投资不足、市场失灵的状况。风险资本投资和技术创新、商业模式的创新有着密切关系，市场失灵使得企业在研发和创新活动的投入低于社会最优水平，从而造成风险投资企业资本供给天然存在不足的情况。另外，由于缺乏足够的退出机制，更加剧了风险资本投入不足的状况，中小企业面临着资本不足的难题。公共风险资本的进入正是弥补了市场失灵造成的资本供给的“缺口”，以政府名义进行隐性担保，解决了由于信息不对称而产生的投资不足问题，增加社会风险资本的供给，促进创业企业的融资，从而提高了风险资本市场的运营效率。公共风险资本还发挥了环境催化的作用，推进企业家成长，并通过庞大的金融网络，推动了创新、经济增长和就业增长等。

（3）促进产业与区域的经济增长。公共风险资本的介入，刺激了地区风险资本市场的发展，为区域经济发展和创业精神的培养发挥了积极作用。美国学者 Lerner（1998）[124] 考察了受到 SBIR 资助的 1435 家企业 10 年时间里的就业情况和销售增长情况，样本中的 2/5 的企业在这个项目最初的 3 个周期里得到政府平均 50 万美元的资助。在 10 年的时间里，得到 SBIR 资助的企业相比与其配比的企业来说，在就业和销售增长等方面都有明显的优势。这些政府投入资金的项目对美国经济发展有着显著的影响，比如，苹果、康柏、联盟快运、英特等公司都曾得到了政府资助。以色列、中国台湾和新加坡等国家和地区组织政府都曾向高科技公司进行投资。除此以外，政府还对独立风险资本组织提供资助，推动风险资本产业的成长。

10.1.3 公共风险资本的负面影响

（1）挤出效应。公共风险资本的进入尽管会发挥“种子”效应，但同时也存在负面的“挤出效应”。由于公共风险资本的进入增加了创业企业家的边际内部报酬，导致公共风险资本能够吸引最优的项目，而私人风险资本只能得到次优项目，从而对私人风险资本产生“挤出效应”。

公共风险资本的基金经理往往是政府雇员或公务员，缺乏经验或动力来挑选和支持创业企业投资。另外，经理人所面临的激励机制不同于传统的私人风险资本管理的激励结构，后者的合伙人能够享有基金增长的利润率，从而使得创业公司成为各种相关利益者业绩共享的利益共同体。公共风险资本激励结构往往以成本控制为基础，而私人风险资本激励结构以利润为基础。最后，如果公共风险资本为了政策目标放弃一些预期收益，以低于市场利率向一些项目融资，而不是追逐更好的项目，其结果造成了“劣币驱逐良币”的局面，使得那些新成立的、独立的私人风险资本进入变得尤为困难。如此局面的形成，必然对整个风险资本产业产生重要的负面挤出效应。

（2）资本错配和低效率的问题。根据布坎南的公共经济学和产权经济学家的理论，公共部门资源的产权边界的模糊性，天然存在“租值耗散”的风险。相关利益方通过寻求对公共资源再分配的活动，即寻租活动，谋求自身利益的最大化。公共部门的寻租活动不仅仅会影响资源配置效率，同时也会损害创新活动。根据俘获理论，政治家本身是利益集团的代言人，其自身也有利益的诉求（Olson，1965；Stigler，1971），由于政府官员控制着公共资源，其必然成为相关方俘获的对象；加之政府官员有其自身的目标导向，如实现地区经济增长、实现就业率的提高等，在公共资源配置过程中，会导致资源配置向无效率和无效性方向转移，导致资本的错配（Josh Lerner，2010）。作为政府的公务员或雇员，并不具有丰富的投资经验和专业知识，其自身的薪酬结构不同于私人投资机构，从而也没有内在动力来管理创业企业，即使可以从市场来选择职业经理人，但在挑选经理人的过程中难免会受到来自政治压力的干扰（Brander et al.，2008），难以保证基金管理者具备应对市场风险的管理能力。由于公共风险资本不受收益约束，不存在市场生存压力，相对于私人风险资本，公共风险资本本质上是一种廉价权益资本，容易扭曲市场资源配置功能。公共风险资本承载着一定的社会效益目标，例如，促进产业和创新发展，忽视资本增值目标。因此，在公共风险资本运营的过程中，往往出现激励机制不足、管理专业水平不强以及行政官僚作风，影响公共风险资本的运营效率。Da Rin 等学者（2006）研究显示，欧洲投入大量公共风险资本似乎并没有刺激私人风险资本早期的介入。

（3）寻租和搭便车行为。政府担保吸引了投资者的“搭便车”行为。研究者显示，政府的公共风险资本在促进经济发展和创新活动方面的作用是有限的，主要原因是政府对于创业生态环境构建不够重视，缺乏对创业生态环境的设计和规划。另外，政府在挑选创业者时由于信息不对称或者其他政治目的，而无法形成最优方案，从而扭曲公共风险资本的投资选择。因此，公共风险资本不仅没有降低“市场失灵”的风险，反而会产生新的问题，例如，将有效率的私人风险资本“挤出”风险投资市场。

10.1.4　公共政策与风险资本

Leleux 和 Surlemont（2003）认为，合适的公共政策可以纠正私人权益资本匮乏的问题，通过立法和财政等政策施加影响。公共风险资本作为私人权益资本的替代，能够通过成立公共风险资本金、投资创业投资公司等形式，直接参与风险资本市场。如何推进有活力的风险资本市场形成是政府公共政策的重要趋向，有活力的风险资本市场是推动高新技术企业创新融资的关键所在，也是推动区域经济发展、经济增长和地区就业的关键所在（Bottazzi and Da Rin，2002）。良好的公共政策有助于早期阶段风险资本投资，提升早期阶段高新技术方面风险资本投资的份额，推动活跃的风险资本市场的形成和发展。Holmstrom 和 Tirole（1997）通过建立 14 个欧洲国家 1988—2001 年的面板模型，发现股票市场对创业企业的开放度会影响早期阶段和高新技术风险投资的份额，减少资本利得税税率也会产生类似的影响，虽然其影响较弱。劳动力市场规则的变化能够减少高新技术投资的份额，降低早期 VC 的投资。Holmstrom 和 Tirole（1997）认为：在一定的公共政策下，早期投资相对于总的风险投资的比例反映了风险资本市场的供给；风险资本的退出市场、资本利得税收水平、技术转化为商业性的有投资价值的可能性等都会影响创业者的预期回报，影响新的风险资本成本。税收激励政策会鼓励个体投资者将更多钱投入风险较大的创业项目，减少对那些前景相对明朗的项目的资本供给（Cumming and MacIntosh，2006）。

Douglas Cumming 和 Sofia Johan[125] 分析了种子阶段政府风险资本（PSF）项目，发现有效的公共政策有助于提升创业企业的融资效果。PSF 项目是公共资本和私人资本之间相互合作形成的合作基金，起始于 2002 年，目标是在澳大利亚对处于幼稚阶段的高新技术产业进行投资。来自于风险投资的数据显示，PSFs 是“种子选手”的主要提供者。PSFs 不仅投资高新技术企业，而且投资一些其他类型的产业。越来越多的国家、区域政府组织认识到风险资本在国家创新系统的重要作用，试图通过公共政策的构建，以复制美国“硅谷”的创新系统。1998 年，欧盟起草了风险资本市场的行动计划，并进而影响各个国家对于风险资本市场推动的政策制定。其中，资本利得税被视为推动创新企业发展和风险资本投资的重要公共政策（Poterba，1989a，b）。1995 年英国的风险资本信托（Venture Capital Trust）和 1997 年法国创新安置共同基金（FCPI）均采用了较为有利于投资的资本利得税法案。

10.2 公共风险资本和私人风险资本的区别与合作

10.2.1 公共风险资本与私人风险资本的区别

（1）发展目标差异。公共风险资本的目标在于保证公共利益，投资由于市场失灵，大量私人资本不愿意投入的领域。通过公共风险资本的投入，规避早期技术投资可能产生的风险。根据

《关于创业投资引导基金规范设立与运行指导意见的通知》，设立引导基金的宗旨是“发挥财政资金的杠杆放大效应，增加创业投资资本的供给，克服单纯通过市场配置创业投资资本的市场失灵问题”。特别是鼓励创业投资，企业投资处于种子期、起步期等创业早期的企业。私人风险资本的目标是获得项目的营利性，尽管可能早期面临巨大的亏损和损失，但最终以获得市场占有率、技术独占性为目标，其通过满足顾客需求，发展营利的市场模式，更看重市场发展潜力。

（2）投资导向的差异性。公共风险资本投资聚焦于高质量的技术创新性，因此，会伴随着早期的较高 RD 投资，强调技术对行业成本、投资绩效、技术认证等方面的影响。私人风险资本对于技术投资较为谨慎，倾向于从商业角度来进行投资。因此，私人风险资本投资更看重管理团队、市场化的产品、市场扩张和客户需求的推动。当公共风险资本热衷于在竞争性领域进行创业投资时，往往会对私人风险投资产生“挤出”效应。

（3）投资视角不同。公共风险资本聚焦于技术领先性、技术创新性和技术应用性。公共风险资本会着重于从宏观技术发展趋势、市场发展趋势、能源需求变化等和公共利益有关系的方面进行投资；私人风险资本则看重客户需求、市场驱动力。清洁能源领域受到较大的宏观经济政策、能源政策的影响，能源供给、需求与国计民生、公共政策有着密切的关系。受此影响，私人风险资本在清洁能源领域的投资相对比较谨慎。

（4）对投资合作的影响。公共风险资本投资合作和政府公共政策相关联，诸如机会公平，在竞争市场中不与民争利；公共风险资本投资合作目的是提高公共资金的投资效率，提高技术的应用程度和应用范围。私人风险资本的投资合作更多是基于市场因素，其目的是降低投资风险，增强资本的获利能力，通过技术、市场等合作方式寻求提高私人资本的营利性。

（5）对投资过程和结果的管控。公共风险资本更多受到来自政府管控政策的影响，政府和技术团队之间的合作关系也对公共风险资本运营产生一定的影响。私人风险资本更多受到管理团队和投资方之间复杂契约的影响和控制，政府对私人风险资本的干预较为少见。公共风险资本投资除了实现技术的商业化外，更多实现一些经济和政治目标，诸如保证能源安全、经济发展、环境保护等方面的内容。私人风险资本投资需要通过退出战略实现资本获利，并将利润返还给投资股东。

（6）公共风险资本与私人风险资本运作方式的差异性。2007年颁布的《科技型中小企业创业投资引导基金管理暂行办法》中规定，引导基金是通过风险补助、投资保障、阶段参股和跟进投资等4种方式[126]。《关于创业投资引导基金规范设立与运行指导意见的通知》中指出，参股投资、融资担保和跟进投资是实施引导基金的运作方式。其中，参股投资是政府或国有风险投资机构按照一定比例提供公共资本，与外资（或民营）风险投资机构创建混合基金，即母基金。外资（或民营）风险投资机构受政府委托，负责运作和管理母基金，并利用母基金创建子基金，以吸纳更多的社会资本进入风险资本领域。国有风险投资机构是指国有控股或政府独资的创业风险投资机构或企业。其他具体投资形式还包括阶段投资、跟进投资、融资担保、风险补助等多种形式。具体内容和形式见表10－1。

10.2.2 公共风险资本与私人风险资本合作的国际比较

瑞士政府出台政策直接干预风险资本市场，成立国有控股的风险投资基金，而德国政府倾向于通过财政政策影响风险投资，采用税收优惠政策来提高风险资本的供给。根据Holtz－

表 10－1　　　　引导基金的运作方式

具体方式	内容	基金性质
参股	政府组建母基金，母基金以参股方式与社会资本共同发起组建子基金	股权性质
阶段参股	阶段性参股，并在一定期限内退出	股权性质
跟进投资	为引导基金与创业投资机构共同选定的科技型小企业投资	股权性质
融资担保	为创业企业提供债权融资担保	担保
风险补助	为创业企业提供补贴	无偿补贴
投资保障	对创业投资机构确定的辅导进行投资前或投资后的资助	无偿补贴

Eakin 和 Rosen（2004）[127]的观点，过去的 10 年时间里德国早期的种子基金投资大约 30% 是由风险资本提供。然而，政府直接干预风险资本市场的结果是不确定的，公共风险资本可能因此与私人风险资本构成了竞争关系，而不是互补关系（Lerner，2002）。

在英国，政府对风险资本市场干预的工具——风险投资信托（VCTs），属于间接的干预工具[128]。风险投资信托成立于 1995 年，目标是增加风险资本市场的资金总量，通过提供税收优惠吸引投资者投入风险投资信托管理的信托基金。风险投资信托可以公开交易，主要投资中小创业公司，这些公司在创业板市场上市交易。风险投资信托和其他投资基金的区别在于个人投资风险投资信托可以享有税收抵免。

在德国，公共风险资本发挥了较好的作用，公共风险资本是德国风险资本市场的重要组成部分。德国政府通过建立公共风险资本，一方面，刺激地方经济，另一方面，建立金融和商业的网络来弥补市场“失败”造成的缺口。通过发展公共风险资本，激励私人风险资本的投入。基于公共目标，德国的公共风险资本更倾向于做沉默的投资者而不是积极的干预者。通过公共风险资本的辛迪加行为，加强区域经济和金融网络的建立。

以色列的 Yozma 模式主要吸引外国风险投资者参与创新项目，政府为投资者提供配套资金，资本从 800 万美元到 2000 万美元不等。在风险资本投资的前 5 年给予风险投资一定回购政府权益的权利，价格是基准利率基础的 5%—7%。Yozma 模式的激励机制体现在政府为风险资本提供了额外的激励。除了财务激励以外，项目为外国投资者建立了法律框架，包括 10 年的基金寿命、建立有关基金有限合伙人的规定。

在新西兰，政府采用母基金形式对私人风险资本进行管理。新西兰投资基金（NZVIF）是一家独立公司，公司投资风险、负债与政府相互“隔离”，能够保证投资基金公司的独立性，避免政府对私人投资决策的干预。政府利用母基金与私人风险资本组成“联合舰队”，新西兰投资基金中公共风险资本投资与私人投资的条款完全一样，拥有相同的投票权，保持与私人风险资本平等的决策地位。新西兰投资基金在基金中广泛筛选，决定所选择基金是否属于“投资级别”。新西兰投资基金董事会选择申请者，并就有关投资条款进行谈判，谈判主要内容是监督或报告框架。新西兰投资基金监督每一只基金，保证投资基金经理能够遵守投资条款及投资者公司治理的要求。

10.3 公共风险资本和私人风险资本联合创新机制——联合风险资本

10.3.1 联合风险资本的含义

由于直接投资基金涉及激励和专业问题，许多国家的公共风险资本向联合投资基金形式转化，如德国政府成立的高新技术投资基金，该基金包括德国联邦政府经济和技术部、KfW 银团组织和 12 个工业团体而组成的联合投资基金。所谓联合风险投资基金是指公共风险资本和私人风险资本组成联合基金，共同向创业企业进行投资。在联合投资基金中，政府作为投资者，与私人投资者享有同等条件，共同投资早期高新技术企业。在联合投资基金中，政府往往是有限合伙人，私人风险资本作为普通合伙人，负有主导责任。

政府与私人投资者构建母基金（funds of funds），通过母基金形式，向其他创新基金进行投资。2014 年，加拿大财政部根据加拿大风险资本行动方案，成立了第一只母基金，基金规模 21.75 亿加元（Cumming，2015）。随后，其他国家政府成立了大量母基金，完成对创业投资基金的投资。

10.3.2　联合风险资本的特征

（1）市场化导向是联合风险资本的基本特征。公共风险资本和私人风险资本构成联合风险投资，其目标是形成市场化导向的投资模式。市场化导向表现为联合风险资本能够分散风险投资项目风险，提高联合风险资本投资风险项目的数量，降低投资组合的非系统风险。

（2）联合风险资本能够提高投资的专业化水平。公共风险资本和私人风险资本相结合，能够提高投资的专业化水平。和有经验的私人风险资本相融合，可以降低项目筛选时的逆向选择风险，并且在投资后，通过联合投资，获得对创业企业进行监督和管理的经验。

（3）联合风险资本能够“屏蔽”政府干预。联合风险资本以市场化为导向，不受所有制的约束。因此，能够减少或“屏蔽”政府干预。在联合风险资本投资中，政府角色类似有限合伙人（limited partner）的角色，与其他有限合伙人以及一般合伙人（general partner）共同组建成立联合风险投资基金，所成立的风险投资机构基金由一般合伙人负责管理，政府和其他有限合伙人一样，并没有任何特殊权利[129]。

10.4 清洁能源领域联合风险资本的主要形式

10.4.1 产业投资基金母基金的概念和运作模式

基金的基金是政府充当了有限合伙人（limited partner），与其他有限合伙人以及一般合伙人（general partner）共同组建成立的风险投资基金，由一般合伙人负责管理。政府和其他有限合伙人一样，并没有任何特殊权利。新西兰投资基金、英国的创新基金都属于此类。母基金是私募股权投资的主流。2006 年，全球私募股权基金资产总额的 38%（约 5000 亿美元）是用母基金形式（FOF）进行管理，这一比例是第二大资金来源——公共养老基金的两倍。母基金本身也是一种基金，设立过程与直投基金类似，有基金募集过程，需要对项目筛选，购买公司股权。母基金设立过程包括确定投资目标、募集资金规模、选择目标产业和部门、选择投资对象基金、展开投资。设立母基金的最大优势在于具有灵活性，扩大了股权投资的渠道。既可以设立自己的股权投资基金，作为一般合伙人（GP）将自有资金和客户资金投资于企业，也可以将客户资金投资于其他基金，收取管理费，或者和其他基金合作进行直投，或者单独投资于企业，获得增值收益和管理费。不同的运作方式意味着各类投资主体之间的权利义务关系、责任分配和合约条款等存在差异性。

母基金配置的资产类别分别为创业基金、成长资本、并购基金、房地产基金、夹层基金、天使基金和其他投资基金。其中，创业基金、成长基金和并购基金比例超过 90%。创业基金以超过半数成为母基金最大的投资标的。母基金模式使得投资组合多样化，降低了投资的整体风险。利用母基金形式来吸引社会资本是公共风险资本介入风险投资领域，并不直接参与创业投资企业投资的重要形式。2014 年 5 月，国务院决定通过政府引导基金的杠杆作用，吸引金融机构、社会资本参与，形成总规模 400 亿元的新兴产业创投引导基金，该基金实行市场化运作，专业化管理。公开招标若干家基金管理公司负责运行，自主决定投资决策。截至 2015 年，政府引导母基金共有 676 只，占人民币基金 FOFs 总数的 66.7%[130]。从可投资资本量来看，政府引导基金披露的 617 只基金可投资本量共 11631.06 亿元人民币，占总可投资资本量的 81.4%[131]。由政府出资建立能源产业引导基金，向金融机构、企业和社会资本募集资金，共同设立一定规模的能源产业母基金。母基金可发起设立若干只子基金。

母基金一般采取有限合伙制，由基金管理人通过非公开方式募集，分若干期设立，每期根据不同投资人的特点，对存续期、结构化、决策机制进行差异化安排。政府引导基金不谋求自身资金利益的回报。按照责、权、利对等原则，参与基金组建的投资人和基金管理团队在能源产业基金发展中获得良好收益，分享政府引导基金收益的让利。

10.4.2　母基金、匹配基金的运作模式

（1）母基金管理机制。母基金采取结构化安排，即政府引导基金作为劣后资金，通过让利于社会资本，撬动其他资金。母基

金通过设立并购基金、股债结合、新三板、四板、PE、VC 等多层次、多品种子基金，多渠道、多形式地进行基金管理与运作。政府通过母基金形式对私人风险资本进行管理。母基金结构具体运作形式如图 10 - 1 所示：政府引导基金与金融机构等社会资本、投资基金公司等合作建立产业母基金，通过母基金进一步以并购基金、股债基金、成长型基金与专项基金等基金形式进行投资。

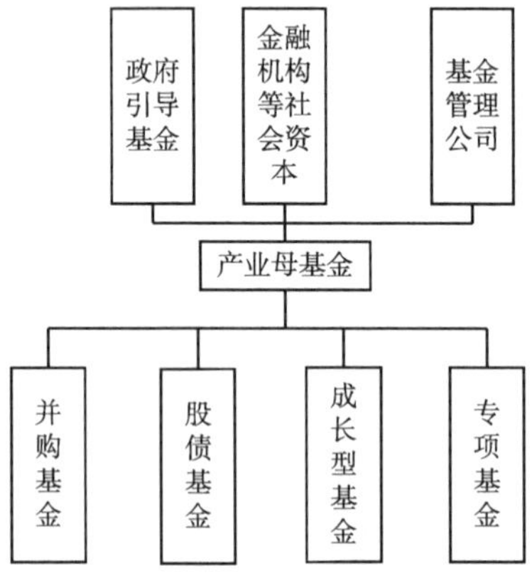

图 10 - 1　产业基金母基金示意图

（2）以产业投资基金母基金为依托，发展 PPP 模式。

A. PPP 模式的含义。根据《国务院关于加强地方政府性债务管理的意见》以及《国家发展和改革委员会关于开展政府和社会资本合作的指导意见》，所谓 PPP 模式是指政府和社会资本合作（Public - Private Partnership，PPP）模式。政府为增强公共产品和服务供给能力、提高供给效率，通过特许经营、购买服务、股权合作等方式，与社会资本建立利益共享、风险分担及长期合作的关系。政府通过特许经营权、合理定价、财政补贴等公开的收益约定规则，使投资者有长期、稳定的收益。投资者按照市场化原则出资，按约定规则独自或与政府共同成立特别目的公司，建设和运营合作项目。投资者或特别目的公司可以通过银行贷款、企业债、项目收益债券、资产证券化等市场化方式举债并承担偿债责任。政府对投资者或特别目的公司按约定规则依法承担特许经营权、合理定价、财政补贴等相关责任，不承担投资者或特别目的公司的偿债责任。

B. PPP 运作模式。政府与私人组织之间，以特许权协议为基础，形成合伙性质的合作关系，通过签署契约、明确合作各方的权利与义务，以提供具有准公共产品性质的能源产业基础设施项目。

如图 10－2 所示，产业 PPP 基金是在能源产业母基金的基础上，由母基金、地方政府、金融机构共同设立项目子基金，用于能源产业基金的 PPP 项目。由地方政府作为劣后方，为项目风险兜底；金融机构具有优先级别。由于政府资信较高，能够吸引更多银行等金融机构参与。PPP 能源产业基金项目设计保证责权明晰、风险分担、利益共享。在运行 PPP 项目时，需要建立一个特殊目的的载体 SPV，SPV 为包含了投资、管理、建设和运营维护等在内的完整的体系。

C. PPP 产业基金运行模式的优点。通过 PPP 产业基金运行模

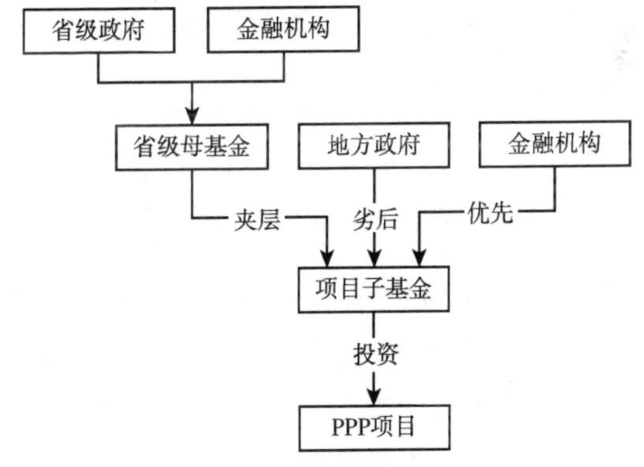

图 10－2　产业基金的 PPP 模式

式，政府以引导基金的形式吸引社会资本参与区域能源产业投资、能源产业结构调整。这种投资的市场化程度较高，投资者有着较大的潜在收益。另外，潜在风险可以通过政府财政资金进行缓冲，从而有利于区域能源产业的发展。能源产业投资基金的收益可以分为两部分：基金本身的收益和项目相关收益。基金本身收益通过所投资项目公司或子公司或子基金每年股权分红及项目结算、股权转让、资本市场上市等获得基金股权投资资本金和收益回流。PPP 项目基金包括项目自身的投资收益，如基础设施运营或能源产业项目的股权转让、资产转让收益，如加油站、油气管网项目向石油公司转让，污水处理、垃圾回收和处理项目向环保经营公司转让，等等。另外，PPP 项目获得地方性税收减免而形成一定的收益。

D. PPP 能源产业基金的证券化。对于有着稳定现金流的项目来说，通过 PPP 资产项目的证券化，保证能源产业基金 PPP 项目可持续运营。PPP 项目可以以投贷结合的模式，基金持有项目公司 51% 的股份，同时，向项目公司提供委托贷款，最终由平台公司远期回购股权，并提供担保。由地方政府承诺用财政收入、土地出让金等收入优先偿还贷款本息。

10.5 国外联合风险资本在清洁能源领域的投资现状分析

（1）投融模式与影响。在美国，1998—2002 年，大约有 14 个州募集了 35 亿美元资金用于清洁能源的投资。通过资本化运营，这些基金能够为清洁能源技术提供强有力的支持。其中，加利福尼亚基金每年至少募集资金 135 百万美元，占所有募集资金大约 50% 。公共风险资本投资清洁能源的主要形式包括：

A. 信贷或类权益资本的投资模式。康涅狄格清洁能源基金（The Connecticut Clean Energy Fund）[132]集中体现了这一投资模型。在康涅狄格清洁能源基金SBC计划中，通过贷款、类权益或者权益资金进行支付，不同于传统补贴。这些基金积极寻求私人部门进行联合投资，从而扩大他们的影响。康涅狄格清洁能源基金除了支持可再生能源环境利益外，同时也推动经济增长，创造可持续性能源市场，为清洁能源项目提供种子基金，避免来自政府补贴而形成的脆弱市场，扭曲市场价格信号。

B. 项目开发模式。通过金融激励注入生产激励或补贴等，来支持、刺激可再生能源项目的发展。加利福尼亚州主要采用这一模式，用于大型基础设施和分布能源发电系统建设，实现成本效益的最大化。这一基金项目提供直接货币激励给予大型可再生能源开发，及用户导向的分布式能源项目。

C. 产业与基础设施开发模式。采用商业开发授权、市场支持项目、研发补贴、资源评估、技术支持等方式来建设可再生能源基础设施。缺乏可持续的再生能源市场是发展可持续再生能源的主要障碍。可通过营销、教育、商业开发、技术支持和验证工程等方式推动目标市场的发展，利用小型的、具有竞争性的补贴作为可再生能源领域的初始启动基金。

（2）国外有关清洁能源基金的发展现状。表10－2列示了为减缓气候变化，国际金融组织利用公共资金所构建的清洁能源发展基金，这些基金大多数属于公共资本。国家金融组织分别包括世界银行、亚洲发展银行等。表10－2显示了为减缓气候变化而分配公共资金的现有和拟议的国际机制、主要活动目标、投资重点、资金规模等。

表 10－2　为减缓气候变化建立的清洁能源发展基金列表

项目	活动	重点	目标	治理	地理区域	资金规模
气候投资基金	补助金；优惠贷款；降低风险工具。旨在扩大低碳技术	大型项目利用私营部门或公私合营示范项目的能力，专注于电力行业、交通运输、能源效率	示范部署/扩散	信托基金委员会由8个捐助国和8个受援国组成。由世界银行管理	发展中国家	45亿美元
碳融资基金	管理碳基金和以项目为基础的温室气体减排设施采购	基金专注于林业部门的CDM碳江基金市场。2012年后，开始减少2处设施	部署/扩散	资金来自经合组织成员国政府和私人捐助，由世界银行的碳融资部门进行管理	东亚和太平洋地区	18亿美元
能源建设基金	政策建议，技术援助，可持续能源发展建议	能源领域的贷款	能源建设	可持续发展网络	发展中国家	未指定
银行贷款基金	为气候变化项目提供贷款，这些项目是在不考虑气候变化的情况下进行开发购买的	—	部署/扩散	银行通过国际复兴开发银行、国际开发协会、多边投资银行和国际金融公司管理贷款	发展中国家	34亿美元
清洁能源融资伙伴基金	少量补助金；技术援助；能力建设	小规模的投资项目、示范项目	示范能力建设	ADB根据技术可行性、可伸缩性和市场应用程序来选择项目	亚洲发展中国家	2.5亿美元
碳市场基金	购买清洁发展机制下的温室气体减排计划，为符合CDM项目条件的项目提供技术援助	技术支持	部署/扩散	亚洲开发银行管理	亚洲发展中国家	1亿—1.5亿美元

资料来源：What role for public finance in international climate change mitigation ，Richard doornhosch and Eric Knight，Round Table on Sustainable Development。

10.6 国内公共风险资本在清洁能源领域的投资现状分析

10.6.1 基金规模分析

本章利用清科数据库，对我国国内公共风险资本的发展状况进行统计分析，具体见表 10－3。从表 10－3 中可以看到，公共风险资本早在 2001 年在清洁能源领域就有投资。从 2008 年以后，投资数量和投资规模逐年增加，平均增长率为 43%，2015 年增长速度最快，当年，公共风险资本在清洁能源领域投资数量的比例达到 30.09%，平均占比规模为 7.41%。到 2016 年，公共风险资本投入清洁能源领域的数量为 40 件，占公共风险资本数量的 18.52%；从投资金额来看，公共风险资本投资金额占清洁能源投资总额的比例最高达到 80.87%，平均投资资金规模占比大约在 16.62%。由此可见，公共风险资本是推动清洁能源领域投资的重要力量。有关 2001—2016 年我国具体公共风险资本列表见附录 2。

表 10－3 国内公共风险资本在清洁能源领域的投资现状

成立时间（年）	数量（件）	与总数量比（%）	目标规模（百万美元）	与总目标规模比（%）	平均目标规模（百万美元）	与总平均金额比（%）
2016	40	18.52	136735.00	34.58	3418.38	74.70
2015	65	30.09	148025.00	37.44	2277.31	80.87
2014	18	8.33	9100.00	2.30	505.56	4.97

续表

成立时间（年）	数量（件）	与总数量比（%）	目标规模（百万美元）	与总目标规模比（%）	平均目标规模（百万美元）	与总平均金额比（%）
2013	14	6.48	12160.00	3.08	868.57	6.64
2012	17	7.87	35980.00	9.10	2116.47	19.66
2011	20	9.26	19246.00	4.87	962.30	10.51
2010	15	6.94	7520.00	1.90	501.33	4.11
2009	10	4.63	4771.00	1.21	477.10	2.61
2008	7	3.24	4500.00	1.14	642.86	2.46
2007	2	0.93	250.00	0.06	125.00	0.14
2006	1	0.46	1000.00	0.25	1000.00	0.55
2001	1	0.46	1000.00	0.25	1000.00	0.55
其他	6	2.78	15100.00	3.82	2516.67	8.25

资料来源：清科集团私募通。

10.6.2 公共风险资本表现形式的分析

表10－4显示了公共风险资本在清洁能源领域投资的主要形式。在所有公共风险资本的投资形式中，以母基金形式（FOF）的基金数量最多，高达113家，数量占比达到了52.31%，资金规模占比达到60.43%；其次是成长基金和创业基金，数量分别为51家和44家，资金规模占比分别为31.2%和2.82%；其他天使基金、并购基金、基础设施基金的与清洁能源投资有关的公共风险资本投资数量占比、资金规模占比相对较低。

表10－5显示了我国不同省份在清洁能源领域公共风险资本的投资情况。其中，公共风险资本投资领域最多的为浙江省，数量占比为17.13%、资金占比为28.53%；公共风险资本投资规模

表10－4　国内公共风险资本在清洁能源领域的基金形式

基金类型	数量（件）	与总数量比（%）	目标规模（百万美元）	与总目标规模比（%）	平均目标规模（百万美元）	与总平均金额比（%）
FOF基金	113	52.31	238950.00	60.43	2114.60	130.54
成长基金	51	23.61	123345.00	31.20	2418.53	67.38
创业基金	44	20.37	11152.00	2.82	253.45	6.12
基础设施基金	2	0.93	20000.00	5.06	10000.00	11.03
天使基金	5	2.31	940.00	0.24	188.00	0.52
并购基金	1	0.46	1000.00	0.25	1000.00	0.56
其他投资基金	0	0.00	0.00	0.00	—	—

资料来源：清科集团私募通。

表10－5　国内公共风险资本在清洁能源领域的地域统计表

注册地区	数量（件）	与总数量比（%）	目标规模（百万美元）	与总目标规模比（%）	平均目标规模（百万美元）	与总平均金额比（%）
其他	13	6.02	4981.00	1.26	383.15	2.72
广东	19	8.80	19800.00	5.01	1042.11	10.82
浙江	37	17.13	52230.00	13.21	1411.62	28.53
江苏	11	5.09	32300.00	8.17	2936.36	17.65
山东	17	7.87	28045.00	7.09	1649.71	15.32
福建	7	3.24	6520.00	1.65	931.43	3.56
安徽	10	4.63	13280.00	3.36	1328.00	7.25
北京	5	2.31	22000.00	5.56	4400.00	12.02
四川	8	3.70	16425.00	4.15	2053.13	8.97
湖北	11	5.09	31606.00	7.99	2873.27	17.27
湖南	4	1.85	7300.00	1.85	1825.00	3.99
河南	8	3.70	3020.00	0.76	377.50	1.65

续表

注册地区	数量（件）	与总数量比（%）	目标规模（百万美元）	与总目标规模比（%）	平均目标规模（百万美元）	与总平均金额比（%）
河北	8	3.70	16500.00	4.17	2062.50	9.01
上海	6	2.78	9500.00	2.40	1583.33	5.19
江西	2	0.93	3250.00	0.82	1625.00	1.78
贵州	6	2.78	53500.00	13.53	8916.67	29.23
重庆	8	3.70	9100.00	2.30	1137.50	4.97
陕西	3	1.39	10000.00	2.53	3333.33	5.46
辽宁	3	1.39	1400.00	0.35	466.67	0.76
内蒙古	4	1.85	5700.00	1.44	1425.00	3.11
广西	1	0.46	30.00	0.01	30.00	0.02
甘肃	4	1.85	3050.00	0.77	762.50	1.67
山西	4	1.85	11700.00	2.96	2925.00	6.39
天津	3	1.39	3200.00	0.81	1066.67	1.75
云南	3	1.39	1000.00	0.25	333.33	0.55
青海	1	0.46	4000.00	1.01	4000.00	2.19
黑龙江	2	0.93	11100.00	2.81	5550.00	6.06
新疆	4	1.85	1600.00	0.40	400.00	0.87
海南	1	0.46	250.00	0.06	250.00	0.14
吉林	3	1.39	13000.00	3.29	4333.33	7.10

资料来源：清科集团私募通。

较大的省份有广东省和山东省，数量占比分别为8.8%和7.8%，资金占比规模分别为15.32%和10.82%。公共风险资本在西部地区，如重庆、贵州、内蒙古、山西、甘肃和新疆等省份也有一定投资，其中，陕西投资金额为5.46%，重庆投资金额占比为4.97%，贵州投资金额占比为29.23%，内蒙古投资金额占比为

3.11%，山西投资金额占比为 6.39%，甘肃投资金额占比为 1.67%，新疆投资金额占比为 0.87%。以上西部各省份清洁能源投资金额加总起来占比为 24.66%，不及浙江省一个省份的投资总额。可见西部地区作为传统能源富集地区亟待加大在清洁能源的投资力度，以促进该地区能源结构从传统模式向清洁能源模式方向的转变。

10.7　清洁能源领域公共风险资本和私人风险资本联合投资绩效的分析

10.7.1　一般情形下联合投资绩效的理论分析

政府和私人风险资本合作的主要方式是成立联合投资基金（Co – investment funds）、混合投资基金（Hydryfunds）、辛迪加投资基金（Mixed – syndicates）等多种混合风险资本投资形式。混合风险资本投资形式一经引入，就被许多国家政府所采用。许多学者就混合风险资本投资效应进行了检验，并和私人风险资本、直接公共风险资本（Direct public fund）投资效应进行了比较。Brander 等（2015）发现，相对于仅仅由私人风险资本投资的创业企业，或者仅仅由公共风险资本投资的创业企业，混合风险投资形式支持的创业企业能够获得更多投资，由此说明，公共风险资本和私人风险资本不构成挤出效应。另外，Brander 等（2015）研究显示，混合资本投资形式有助于风险资本的成功退出。Fabio，Cumming 和 Murtinu（2013）利用 VICO 数据库，以 1991—2010 年 8370 家创业企业为样本进行研究，认为混合风险资本投资的创业企业，相对于独立形式的风险资本（IVC、PVC

或者 GVC）成功退出的可能性更大。Tykvová 和 Tereza（2012）以 865 个欧洲国家的半导体和制药企业为样本进行分析，发现联合辛迪加形式的风险投资能够显著增加创新产出，创新产出的增加幅度显著大于没有风险资本支持的企业。Grillia 和 Murtinu（2011）利用欧盟发起成立的企业纵向数据库，研究发现 GVC 和 IVC 组成的联合辛迪加投资对企业销售增长有显著的正向影响。Buzzacchi、Scellato 和 Ughetto（2013）以欧洲投资基金（EIF）所投资的混合风险资本基金为分析对象，研究样本涉及 179 家风险投资基金和 2482 个创业企业，研究显示政府投资份额与混合风险资本在创业企业投资时成正比，在控制目标企业规模和资本市场条件等环境因素后，这个结论仍旧成立。James A. Brander（2010）通过对 25 个国家 2000—2008 年获得 GVC 的创业公司的研究发现，同时获得公共风险资本（GVC）和私人风险资本（PVC）的公司，业绩普遍好于仅仅获得 PVC 投资的创业公司，即使其中 GVC 所占的比例较低。然而，研究也发现，当公共风险资本（GVC）所占的比例过大时，企业业绩并不出色。采用工具变量回归分析来解决内生问题，并不能反映出 GVC 效应。GVC 低效率大多是在存在大量私人资本投资的情况下出现。超业绩的 GVC 大多出现在风险资本企业的投资中，唯一的投资人不仅仅是政府[133]。Cumming 和 MacIntosh（2006），Leleux 和 Surlemont（2003），Wallsten（2000）等学者发现公共风险资本对于私人风险资本有明显的“挤出效应”，这一挤出效应说明政府对风险资本的支持效益是有限的。另外，Lerner（1999，2002），Gans 和 Stern（2003）也提供了一定证据，证明美国的中小企业投资计划（SBIR）对创业企业的成长所发挥的积极作用。Anderson 和 Tian（2003）研究显示，来自于加拿大的 LSVCC 项目投资，其回报率较差。由于公共风险资本的挤出效应和对私人风险资本的替代，意味着公共风险资本会降低企业价值。

10.7.2　提高清洁能源领域联合投资绩效效果的理论分析

在清洁能源领域，产业链条长，资本投资周期长，与现有传统能源竞争处于不利地位、盈利情况不佳等原因，使得私人风险资本对其投资积极性不高，公共风险资本进入无疑会增加市场对清洁能源企业的投资信心，并有助于这一类企业改善其业绩。根据社会契约理论，在清洁能源领域，提高公共风险资本与私人风险资本合作绩效的基础在于以下几个方面：

（1）建立双方的信任机制。为减少双方的机会主义行为，避免双方由于不信任、言行不一致而导致契约的不可持续性。公共风险资本尽管是政府投资，但其投资主体通过有限责任合伙人、母基金等形式设计，使得公共风险资本投资主体和私人风险资本主体具有等同的市场地位，遵守契约规则和法律规范，从而使得一方对另一方的行为或活动具有合理预期，从而有利于双方利益，并降低双方合作成本、信息收集成本。由于清洁能源领域投资周期长、风险高，长期的合作关系有利于提高双方的合作绩效，为合作双方带来更大利润。

（2）双方形成一定的资源依赖性。Krause（2007）认为，合作双方的依赖程度对合作绩效有正相关性。如果一方的资产专用性较强，则合作稳定性越强。资源依赖性体现公共风险资本与私人风险资本之间相互依赖的依存关系。资源依赖性体现双方在技术、市场、政策、社会资本等方面形成的互补和相互依赖关系。清洁能源领域的私人风险资本需要凭借其在市场投资领域和清洁能源技术领域丰富的经验，引导清洁能源企业走向创新之路；而公共风险资本主要发挥其“杠杆撬动”市场的作用，双方各自认识到资源互补性和相互依赖性，才能切实提高合作绩效和合作效果。

(3) 政府公共政策的实施减少未来的不确定性。不确定性往往表现为对未来政策走向、经济发展等宏观因素难以准确把握，无法衡量环境变化对合作绩效的影响。不确定性体现在政策、生产、市场不确定性等方面，其本质是合作双方受到外部系统环境的影响。在信息有限的情况下，决策者无法做出准确的、正确的决定。因此，需要能够提供稳定、长远预期的清洁能源政策。适当的政府清洁能源公共政策有利于风险投资机构与政府合作绩效的提高；风险投资机构和政府之间的合作绩效会受到来自公共政策调节的影响。

10.8 本章小结

本章分析公共风险资本在清洁能源领域投资中的重要作用和可能影响，说明由于市场失灵和信息不对称尽管可能激发公共风险资本的投资参与，但由于“公地效应”和官员专业素养的缺乏，使其无法作为有限合伙人参与投资和管理，其结果造成公共风险资本投资效率较低。为此，需要将公共风险资本和私人风险资本有机结合在一起，形成创新性的联合风险投资机制，为此，本章具体分析了联合风险投资机制的运行模式及其影响联合风险投资绩效的相关因素。

第11章 研究结论和政策建议

11.1 研究结论

本书首先对全球和我国清洁能源投融资近10年的发展趋势进行梳理，发现清洁能源投资受到国际政治经济环境的重要影响。世界气候大会协定、金融危机及美国政府的换届等都深刻影响清洁能源的发展趋势。然而，推动清洁能源投资，走低碳、环保和绿色发展之路成为各个国家战略发展的共识。在我国“十三五”规划中，发展清洁能源是能源发展的重要领域。因此，近年来我国清洁能源投资表现出强劲的增长势头和可持续的发展后劲。在融资方面，多元化的和多渠道的融资体系建构是推动清洁能源发展的重要力量；与此同时，风险资本对推动清洁能源投资发挥着不可或缺的作用。本书主要探讨了风险资本在清洁能源领域的运营机制和投资绩效等一系列问题，并就这些问题进行了具有一定成效的研究和探索，主要包括以下几个方面：

11.1.1 多因素影响是风险资本进入清洁能源领域的重要推动力

本书以实证研究方法探讨了全国各个省域推动风险资本进入清洁能源领域的动因，分别从经济因素、能源价格、碳排放强度、金融市场规模、技术与要素市场、政治治理环境和政府补贴政策等方面展开研究。研究发现：经济因素、能源价格、碳排放强度、金融市场规模、技术与要素市场对风险资本投资有显著的推动作用；而政府治理环境和政府补贴的作用不够显著。该研究结论说明，多因素影响是风险资本进入清洁能源领域的重要推动力。能源价格和碳排放强度影响说明，清洁能源对传统能源价格和碳排放有着显著的敏感性，从而影响风险资本的投资意愿。另外，不同省域的经济实力也显著影响风险资本的投资意愿。经济实力强的省份有更多金融资源投入清洁能源领域，从而能够吸引风险资本的介入。然而，政府治理环境和政府补贴对风险资本进入没有显著性影响，从某种程度上说明，风险资本是以市场化为导向的投资资本，更看重市场环境因素引发的投资前景与收益的影响。借此也说明，仅仅依赖提高政府补贴来单方面发展清洁能源产业，可能面临着“一厢情愿”、难以为继的“窘境”。

11.1.2 我国清洁能源领域风险资本呈现独特的地理亲近性

本书结合风险资本地理亲近性理论，探讨了清洁能源领域风险资本的地理亲近性。研究发现，在我国，清洁能源领域风险资本表现出明显的地理亲近性。该地理近亲性主要受到清洁能源投资区域资源禀赋的影响，及金融资本区域集中的影响，并不呈现常规意义上的金融资本和清洁能源投资区域地理的邻近性特征，而是表现为金融资本和清洁能源区域地理的“异地化”投资特征。该特征为实证研究所证实，并符合我国现实特征，有助于我们对风险资本在清洁能源领域的空间地理亲近性有深刻的进一步认识。

11.1.3　风险资本对清洁能源企业的创新行为有显著影响

本书探讨了风险资本对清洁能源领域创业企业的创新行为的影响，研究显示风险资本对清洁能源创业企业的创新行为有显著的正向影响，进而结合能源禀赋、政府补贴、清洁能源技术投资风险、清洁能源投资背景、公司治理结构等方面的因素来考核风险资本对清洁能源企业创新行为的影响。研究发现：在能源禀赋较好的省份，清洁能源领域风险资本对企业创新绩效的影响作用相对弱化；在政府和企业关系较好的省份，清洁能源领域风险资本对企业创新绩效的影响作用较为显著；在政府补贴越高的清洁能源企业，风险资本投入并不能增加企业创新绩效，说明在政府补贴较高的企业，风险资本投资机构的管理创新作用并不显著；自然人控制的风险投资机构对清洁能源企业创新绩效有着更积极的影响，说明政府控制的风险投资机构的投资目的不同于自然人控制企业，更倾向于政策导向、社会影响等方面的目标，从而弱化了政府控股风险投资机构对清洁能源企业创新绩效的影响。在控股股东持有股份比例较高的情况下，风险资本推动企业创新的作用大大减弱。

11.1.4　清洁能源领域风险资本需要特殊契约控制机制

本书以不完全契约理论为研究基础，探讨了风险资本在清洁能源投资中所面临的双边契约风险等问题，以及如何通过有效的契约设计，如阶段性融资或有控制权配置等方式减少风险资本投资面临的契约风险。通过研究模型推导和清洁能源领域风险资本投资的实际案例，说明清洁能源领域最佳的风险资本家和创业者之间的控制权配置是处于或有状态，即控制权配置需要结合自然环境和创业企业未来营利前景相机设计，才可能实现风险资本和创业者之间的双赢合作。该结论通过清洁能源领域的风险资本投资的真实案例得以验证。

11.1.5 清洁能源领域风险资本的退出决策及风险资本对IPO抑价的影响

本书探讨了清洁能源领域风险资本的退出方式，并对影响风险资本退出决策的相关因素进行了实证研究。研究显示，风险投资机构的类型、被投资企业注册地、清洁能源投资行业风险等变量对退出方式的选择等有显著性影响。被投资企业注册地如果在东部地区，风险投资机构选择IPO方式退出的可能性更大，这反映了区域经济环境和资本市场对风险资本退出方式的影响。本书也研究了清洁能源领域的上市企业在IPO过程中风险资本对IPO抑价的影响，借此探讨风险资本与资本市场之间的相互作用关系。研究显示：风险投资机构和被解释变量IPO抑价率之间呈现显著正向相关性，说明我国的风险投资机构对上市公司的投资并没有发挥其“认证”作用；在技术风险较高的情况，风险投资机构的参与可以降低清洁能源企业IPO的抑价程度；风险资本也没有能够抑制能源富集地区清洁能源上市企业IPO的抑价率。以上结论进一步证实风险资本对上市公司IPO的“认证”作用有限。

11.1.6 公共政策、公共风险资本对清洁能源投资产生影响

本书研究清洁能源领域公共政策的作用和影响，以及公共风

险投资机构和私人风险投资机构之间的区别，并对两者合作效果进行评价。通过对清洁能源风险投资机构高级管理人员访谈，了解到大多数高管倾向于技术推动型优惠政策，倾向于加大税收优惠政策，及建立更环保的技术标准，来提高清洁能源的投资和消费力度。总体来说，大多数风险投资机构高管对于与政府合作，还是比较满意的，但也同时认为，政府管理水平等因素会影响合作的效果。

11.2　政策建议

11.2.1　建立适宜风险资本在清洁领域投资的生态环境

风险资本作为“逐利”性资本，容易受到经济利益的驱动。但同时，风险资本也是清洁能源领域创新发展不可缺少的“动力”资本。因此，建立适宜风险资本发展的清洁能源投资生态环境尤为重要。在风险资本生态环境中，政府是生态环境的“缔造者”和“维护者”，引导和提供风险投资所需要的种子基金，推动风险资本能够在适宜“生态环境”中内生的产生和发展。政府需要采取如下措施：进一步在清洁能源领域完善和建立适宜风险资本发展的投资机制，制定有关促进创业风险投资健康发展的法律法规及相关政策体系；积极推进创业板市场的发展，建立加速科技产业化的多层化资本市场体系；运用创业投资机制，吸引更多社会资本投入清洁能源领域；带动更多社会资金参与科技创新。

清洁能源领域风险资本投资的生态环境建设，需要结合清洁能源产业发展的生命周期阶段，将政府公共风险资本和私人风险资本有机结合。在产业发展的幼稚期，需要扩大政府资金的扶持力度，推动风险资本和公共风险资本形成有效的“耦合”关系，通过政府的“有形之手”推动清洁能源初期技术的突破和发展。随着产业发展进入成长期，风险资本生态环境中需要形成适宜的资金流、信息流和技术流的交换，形成有效的传导机制，推动资源的优化配置。在产业发展进入相对成熟阶段，政府公共风险资本适时退出竞争性的产业领域，政府角色更多侧重于制定公平市场政策，促进更多科研成果实现产业化发展。

11.2.2 发展区域与多层次的金融市场，完善清洁能源领域风险资本的退出渠道

风险资本退出渠道的畅通直接影响风险资本进入清洁能源领域的投资意愿。清洁能源项目的高投入、高风险和低收益的特点，大大影响了清洁能源企业进入资本市场的进程，缩小了风险资本的退出通道。大部分清洁能源企业都处于初创期，无论是在国内 IPO，还是借壳上市，都存在诸多困难。清洁能源领域的特殊禀赋，使得风险资本始终面临着退出困境。没有合适的退出渠道，就很难聚集足够的风险资本来实现投资项目的良性循环。

从实证研究中可以看到，我国金融市场和全国资本布局存在严重不平衡。东部发达沿海城市往往是风险资本活跃地区，这些地区不仅仅经济实力雄厚，同时，也有着发达的金融资源，这就为风险资本的蓬勃发展提供了必要的资金基础。风险资本的逐利属性使得风险资本布局在全国呈现“马太效应”，即强者越强，弱者越弱的态势。另外，沿海过度发展的金融化产业，也对内地金融市场和资金起到了“虹吸”效应，其结果是风险资本投资机构更不会将资金投入西部清洁能源产业。

发展区域金融市场，增强金融市场的活力，提高金融交易的

深度和广度，才有可能拓宽风险资本的退出渠道。区域金融市场能够推动更多金融资源的区域配置，能够促进更多金融机构创建各种金融工具，推动金融资源在区域的流动，从而为吸引风险资本，提升风险资本在区域的活跃度提供了金融基础。

发展多层次的金融市场，促进清洁能源投资的多元化主体的出现，为清洁能源产业的资本化运作提供时间和空间的保证。发挥外部资本市场的作用，优化清洁能源企业的资本结构，提升资本利用效率。在同等条件下，优先支持符合要求的清洁能源企业上市融资，增发新股和配股，鼓励和支持清洁能源企业通过兼并收购做大做强，发挥风险资本的“金融杠杆”作用，以利于社会资源向符合清洁能源发展要求的企业配置，促进清洁能源的产业发展。

11.2.3　清洁能源领域风险资本推动创业企业的创新发展

清洁能源领域特殊的禀赋，意味着风险资本进入该领域投资，会面临着巨大的投资风险。因此，唯有推动清洁能源企业“独辟蹊径”地创新，才可能取得成功。在我国，清洁能源领域先进技术为西方发达国家所垄断，清洁能源技术的突飞猛进，也使得企业面临着巨大的技术风险。大量研究发现，技术投资会面临已开发的技术延迟而产生大量沉没成本的问题。风险资本，特别是侧重于产业投资的风险投资机构，往往能够在企业技术创新过程中发挥“桥梁”和“杠杆”作用。清洁能源领域技术投资涉及多学科和多技术融合，需要不同的创新主体之间的研发合作和资源共享。传统能源研发多集中于化石能源领域，有着较为明显的“制度依赖”特征，使得传统能源研发机构不能承担前沿技术或共性技术的创新功能。只有通过创新体制的改革，才可能突破技术“瓶颈”和技术“路径依赖”。国外的成熟经验已经证明，清洁能源创新技术的发明者不是成熟的传统能源企业，而是中小企业和创新企业。应以风险投资机构为资本纽带，形成以产业联盟为平台的资源共享机制，将私人风险资本和公共风险资本有机结合，形成以市场为导向的清洁能源创新机制。

11.2.4 完善公共政策设计，发挥公共风险资本的导向作用

毋庸置疑，公共政策在推动风险资本投资清洁能源产业方面发挥了重要作用。公共政策包括供给端和需求端的公共政策。研究表明，大多数风险投资机构倾向于政府更多通过供给端来刺激清洁能源产业政策的发展，诸如政府价格补贴、税收政策、政府研发投入等公共政策来引导清洁能源产业的发展。然而，供给端的清洁能源公共激励政策往往会扭曲产业发展路径，改变能源产业成本结构，对第二、第三产业征收可再生电价附加导致居民福利损失和福利分配的不同[134]，加重相关产业的生产成本。供给端的清洁能源公共激励政策所释放的信号往往也是风险资本涌入清洁能源领域的重要诱导因素。这一类型的公共政策往往会随着高额的财政补贴出现而不堪重负，补贴资金不足导致补贴资金缺口膨胀，正在进行的清洁能源项目存在“烂尾”的风险。伴随着政府换届和财政公共政策的调整，风险资本投资清洁能源领域显现明显的“潮汐”现象。为此，推动清洁能源产业发展的可持续性，要从清洁能源公共政策的需求端整体设计，改变现有的能源消费结构，提倡能源的绿色消费、清洁消费等。如日本的绿色采购制度，鼓励政府采购新能源产品，扩大新能源产品的需求，推进能源产业的发展。公共政策能够推进风险资本进入清洁能源领域。

相对于私人风险资本，公共风险资本对于投资回报的要求较低，并主要发挥其资本“杠杆”作用，以促进地方经济的发展，

推动就业水平的提高。然而，由于公共资本的“公地效应”的影响，也使得公共风险资本面临着投资效率低的困境，特别是在其后期，在金融工具设计、激励机制及员工专业化程度等方面弱于私人风险资本，不利于创业企业的长期、可持续性发展。因此，应“撬动”民间资本，形成混合资本所有制形式，提高资本投资效率。在混合所有制形式中，风险资本是“架起”引导基金和民间资本的重要“桥梁”，实现多元化的投资主体，有利于建立公共风险资本适时退出机制，并增加公共风险资本专业考评机制，提高公共风险资本的投资绩效。

附录 1

清洁能源上市公司列表

序号	证券代码	证券简称	序号	证券代码	证券简称	序号	证券代码	证券简称	序号	证券代码	证券简称
1	000005. SZ	世纪星源	16	000836. SZ	鑫茂科技	31	002202. SZ	金风科技	46	002479. SZ	富春环保
2	000055. SZ	方大集团	17	000862. SZ	银星能源	32	002204. SZ	大连重工	47	002499. SZ	科林环保
3	000544. SZ	中原环保	18	000920. SZ	南方汇通	33	002212. SZ	南洋股份	48	002506. SZ	协鑫集成
4	000551. SZ	创元科技	19	000925. SZ	众合科技	34	002218. SZ	拓日新能	49	002516. SZ	旷达科技
5	000591. SZ	太阳能	20	000939. SZ	凯迪生态	35	002256. SZ	兆新股份	50	002518. SZ	科士达
6	000598. SZ	兴蓉环境	21	000990. SZ	诚志股份	36	002290. SZ	中科新材	51	002531. SZ	天顺风能
7	000605. SZ	渤海股份	22	002006. SZ	精功科技	37	002309. SZ	中利集团	52	002549. SZ	凯美特气
8	000652. SZ	泰达股份	23	002015. SZ	霞客环保	38	002310. SZ	东方园林	53	002573. SZ	清新环境
9	000685. SZ	中山公用	24	002056. SZ	横店东磁	39	002335. SZ	科华恒盛	54	002610. SZ	爱康科技
10	000690. SZ	宝新能源	25	002066. SZ	瑞泰科技	40	002340. SZ	格林美	55	002623. SZ	亚玛顿
11	000711. SZ	京蓝科技	26	002080. SZ	中材科技	41	002366. SZ	台海核电	56	002645. SZ	华宏科技
12	000753. SZ	漳州发展	27	002125. SZ	湘潭电化	42	002379. SZ	ST 鲁丰	57	002658. SZ	雪迪龙
13	000777. SZ	中核科技	28	002129. SZ	中环股份	43	002450. SZ	康得新	58	002660. SZ	茂硕电源
14	000791. SZ	甘肃电投	29	002130. SZ	沃尔核材	44	002460. SZ	赣锋锂业	59	002665. SZ	首航节能
15	000826. SZ	启迪桑德	30	002201. SZ	九鼎新材	45	002469. SZ	三维工程	60	002672. SZ	东江环保

续表

序号	证券代码	证券简称	序号	证券代码	证券简称	序号	证券代码	证券简称	序号	证券代码	证券简称
61	300007. SZ	汉威电子	77	300140. SZ	中环装备	93	300272. SZ	开能环保	109	300569. SZ	天能重工
62	300029. SZ	天龙光电	78	300145. SZ	中金环境	94	300274. SZ	阳光电源	110	600008. SH	首创股份
63	300040. SZ	九洲电气	79	300152. SZ	科融环境	95	300316. SZ	晶盛机电	111	600095. SH	哈高科
64	300055. SZ	万邦达	80	300156. SZ	神雾环保	96	300317. SZ	珈伟股份	112	600135. SH	乐凯胶片
65	300056. SZ	三维丝	81	300165. SZ	天瑞仪器	97	300328. SZ	宜安科技	113	600151. SH	航天机电
66	300070. SZ	碧水源	82	300169. SZ	天晟新材	98	300332. SZ	天壕环境	114	600163. SH	中闽能源
67	300072. SZ	三聚环保	83	300172. SZ	中电环保	99	300334. SZ	津膜科技	115	600168. SH	武汉控股
68	300073. SZ	当升科技	84	300185. SZ	通裕重工	100	300335. SZ	迪森股份	116	600187. SH	国中水务
69	300080. SZ	易成新能	85	300187. SZ	永清环保	101	300343. SZ	联创互联	117	600192. SH	长城电工
70	300090. SZ	盛运环保	86	300190. SZ	维尔利	102	300385. SZ	雪浪环境	118	600217. SH	中再资环
71	300102. SZ	乾照光电	87	300203. SZ	聚光科技	103	300388. SZ	国祯环保	119	600290. SH	华仪电气
72	300111. SZ	向日葵	88	300219. SZ	鸿利智汇	104	300393. SZ	中来股份	120	600292. SH	远达环保
73	300118. SZ	东方日升	89	300224. SZ	正海磁材	105	300422. SZ	博世科	121	600323. SH	瀚蓝环境
74	300125. SZ	易世达	90	300262. SZ	巴安水务	106	300425. SZ	环能科技	122	600388. SH	龙净环保
75	300129. SZ	泰胜风能	91	300263. SZ	隆华节能	107	300437. SZ	清水源	123	600401. SH	ST 海润
76	300137. SZ	先河环保	92	300266. SZ	兴源环境	108	300443. SZ	金雷风电	124	600416. SH	湘电股份

续表

序号	证券代码	证券简称	序号	证券代码	证券简称	序号	证券代码	证券简称	序号	证券代码	证券简称
125	600444. SH	国机通用	135	600550. SH	保变电气	145	601137. SH	博威合金	155	601985. SH	中国核电
126	600458. SH	时代新材	136	600586. SH	金晶科技	146	601158. SH	重庆水务	156	603126. SH	中材节能
127	600461. SH	洪城水业	137	600656. SH	博元科技	147	601199. SH	江南水务	157	603311. SH	金海环境
128	600475. SH	华光股份	138	600701. SH	工大高新	148	601208. SH	东材科技	158	603366. SH	日出东方
129	600478. SH	科力远	139	600770. SH	综艺股份	149	601218. SH	吉鑫科技	159	603568. SH	伟明环保
130	600483. SH	福能股份	140	600793. SH	宜宾纸业	150	601368. SH	绿城水务	160	603588. SH	高能环境
131	600506. SH	香梨股份	141	600874. SH	创业环保	151	601388. SH	怡球资源	161	603601. SH	再升科技
132	600522. SH	中天科技	142	600875. SH	东方电气	152	601558. SH	ST 锐电	162	603663. SH	三祥新材
133	600526. SH	菲达环保	143	601012. SH	隆基股份	153	601877. SH	正泰电器	163	603686. SH	龙马环卫
134	600537. SH	亿晶光电	144	601016. SH	节能风电	154	601908. SH	京运通	164	603806. SH	福斯特

附录 2

清洁能源领域公共风险资本具体情况列表

基金简称	省份	管理机构	成立时间	基金类型
武汉氢能汽车基金	湖北	武汉氢能汽车基金	2016 - 09 - 21	成长基金
株洲市青年创业基金	湖南	株洲市青年创业基金	2016 - 07 - 31	创业基金
合肥产业母基金	安徽	中投中财	2016 - 07 - 27	FOF 基金
佛山（云浮）氢能源产业基金	广州	佛山（云浮）氢能源产业基金	2016 - 07 - 18	成长基金
山东省一圈一带基金	山东	鲁信创投	2016 - 07 - 14	成长基金
莞商清大基金	广州	莞商清大基金	2016 - 07 - 13	成长基金
滨江气凝胶新材料基金	浙江	普禾资产	2016 - 07 - 09	成长基金
铜陵欣荣铜基新材料产业发展基金（有限合伙）	安徽	国厚投资	2016 - 07 - 08	成长基金
新疆正和发展基金	新疆	正和岛投资	2016 - 06 - 30	创业基金
安徽省节能环保基金	安徽	瑞力投资	2016 - 06 - 25	成长基金
淮北天使基金	安徽	淮北天使基金	2016 - 06 - 21	天使基金
北海市政府引导基金	广西	北海市政府引导基金公司	2016 - 06 - 20	FOF 基金
张家口绿色发展基金	河北	张家口绿色发展基金	2016 - 06 - 16	成长基金
镇江绿色发展基金	浙江	镇江绿色发展基金	2016 - 06 - 16	成长基金
重庆荣新环保基金	重庆	重庆荣新环保基金	2016 - 06 - 08	成长基金
青海省产业发展基金	青海	青海国有资产投资	2016 - 06 - 07	FOF 基金
香城产业基金	湖北	香城产业基金	2016 - 05 - 31	FOF 基金
余杭创投引导金	浙江	余杭区产业发展引导基金管理委员会	2016 - 05 - 31	FOF 基金
乌鲁木齐高新区丝路基金	新疆	国富金源投资	2016 - 05 - 31	FOF 基金

续表

基金简称	省份	管理机构	成立时间	基金类型
惠山区智能制造基金	广州	惠山区智能制造基金	2016-05-25	并购基金
廊坊市双创基金	河北	廊坊市双创基金	2016-05-19	创业基金
龙岩市新兴产业基金	福建	中国风投	2016-05-06	创业基金
北京航天创新专利投资中心（有限合伙）	北京	航天高新(苏州)创投	2016-04-26	创业基金
广州国资产业发展股权投资基金二期	广州	越秀产业基金	2016-04-26	FOF 基金
铜仁浦发武陵山扶贫投资发展基金管理中心（有限合伙）	贵州	尚信资本	2016-04-26	成长基金
重庆环保产业基金	重庆	重庆环保投资	2016-04-01	FOF 基金
赛伯乐韵升新材料创投基金	浙江	赛伯乐股权投资	2016-03-28	创业基金
中国铜仁武陵山扶贫基金	贵州	中国铜仁武陵山扶贫基金	2016-03-25	FOF 基金
贵州发展改革节能低碳投资基金Ⅰ期	贵州	三有投资	2016-03-14	成长基金
青岛市 PPP 基金	山东	青岛市 PPP 基金	2016-03-01	FOF 基金
石河子高新区节能环保基金	新疆	石河子高新区节能环保基金	2016-03-01	创业基金
齐齐哈尔节能减排发展引导基金	黑龙江	齐齐哈尔节能减排发展引导基金	2016-03-01	成长基金
黑龙江工业投资基金	黑龙江	中菊资产	2016-02-27	成长基金
内蒙古环保基金	内蒙古	内蒙古环保基金	2016-02-05	成长基金
四川新兴产业创业投资引导基金合伙企业(有限合伙)	四川	四川弘远新兴产业股权投资基金管理有限公司	2016-01-29	成长基金

续表

基金简称	省份	管理机构	成立时间	基金类型
新丝路基金	陕西	金控京道投资	2016-01-28	FOF 基金
包头北鹏中小企业创投基金	内蒙古	北鹏投资基金管理	2016-01-26	创业基金
北京高精尖产业基金	北京	北京高精尖产业基金	2016-01-14	成长基金
东方盛世可再生能源创业基金	广东	明阳新能源投资	2016-01-12	创业基金
河北战略性新兴产业创投基金	河北	冀财产业引导投资	2016-01-05	FOF 基金
内蒙古现代服务业基金二期	内蒙古	内蒙古现代服务业基金二期	2016-01-01	成长基金
宜昌市三峡产业引导股权投资基金	湖北	湖北同富创业投资管理有限公司	2015-12-29	成长基金
湖北省长江经济带产业引导基金合伙企业（有限合伙）	湖北	长江产业基金管理公司	2015-12-28	成长基金
中兴平顶山高科技与环保基金	河南	中兴平顶山高科技与环保基金	2015-12-26	成长基金
海洋产业发展基金	浙江	浙江海洋产业发展基金公司	2015-12-18	FOF 基金
山西改善城市人居环境 PPP 基金	山西	首创资本投资	2015-12-17	FOF 基金
佛山市创新创业产业引导基金	广东	深创投	2015-12-14	FOF 基金
重庆天使引导基金	重庆	重庆科技金融集团	2015-12-11	FOF 基金
重庆风险引导基金	重庆	重庆科风投	2015-12-11	FOF 基金
香洲区创投引导基金	广东	珠海市正方投资有限公司	2015-12-03	FOF 基金

续表

基金简称	省份	管理机构	成立时间	基金类型
兴陇节能环保投资基金	甘肃	兴陇节能环保投资基金	2015－11－13	创业基金
云南科技成果转化与创投基金	云南	云南银科股权投资基金合伙企业（有限合伙）	2015－11－11	FOF基金
濮阳市龙都产业基金	河南	建元创投	2015－11－06	成长基金
内蒙古新兴产业创投基金	内蒙古	内蒙古新兴产业创投	2015－11－02	FOF基金
湖南新兴产业基金	湖南	湖南新兴产业基金有限合伙人	2015－10－30	FOF基金
锦聚科技人才投资基金	浙江	鼎聚投资	2015－10－29	天使基金
广东省低碳基金	广东	粤科金融	2015－10－26	FOF基金
烟台市节能引导基金	山东	烟台市节能引导基金	2015－10－26	FOF基金
柯桥转型升级基金	浙江	绍兴金柯桥投资	2015－10－26	FOF基金
硅基新材料投资基金	安徽	硅基新材料投资基金	2015－10－10	成长基金
水环境治理技术创新及产业发展基金	北京	中信建投资本	2015－09－30	成长基金
鼎恒新材料基金	河南	鼎恒投资	2015－09－12	创业基金
坪山新区创投基金	广东	坪山新区建投	2015－09－07	FOF基金
长沙产业投资引导基金	湖南	长沙市产业投资基金管理委员会	2015－08－26	FOF基金
海南先进新材料创投	海南	东橡投资	2015－08－20	创业基金
禅城区创新创投基金	广东	禅城区创新创投	2015－08－11	FOF基金
援疆创新创业基金	新疆	援疆创新创投	2015－08－11	成长基金
吉林省产业投资引导基金	吉林	吉林省股权基金	2015－08－07	FOF基金

续表

基金简称	省份	管理机构	成立时间	基金类型
高精尖并购基金	北京	北京盛世泰诺股权投资中心（有限合伙）	2015-08-06	FOF基金
晋江产业创投引导金	福建	晋江市产业创投	2015-08-05	FOF基金
鹤山创投基金	广东	粤科金融	2015-07-31	创业基金
江苏省工业和信息产业投资基金	江苏	华泰紫金	2015-07-31	FOF基金
青岛高创卓阳天使股权投资基金	山东	高创卓阳	2015-07-28	创业基金
温岭市转型升级投资母基金	浙江	温岭市转型升级	2015-07-23	FOF基金
山东政府和社会资本合作（PPP）发展基金	山东	山东省经济开发投资	2015-07-20	基础设施基金
贵州省科技成果转化基金	贵州	贵鑫瑞和	2015-07-13	FOF基金
贵州省高新技术产业发展基金	贵州	贵鑫瑞和	2015-07-13	FOF基金
沂南县产业引导基金	山东	沂南产业引导基金	2015-07-10	FOF基金
荆信投资基金	湖北	信中利资本	2015-07-10	成长基金
日信荆门基金	荆门	日信资本	2015-06-27	成长基金
海宁产业基金	浙江	海宁市转型升级产业基金有限公司	2015-06-19	FOF基金
湖南益阳高新财富新三板股权投资基金企业（有限合伙）	湖南	湖南高新创投财富	2015-06-19	成长基金
德阳阳光天使基金	四川	德阳市阳光天使投资	2015-06-10	天使基金

续表

基金简称	省份	管理机构	成立时间	基金类型
福建省“6·18”基金	福建	福建“6·18”投资	2015-06-08	成长基金
绿色印染产业基金	浙江	绿色印染产业基金	2015-06-02	成长基金
常山县产业投资引导基金	浙江	常山县产业投资引导基金有限公司	2015-06-01	FOF 基金
赣南苏区振兴产业基金	江西	赣州城市开发投资集团有限责任公司	2015-06-01	FOF 基金
四川省 PPP 项目产业投资引导基金	四川	川投航信	2015-06-01	成长基金
浙江省转型升级产业基金	浙江	金控投资	2015-05-29	FOF 基金
青岛工业转型升级引导基金	山东	青岛市工业转型升级引导基金公司	2015-05-20	FOF 基金
浙江省农业发展投资基金	浙江	金控投资	2015-05-20	FOF 基金
重庆战略性新兴产业股权投资基金合伙企业（有限合伙）	重庆	渝富资本	2015-05-13	成长基金
兰白试验区技术创新驱动基金	甘肃	兰白试验区技术创新驱动基金	2015-05-12	FOF 基金
余杭区产业引导基金	浙江	余杭区产业发展引导基金管理委员会	2015-05-07	FOF 基金
唐山市产业投资引导基金	河北	唐山市产业投资引导基金公司	2015-04-27	FOF 基金
安徽技术叁号基金	安徽	招商致远资本	2015-04-27	成长基金
荆门市市级产业发展基金	湖北	荆门市市级产业发展基金公司	2015-04-23	FOF 基金

续表

基金简称	省份	管理机构	成立时间	基金类型
荆门市市级产业引导基金	湖北	荆门市市级产业引导基金公司	2015－04－23	FOF 基金
甘肃省战略性新兴产业创业投资引导基金	甘肃	甘肃省战略性新兴产业创业投资引导基金公司	2015－04－08	FOF 基金
集美区产业引导基金	福建	集美投资	2015－04－01	FOF 基金
威县产业引导基金	河北	曙翔通达资本	2015－03－31	成长基金
安徽高新招商致远基金	安徽	招商致远资本	2015－03－04	成长基金
辽宁联合基金	辽宁	辽宁联合投资	2015－03－04	成长基金
金湾区创业投资引导基金	广东	珠海金控金湾股权投资基金管理有限公司	2015－03－01	FOF 基金
厦门市产业引导基金	福建	厦门市创业投资有限公司	2015－01－31	成长基金
广东广晟新材料创业投资基金（有限合伙）	广东	广东广晟创业投资管理有限公司	2015－01－21	创业基金
百富源基金	江西	百富源资本	2014－12－29	成长基金
中盈节能环保股权投资基金	河北	河北信投	2014－12－26	FOF 基金
节能环保引导基金	北京	亦庄国投	2014－11－20	FOF 基金
南粤基金	广东	广州基金	2014－11－10	FOF 基金
杭州下沙创业引导基金	浙江	杭州下沙创业投资公司	2014－11－07	FOF 基金
郑州市产业发展引导基金	河南	郑州市产业发展引导基金管理委员会	2014－10－13	FOF 基金
青岛劲邦创业投资合伙企业（有限合伙）	山东	劲邦投资	2014－10－09	创业基金

续表

基金简称	省份	管理机构	成立时间	基金类型
黄岛新区产业发展母基金	山东	黄岛新区产业发展母基金公司	2014－09－23	基础设施基金
雅惠新材料创投基金	四川	四川省新兴产业创业投资公司	2014－09－16	创业基金
青岛仰岳新能源	山东	青岛启凯	2014－09－04	成长基金
厦门七匹狼节能环保产业创业投资基金合伙企业（有限合伙）	福建	七匹狼节能环保	2014－08－08	创业基金
攀枝花钒钛基金	四川	攀枝花钒钛资源开发投资基金中心	2014－06－27	FOF基金
赣州科创投引导基金	四川	赣州科技创业投资公司	2014－06－16	FOF基金
粤科大学生创新基金	广东	粤科金融	2014－05－17	创业基金
贵阳市引凤高技术产业创业投资基金有限公司	贵州	贵阳创投	2014－05－13	创业基金
重庆道同海外并购基金	重庆	顺势创行投资	2014－04－25	FOF基金
中科海河基金	天津	中科招商	2014－01－22	FOF基金
山东多盈节能环保产业创业投资有限公司	山东	多盈投资	2014－01－07	创业基金
武汉新兴产业基金	湖北	武汉新兴产业基金公司	2013－11－13	FOF基金
北京赛伯乐创业投资有限公司	北京	中孵高科创投	2013－10－23	创业基金
青岛协同创新股权投资创业中心（有限合伙）	山东	协同创新	2013－09－30	成长基金

续表

基金简称	省份	管理机构	成立时间	基金类型
宜兴种子基金	宜兴	宜兴种子投资	2013-09-16	天使基金
连高新股权投资基金	连云港	连高新股权投资	2013-08-28	创业基金
新会科技风投	广州	粤科金融	2013-08-22	创业基金
宏润节能	河南	宏润节能	2013-08-22	创业基金
合肥开发区创投基金	安徽	海恒投资	2013-07-12	创业基金
河南生物新材料基金	河南	创业联盟	2013-07-09	创业基金
河南华祺节能环保创业投资有限公司	河南	海豫祺创投	2013-06-20	创业基金
萧山区十大产业政府引导金	浙江	萧山区创业投资引导基金管理委员会	2013-05-01	FOF 基金
东莞中科中广创业投资有限公司	广东	中广投资	2013-04-27	成长基金
京道联萃天和创投基金	福建	京道基金	2013-01-21	创业基金
天翼宏元	浙江	天翼资本	2013-01-06	成长基金
苏州市新兴产业创投引导金	江苏	国发创投	2012-12-28	FOF 基金
武商投资基金	湖北	九洲创投	2012-12-23	FOF 基金
石家庄红土冀深创业投资有限公司	河北	深创新投资	2012-10-24	创业基金
浙江海洋产业基金	浙江	浙江海洋产业基金公司	2012-10-12	FOF 基金
湖州海邦人才基金	浙江	海邦投资	2012-10-01	创业基金
吴江赢联杉杉基金	江苏	杉杉创晖	2012-09-01	创业基金
东莞市引导基金	广东	东莞信托	2012-07-11	FOF 基金
山西节能产业股权基金	山西	山西能源基金的管理公司	2012-07-05	成长基金

续表

基金简称	省份	管理机构	成立时间	基金类型
成都高新天使基金	四川	成都高投创投	2012-06-12	天使基金
荆州创投引导金	湖北	浦东科投	2012-05-04	FOF基金
甘肃生物产业基金	甘肃	甘肃国投	2012-05-04	创业基金
碳谷基金	湖北	湖北省节能公司	2012-03-01	创业基金
宁波市创业投资引导基金管理有限公司	浙江	宁波市创业投资引导基金管理有限公司	2012-01-30	创业基金
建宁紫金产业基金	江苏	建宁紫金	2012-01-01	成长基金
徐州新兴产业引导基金	江苏	徐州新兴产业引导基金公司	2012-01-01	FOF基金
泗阳新兴产业引导基金	江苏	泗阳新兴产业引导基金管理公司	2012-01-01	FOF基金
上海创业引导基金Ⅲ	上海	上海创投	2012-01-01	FOF基金
海达鼎兴创投公司	浙江	宁波海达鼎兴创业投资有限公司	2011-12-18	FOF基金
北京创造·战略性新兴产业创投基金	北京	北咨投资	2011-12-09	FOF基金
云南盈川新材料产业创业投资基金合伙企业（有限合伙）	云南	华夏信诺创投	2011-12-05	创业基金
重庆智基智本同浩股权投资中心（有限合伙）	重庆	智基股权投资管理	2011-11-17	成长基金
泰州新兴产业引导基金	江苏	泰州新兴产业引导基金管理公司	2011-11-01	FOF基金
红桥新能源基金	福建	红桥创投	2011-11-01	创业基金
嘉定创投引导基金	上海	嘉定创投	2011-10-01	FOF基金

续表

基金简称	省份	管理机构	成立时间	基金类型
惠银东方（濮阳）创投基金	河南	惠银东方（北京）	2011－09－23	创业基金
杭州产业基金	浙江	杭州产业投资	2011－09－01	FOF基金
池州创投引导基金	安徽	池州创投引导基金管理公司	2011－09－01	FOF基金
国家科技成果转化引导基金	北京	国家科技成果转化引导基金	2011－07－04	FOF基金
宁波象山政府引导基金	浙江	宁波象山政府引导基金管理公司	2011－07－01	FOF基金
青岛高新区创投引导基金	山东	青岛高新创投有限公司	2011－06－24	FOF基金
四川产业振兴基金	四川	国辰投资	2011－06－24	成长基金
龙城英才创投引导金	常州	龙城英才创投引导基金公司	2011－06－01	FOF基金
萧山区创投引导基金	浙江	萧山国际创投	2011－03－01	FOF基金
西安航天新能源产业基金	陕西	海通开元	2011－01－08	成长基金
领军人才创投引导基金	芜湖	领军人才创新创业风险投资引导基金理事会	2011－01－01	FOF基金
江苏新兴产业创投引导基金	江苏	江苏新兴产业创投引导基金管理公司	2011－01－01	FOF基金
巢湖创投引导基金	安徽	巢湖创投引导基金管理公司	2011－01－01	FOF基金
佛山拓展创业投资有限公司	山东	佛山金茂	2010－12－10	创业基金
慈溪新兴产业引导基金	浙江	慈溪新兴产业引导基金公司	2010－12－01	FOF基金

续表

基金简称	省份	管理机构	成立时间	基金类型
温州经济技术开发区创投引导基金	浙江	温州经济技术开发区创投引导基金公司	2010-10-01	FOF 基金
中孵基金	北京	天亿投资	2010-10-01	创业基金
济南新兴产业引导基金	山东	济南新兴产业引导基金公司	2010-09-01	FOF 基金
浙商产业投资基金	浙江	中银投资浙商产业基金	2010-07-27	成长基金
烟台高新区创投引导基金	山东	济南新兴产业引导基金公司	2010-06-01	FOF 基金
上海联升创业投资有限公司	上海	联升资本	2010-04-09	创业基金
青岛创投引导基金	山东	青岛创投引导基金管理中心	2010-04-01	FOF 基金
闵行区创投引导基金	上海	闵行区创投引导基金公司	2010-03-01	FOF 基金
佛山市科技孵化基金（有限合伙）	广东	集成富达投资	2010-02-03	成长基金
辽宁花园口绿色产业投资基金	辽宁	辽宁花园口绿色产业投资基金公司	2010-02-01	创业基金
大连红土创投基金	辽宁	深创投	2010-01-29	创业基金
张家港创投引导基金	江苏	张家港创投引导基金公司	2010-01-01	FOF 基金
平湖创投引导基金	浙江	平湖创投引导基金公司	2010-01-01	FOF 基金
廊坊创投	河北	优势资本	2009-12-27	FOF 基金
嘉兴嘉昊九鼎投资中心（有限合伙）	浙江	西藏昆吾九鼎	2009-12-18	成长基金

续表

基金简称	省份	管理机构	成立时间	基金类型
昆明创投引导基金	云南	昆明创投引导基金公司	2009 - 11 - 01	FOF 基金
科华银赛	湖北	固德银赛	2009 - 07 - 30	创业基金
重庆引导基金	重庆	重庆引导基金有限公司	2009 - 07 - 17	FOF 基金
嘉兴南湖创投引导基金	浙江	南湖新创风险投资	2009 - 04 - 01	FOF 基金
浙江创投引导基金	浙江	浙江创投引导基金	2009 - 03 - 01	FOF 基金
海宁科技创新引导基金	浙江	海宁科技创新引导基金公司	2009 - 01 - 01	FOF 基金
无锡创投引导资金	江苏	无锡创投引导资金公司	2009 - 01 - 01	FOF 基金
珠海创投引导基金	广东	珠海创投引导基金公司	2009 - 01 - 01	FOF 基金
临海科技引导基金	浙江	临海科技引导基金公司	2008 - 10 - 28	FOF 基金
富阳创投引导基金	浙江	富阳创投引导基金公司	2008 - 09 - 01	FOF 基金
杭州创投引导基金	浙江	杭高投	2008 - 04 - 20	FOF 基金
滨海新区创投引导基金	天津	天津滨海新区创投引导基金	2008 - 03 - 23	FOF 基金
桐庐县创投引导基金	浙江	桐庐县创投引导基金公司	2008 - 01 - 01	FOF 基金
杭州高新开发区创投引导基金	浙江	杭州高新投	2008 - 01 - 01	FOF 基金
吉林创投引导基金	吉林	吉林创投引导基金	2008 - 01 - 01	FOF 基金

续表

基金简称	省份	管理机构	成立时间	基金类型
西湖区中小企业产业引导基金	浙江	西湖创投	2007-01-01	FOF 基金
无锡新区创投引导基金	江苏	无锡新区创投引导基金公司	2007-01-01	FOF 基金
浦东新区引导基金	上海	浦东科投	2006-10-21	FOF 基金
天津市创投引导基金	天津	天创资本	2001-01-01	FOF 基金
陕西战略性新兴产业基金	陕西	陕西战略性新兴产业基金公司	2006-12-21	FOF 基金
国创高投产业基金	湖北	湖北省高新技术产业投资有限公司	2006-09-13	FOF 基金
太原民营区创投基金	山西	太原民营区创投基金公司	2005-10-06	FOF 基金
上海智能制造产业基金	上海	上海智能制造产业引导基金	2005-10-14	成长基金
山西民营企业创新转型基金	山西	山西民营企业创新转型基金公司	2005-10-16	FOF 基金

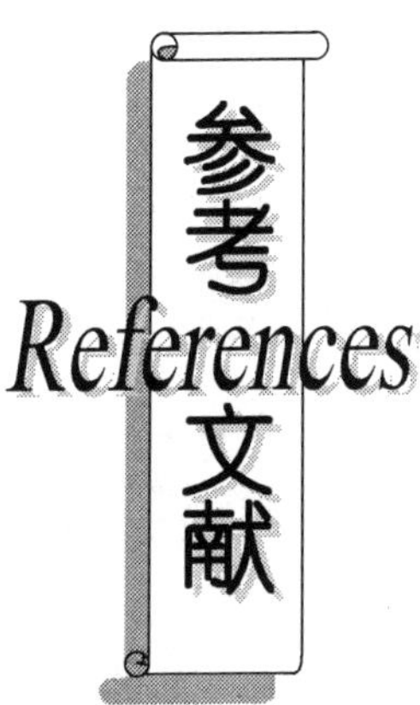

[1] BP. 世界能源展望（2018 版）[R/OL]. http://bp.com.cn/energy outlook.

[2] GOMPERS P. Grandstanding in the venture capital industry [J]. Journal of Financial Economics, 1996, 42 (1): 425-489.

[3] LERNER J. The government as venture capital: the Long-run impact of the SBIR program [J]. The Journal of Business, 1999, 72, (3): 285-318.

[4] LESIL A, PHILIPPE C. The determinants of venture capital funding, evidence across countries [J]. Journal of Corporate Finance, 1998, 6, (3): 241-289.

[5] FRANCIS C, WINSTON T. Venture capital and economic growth: An industry overview and Singapore's experience [J/OL]. SSRN Electronic Journal (2005).

[6] KEUSCHNIGG C, NIELSEN S B. Public policy for venture

capital [J]. International Tax and Public France, 2001, 8 (4): 557 - 572.

[7] DONGLAS CUMMING. Government policy towards entrepreneurial finance: Innovation investment [J/OL]. http: //ssrn. com/author = 75390.

[8] STEFANO B, SENEM ALLCAN. The political and legal determinants of venture capital investments around the world [J/OL]. SSRN Electronic Journal.

[9] 程悦. 我国基础设施产业投资基金发展模式研究 [D]. 西南财经大学硕士论文, 2007: 25 - 37.

[10] 田莉. 借鉴美国风险投资基金经验建立我国新能源产业发展基金 [D]. 河北师范大学硕士论文, 2011: 78 - 81.

[11] 周新军. 铁路产业投资基金: 控股权、收益权与制度补偿 [J]. 经济理论与经济管理, 2012, 11: 23 - 31.

[12] 陈孝明, 田丰. 融资约束、投资契合与文化产业基金发展模式 [J]. 金融经济学研究, 2013, 1: 80 - 93.

[13] 杨丽花. 清洁能源经济: 美国经验与中国发展 [J]. 新视野, 2012, 1: 12 - 15.

[14] 林晶. 美国能源政策法对中国能源立法的借鉴价值 [J]. 暨南学报 (哲学社会科学版), 2012, 7: 64 - 70.

[15] EMANUEL, SHACHMUROVE, ESQUIREU S. Venture capital meets clean - technology [J/OL]. http: //ssrn. com/abstact = 1515751.

[16] STACK. Clean - tech venture capital: How public policy has stimualted private inventment environmental entrepreneurs [J/OL]. http: //www. e2. org/ext/doc/CleantechReport2007. pdf.

[17] 同 [15].

［18］ ROSEN R. American home town renewal：Policy tools and techniques for small enterprises ［J/OL］. https：//books. google. com/books.

［19］ MURPHY L M，EDWARDS P L. Bridging the valley of death：Transitioning from public to private sector financing ，national renewable energy laboratory ［J/OL］. 2003（NREL）.

［20］ 国际能源署（IEA）. 能源技术展望 2017 ［R/OL］. https：//www. iea. org/.

［21］ 同［20］.

［22］ 德勤. 中国持续推进能源革命. 中国能源报 ［N］. 2015 - 10 - 24.

［23］ World energy outlook 2009，Why is our current energy pathway unsustainable? ［EB/OL］. International Energy Agency. http：//www. iea. org/weo/docs/weo2009/fact_sheets_WEO_2009. pdf.

［24］ 新华网. 特朗普推翻清洁能源计划对中国意味着什么? ［N/OL］. http：//www. china - nengyuan. com/news/106747. html.

［25］ Frankfurt school - UNEP collaborating centre for climate & sustainable energy finance，global trends in renewable energy investment 2018 ［EB/OL］. https：//economic - policy - forum. org/global - news/global - trends - in - renewable - investement - 2018/.

［26］ 全国工商联新能源商会. 全球新能源发展报告 2015 ［R］. 第九届中国新能源国际高峰论坛.

［27］ RAMANA N，JULIET R. A quiet revolution in clean finance ［J］. SUSTAINABILITY，2010，10：111 - 134.

［28］ 王信茂. 能源“十三五”规划研究中的几点思考 ［N/OL］.（2015 - 04 - 14）. 中国电力网，http：//news. bjx. com. cn/special/? id = 607988.

［29］ 同［28］.

［30］ “十三五”规划能源领域全解析［N/OL］.（2016－03）http：//www. china－nengyuan. com/news/91045. html.

［31］ BP. 2035 世界能源展望：国家和地区专题（2015 版）［EB/OL］. https：//www. bp. com/z.

［32］ 同［22］.

［33］ 同［32］.

［34］ 刘颖，任珊，等. 中国的清洁革命Ⅳ：财金战略［R/OL］.（2011－11）. http：//www. theclimategroup. org. cn/publications/.

［35］ 戴志敏. 国际风险资本运作、退出与多层次资本市场体系［M］. 杭州：浙江大学出版社，2008，8：7.

［36］ 杨大楷，邵同尧. 风险资本与创新研究进展［J］. 南京社会科学，2010，7：121.

［37］ BAEYENS K，MANIGART S. Dynamic financing strategies：The role of venture capital［J］. Journal of Private Equity，2003，1（7）：50－58.

［38］ CASAMATTA C. Financing and advising：Optimal financial contracts with venture［J］. Journal of Finance，2003，5（58）：2059－2087.

［39］ SCHMIDT K M. Convertible securities and venture capital finance［J］. Journal of Finance，2003，3（58）：1139－1167.

［40］ CORNELLI F，YOSHA O. Stage financing and the role of convertible securities［J］. Review of Economic Studies，2003，1（70）：178－200.

［41］ 喜济峰，郭立宏. 风险投资促进技术创新的动力机制和效应分析［J］. 科学管理研究，2012，30（1）：17－21.

[42] 龙勇，常青华. 创业能力、突变创新与风险资本融资关系——基于中国高新技术企业的实证研究 [J]. 南开管理评论，2008，11 (3)：65 -71.

[43] 同 [42].

[44] 同 [41].

[45] 戴志敏. 国际风险资本运作、退出与多层次资本市场体系 [M]. 杭州：浙江大学出版社，2008，8：24.

[46] 林伯强. 中国能源发展报告 [M]. 北京：清华大学出版社，2010：85.

[47] Challenges and opportunities of early - stage energy investing：National renewable energy laboratory industry growth forum [EB/OL]. December 3 - 4，2013Golden，ColoradoNREL/ PR - 6A50 -60882 -1.

[48] 史丹. 新能源定价机制、补贴与成本研究 [M]. 北京：经济管理出版社，2015：27 -31.

[49] ERIC R W，KNIGHT. The economic geography of clean tech venture capital，Oxford University Working Paper Series in Employment [EB/OL]. Work and Finance，Electronic copy available，http：//ssrn. com/abstract =1588806.

[50] GARTNER. 2017 年中国新兴技术成熟度曲线 [EB/OL]. http：//tech. sina. com. cn/roll/2017 -08 -06/doc - ifyiswpt 5578432. shtml.

[51] Ernst，Young，National Venture Capital Association Press Releases [EB/OL]. http：// growthandjustice. typepad. com.

[52] 同 [51].

[53] MUMELTER，NADJA. Determinants of venture capital and private equity investments in renewable energy technology - across -

country study [EB/OL]. http://hdj. handle. net/10362/9768.

[54] SAGAR A D, HOLDREN J P. Assessing the global energy innovation system: Some key issues [J]. Energy Policy, 2002, 30: 465-469.

[55] 梁雪洋. 中国各省市碳排放的空间计量分析 [D]. 首都经贸大学硕士论文, 2016: 48.

[56] 同 [50].

[57] BURER M J, W USTENHAGEN R. Which renewable energy policy is a venture capitalist's best friend? Empirical evidence from a survey of international clean-tech investors [J]. Energy Policy, 2009.

[58] BOB E. How innovation and investment can promote job growth and a healthy environment [EB/OL]. CREATING CLEAN-TECH CLUSTERS.

[59] 毕马威. 2017 年 Q1 全球风险投资趋势季度报告 [R/OL]. (2017-06) https://home. kpmg/cn/zh/home/insights/2017/10/venture-pulse-q3-2017. html.

[60] YOCHANAN S. Geography and industry meets venture capital [EB/OL]. http://ssrn. com/abstract=977989.

[61] ZSOLT M, György M. The geography of formal venture capital and private equity investments in Hungary [J]. Proceedings of the 4th international conference for young researchers of economics. 2006, 10: 98-109.

[62] 同 [61].

[63] 同 [61].

[64] Yochanan, Shachmurove. Geography andindustry meets venture capital [EB/OL]. http://ssrn. com/abstract=9779893. 1.

[65] HENRY C, PAUL G, ANNA K, et al. Buy local? The geography of venture capital [J]. Journal of Urban Economics, 2010, 1: 90 - 102.

[66] 同 [65].

[67] 袁新敏. 风险投资空间行为研究：文献综述与启示 [J]. 中国科技论坛, 2012, (8): 64 - 69.

[68] HENRY CHEN, PAUL G, ANNA K, et al. Buy Local? The Geography of Venture Capital [J]. Journal of Urban Economics, 2010, 67: 90 - 102.

[69] 黄福广，彭涛. 地理距离如何影响风险资本对新企业的投资 [J]. Nankai Business Review, 2014, 17 (6): 83 - 95.

[70] 李志萍，罗国锋. 风险投资的地理亲近：对中国风险投资的实证研究 [J]. 管理科学, 2014, 27 (3): 56 - 58.

[71] GILSON R, BLACK B. Venture capital and the structure of capital markets [J]. Journal of Financial Economics, 1997, 47: 243 - 277.

[72] KORTUM S, LERNER J. Assessing the contribution of venture capital to innovation [J]. RAND Journal of Economics, 2000, 31 (4): 674 - 692.

[73] HELLMANN T, PURI M. Venture capital and the professionalization of start - up firms: empirical evidence [J]. Finance, 2002, 57: 169 - 197.

[74] CASAMATTA, HARITCHABALET. Learning and Syndication in Venture Capital Investments [EB/OL]. CEPR Discussion Paper No. 3867.

[75] HAEUSSLER C, HARHOFF D, MUELLER E. How patenting informs VC investors—the case of biotechnology [J]. Res Pol-

icy, 2014, 43: 1286 -1298.

[76] TANG M C, CHYIY L. Legal environments, venture capital, and total factor productivity [J]. Contemporary Economic Policy, 2008, 26 (3): 468 -481.

[77] CHEMMANUR T J, KRISHNAN K, NANDY D K. How does venture capital financing improve efficiency in private firms? A look beneath the surface [J]. Review of Financial Studies, 2011, 24 (12): 4037 -4090.

[78] MASAYUKI H, MASAKO U. Venture capital and Innovation: Which is First? [J]. Pacific Economic Review, 2009, 16 (4): 10 -75.

[79] TREDENNICK. An engineer's view of venture capitalists, IEEE spectrum on line [EB/OL]. www, sectrum. ieeee. org/WEBONLY/resource/sep01/speak. html.

[80] BHIDE A. The origins and evolution of new businesses [D]. Harvard Business School Press, 1999: 48.

[81] ZUCKER, DARBY, BREWER, ZUCKER. Intellectual human capital and the birth of U. S. biotechnology enterprises [J]. American Economic Review, 1998, 88 (1): 290 -306.

[82] GILBERT, RICHARD J, DAVID M G NEWBERY. Preemptive patenting and the persistence of monopoly [J]. American Economic Review, 1982, 72: 514 -526.

[83] 周国华，胡锐，等. 创新学：一个驱动21世纪发展的新兴学科 [J]. 科研管理，2011，132 (12): 47 -89.

[84] BRENNAN N, CONNELL B. Intellectual capital: current issues and policy implications [J]. Journal of Intellectual Capital, 2000, 1 (3): 206 -240.

[85] KOLAKOWSKI L. The two eyes of Spinoza and other essays on philosophers. [EB/OL]. http://www.journals.cambridge.org/_S0034670500034811.

[86] ROSENSTEIN J. The board and strategy: Venture capital and high technology [J]. Journal of Business Venturing, 1988, 3 (2): 159 - 170.

[87] GORMAN M, SAHLMAN W. What do venture capitalists do? [J]. Bus Venture, 1989, 4: 231 - 248 .

[88] BOBZIDERE R, YOUNG. Strategic finance [J]. Strategic Finance, 1999, 80 (9): 10 - 28.

[89] TIMMERS P. Electronic commerce: strategies and models from business - to - business trading [J]. Journal of Small Business and Enterprise Development, 1999, 8: 358 - 360.

[90] DOGANOVA L, EYQUEM - RENAULT M. What do business models do? Innovation devices in technology entrepreneurship [J]. Research Policy, 2009, 38 (10): 1559 - 1570.

[91] 戴志敏．国际风险资本运作、退出与多层次资本市场体系 [M]. 杭州：浙江大学出版社，2008：18.

[92] AGHION, BOLTON. An incomplete contracts approach to financial contracting [J]. Review of Economic Studies, 1992, (59): 473 - 494.

[93] GORDON S. The exit structure of venture capital [J]. UCLA Law Review, 2005, 53: 315 - 357.

[94] LEVENT K, SALTUK O. Staged financing and endogenous lock - in [EB/OL]. SSRN Electronic Journal.

[95] CORNELLI F, YOSHA O. Stage financing and the role of convertible [EB/OL]. London Business School Working Paper

No. 253 - 1997, https: //papers. ssrn. com/sol3/papers. cfm? abstract_id = 48581&.

[96] BERGLöF, E A. Control theory of venture capital, Journal of Law [J]. Economics and Organization, 1994, 10: 247 - 267.

[97] SAHLMAN, W A. The structure and governance of venture capital organizations [J]. Journal of Financial Economics, 1990, 27: 473 - 521.

[98] GREEN R. Investment incentives, debt and warrants [J]. Journal of Financial Economics, 1984, 13: 115 - 136.

[99] LOWRY. Why eoes IPO volume fluctuate So much? [J]. Journal of Financial Economics, 2003, 67: 3 - 40.

[100] BRAU J F, FRANCIS, N KOHERS. The choice of IPO versus takeover: Empirical evidence [J]. Journal of Business, 2003, 76: 583 - 612.

[101] CHIU, KINI. Equity issuances, equity mutual fund flows, and noise trader [J]. Review of Finance , 2014, 18 (4): 749 - 814.

[102] DE BETTIGNIES. Explaining venture capital firms' syndication behavior: A longitudinal study [J]. An International Journal of Entrepreneurial Finance, 2007, 6: 243 - 256.

[103] FRIED, GANOR. The vulnerability of common shareholders in VC - backed firms [J]. Law Review, 2006, 81: 967 - 1025.

[104] SCHWIENBACHER A. An empirical analysis of venture capital exits in Europe [EB/OL]. SSRN Electronic Journal , www. ssrn. com.

[105] MEGGINSON W L, WEISS K A. Venture capitalists

certification in initial public offering [J]. Journal of Finance, 1991, 46, 879 -903.

[106] CLEMENT K, WANG. Effects of venture capitalists' participation in listed companies [J]. Journal of Backing&Finance, 2003, (7): 2015 -2034.

[107] SAHLMAN W. The structure and governance of venture capital organization [J]. Journal of Financial Economics, 1990 (27): 473 -521.

[108] 唐运舒，谈毅. 风险投资认证影响新股发行吗？——来自香港创业板的经验证据 [J]. 证券市场导报，2018 (11): 45 -59.

[109] 李曜，张子炜. 私募股权、天使资本对创业板市场IPO抑价的不同影响 [J]. 财经研究，2011 (8): 113 -124.

[110] 朱元甲，李阳. 风险投资对创业板市场IPO抑价的影响 [J]. 商业研究，2012 (3): 21 -26.

[111] 余楠，费一文. 私募股权投资目标公司首次上市发行抑价分析 [J]. 南方经济，2013 (3): 27.

[112] 张学勇，张叶青. 风险投资、创新能力与公司IPO的市场表现 [J]. 经济研究，2016 (10): 15 -17.

[113] 曹婷，冯照桢. 异质性风险投资、联合持股与IPO抑价 [J]. 中南财经政法大学学报，2016，2 (215): 57 -67.

[114] 雷星晖. 创始人、创业投资与创业板IPO抑价 [J]. 证券市场导报，2011，(3): 59 -73.

[115] 李善民，陈旭. 创业板IPO抑价、公司治理与发行特征 [J]. 兰州大学学报（社会科学版)，2011，(9): 64.

[116] KAROLIN S. The influence of uncertainty on venture capital investments in renewable energy technology: An exploratory

study [EB/OL]. http://urn. nb. no/URN: NBN: no - 21558.

[117] 同 [116].

[118] JOHANNES S. Shaping the future energy market: Making energy demand more flexible [EB/OL]. Energy Erasmus Forum Conference Paper, 2015.

[119] STEPHAN D. Venture capital's role in the US renewable energy sector [J]. Power Economics, 2002, 6, (10): 20 - 42.

[120] JEAN B, ROLF W. Which renewable energy policy is a venture capitalist's best friend? Empirical evidence from a survey of international clean - tech investors [J]. Energy Policy, 2009, 37: 4997 - 5006.

[121] 发改委、财务部和商务部. 关于创业投资引导基金规范设立与运作的指导意见 [R]. 2008: 78.

[122] JOSH L. The government as venture capitalist: The long - run impact of the SBIR program [J]. The Journal of Private Equity, 2000, 3 (2): 55 - 78.

[123] BENO T LELEUXA, BERNARD S. Public versus private venture capital: seeding or crowding out? A pan - European analysis [J]. Journal of Business Venturing, 2003, 18: 81 - 104.

[124] 同 [122].

[125] DOUGLAS C , SOFIA J. Pre - seed government venture capital funds [J]. Journal of International Entrepreneurship, 2009, 7 (1): 26 - 56.

[126] 财政部, 科学技术部. 科技型中小企业创业投资引导基金管理办法 [J]. 财会通讯 (综合版), 2007 (9): 41.

[127] THIERRY R, LUDMILA S. Public venture capital: missing link or weakest link? [J]. Int. J. Entrepreneurship and In-

novation Management，2009，9（4）：23－78.

［128］DIRK S. Public venture capital in Germany：Task force or forced task?［EB/OL］．52006，Freiberg working papers，http：//hdl. handle. net/10419/27108.

［129］政府干预与风险资本市场：基金的基金［J］．人文杂志，2013，（10）：41－47.

［130］清科集团．中国PE母基金发展报告［R/OL］．https：//research. pedaily. cn/report/free/201712221610. shtml.

［131］清科集团．2016年中国VC/PE母基金发展研究报告［R/OL］．https：//news. pedata. cn/242617. html.

［132］BOLINGER，MARKWISER，RYAN M. Clean energy funds：An overview of state support for renewable energy［EB/OL］．http：//escholarship. org/uc/item/2j29w1xz.

［133］JAMESA，BRANDER. THE effects of government－sponsored venture capital：International evidence［EB/OL］．Working Paper，http：//www. nber. org/papers/w16521.

［134］史丹．新能源产业发展与政策研究［M］．北京：中国社会科学出版社，2015：158.

后记

本书是在作者2015年所承担的国家社会科学基金项目“风险资本在清洁能源投资中的运行机制及对策研究”（15XJY022）的研究报告的基础上修改完成的。在三年多的时间里，作者进行了大量的调查研究，获取了我国风险资本在清洁能源领域投资的一手数据，为本书的研究奠定了基础。在此，要感谢我的合作者李志学老师、张颖慧老师和王毓军老师，和他们的交流探索为本书的完成提供了有益的启发和帮助；同时，也要感谢我的研究生荣倩倩和甄瑜晴同学，她们的数据收集和数据处理工作，为本书的完成提供了一定的保证；也感谢西安石油大学经济管理学院王君萍院长对本书的完成给予的大力支持和帮助；最后，在本书即将出版之际，对中国财政经济出版社樊清玉老师和责任编辑的悉心指导和付出表示衷心的感谢。

囿于国内外材料数量及本人能力水平的限制，书中难免有错误，还请各位读者批评指正。

宁宇新

2020年5月16日于西安